阳光用充满和风细雨的深情，带您走进这本书的世界。她会令您放松地徜徉于自然顺畅的养育子女的氛围中……

——谨以此书献给能静心安然做父母的人

阳光家庭教育系列·基础版

让我牵着你的手

为生命奠基

阳光/著

山东大学出版社

图书在版编目(CIP)数据

让我牵着你的手：为生命奠基/阳光著. —济南：山东大学出版社，2015.11
ISBN 978-7-5607-5405-5

Ⅰ.①让… Ⅱ.①阳… Ⅲ.①家庭教育 Ⅳ.①G78

中国版本图书馆 CIP 数据核字(2015)第 290537 号

责任策划：郑琳琳
责任编辑：郑琳琳
封面设计：牛 钧

出版发行：山东大学出版社
社 址 山东省济南市山大南路 20 号
邮 编 250100
电 话 市场部(0531)88364466
经 销：山东省新华书店经销
印 刷：济南华林彩印有限公司
规 格：720 毫米×1000 毫米 1/16
26.25 印张 383 千字
版 次：2015 年 11 月第 1 版
印 次：2015 年 11 月第 1 次印刷
定 价：48.00 元

阳光宝贝

悟成长之理·传养育之道

“父母或者其他监护人应当学习家庭教育知识，正确履行监护职责，抚养教育未成年人。”

——《中华人民共和国未成年人保护法》2007年6月1日修订版

“要教育好孩子，就要不断提高教育技巧。要提高教育技巧，就需要家长付出个人的努力，不断地进修自己。”

——[苏联]苏霍姆林斯基

家庭是社会的基本细胞，是人生的第一所学校。不论时代发生多大变化，不论生活格局发生多大变化，我们都要重视家庭建设，注重家庭、注重家教、注重家风，紧密结合培育和弘扬社会主义核心价值观，发扬光大中华民族传统家庭美德，促进家庭和睦，促进亲人相亲相爱，促进下一代健康成长，促进老年人老有所养，使千千万万个家庭成为国家发展、民族进步、社会和谐的重要基点。

——习近平主席在2015年春节团拜会上的讲话（节选）

前　言

羊年初夏，我终于决定将书稿截稿，心中涌现出了许多感慨。不是因为完成了任务，而是因为书籍的内容——不断地修改，不断地感慨；不断地感慨，不断地修改，最终的留存与初稿已经大相径庭了。我这样做就是想把一些实践中的新感受写进去，力争将更恰当的东西奉献给大家！就像赵丽蓉老师说的那样："对待艺术要讲究，不能将就！"我要向她老人家那样做——对待教育要讲究，不能将就！

这不正是养育者最需要的优秀品质吗？

教育者说教育是最令人头痛的了，因为谁都不愿意被"教育"，小孩子如此，大人就更是如此了。于是就有了这样的说辞："我最讨厌这种人啦，好像他们什么都懂，就看不惯他们指指点点、絮絮叨叨的样儿。""我自己知道怎样教育孩子，不要别人来教我。""轮不到别人来对我指手画脚，说三道四。""我孩子还没到那个年龄，怎么就知道我教育不好！""别人能教育好，我就能教育好，不用别人瞎操心。"……

唉！真是无语！

我记得在一部古装电视剧中有这样一位医术高明的中医大夫，职业使然，他在大街上逢人就说："哎，你有病啊！你真的有病啊！"他是好心相告。但想想看，结果会是怎样，当然是会得到相同的回应："你才有病呢！"当时，真是令人捧腹，但笑过之后的思考——方法更重要。没有优秀的方法，再好的知识和东西也会遭遇"酒香也怕巷子深"，而被人屏蔽掉。当父母是这样，作为家庭教育知识的传播者更是这样！

于是，我在沉思，在努力地思索，思索着如何自然完美地将家庭教育科学知识传递出去，如何将我的书籍写得像朵花儿似的让人那么爱看。

怎奈，这是一厢情愿啊！

我沉思良久得出的结论是展现在您面前的不是一本时尚好玩的书籍。尽管在写作形式上有所创新，但为了清楚地阐述主题，书中还是会出现一些如上面所说的令人不愉悦的文字。还有对同一个观点反复提及并阐述的现象。不过，不同的是我不是在教育谁，也不能教育谁，只是作为一个过来人把一些现实中普遍存在的家庭教育现象，通过家庭教育理论这一工具一一剖白开来，让它们真实地展现在您面前，期待着您对它们进行检阅、审视、思考后，和我一起对它们进行更深入的“评头论足”。

也许它会让您感觉到有些不舒服，您甚至会对它不屑一顾。不过，有一点我们要清楚地认识到：人可以拒绝任何东西，唯独不能拒绝成熟地面对养育孩子的责任。那样的行为实际上是在规避问题、逃避责任。现在的许多孩子，小时候是“小大人”——好玩，长大后又成了“大儿童”——可恼！这些不良的养育结果，大都是父母在“无意识”的状态下造成的。而父母最好的养育结果应该是让孩子“男的是男的，女的是女的；大的是大的，小的是小的；会哭会笑，会玩会闹；会干知歇，知恩图报”！这些内容看似很简单，却是生命成长所需的最质朴的东西！

“种地开春好，养育要趁早。”就像儿童教育家陈鹤琴先生所指出的那样：“教育一个人要从小就注意起的，讲话怎样讲，批评怎样批评，做人的态度，对人的礼貌，以及一切的一切都要从小养成。外国有句话说：‘开始做得好，一半做到了。’中国的先哲也有‘慎始’的教训，一种习惯之养成，莫不由‘渐’而来……做人是顶难的，一定要从小就加以训练，养成种种优良的习惯和态度，在小孩子时代已经受到了良好的教育，到青年的时候，自然可以减少许多问题。‘慎始则善终’，这是必然的结果。”

陈鹤琴先生的这番话道出了教育的真谛，而现实的反馈也传递了一个信息：许多在早期没能养成遵纪守律、懂事有礼的习惯的孩子，往往在后续的学习、工作和生活中容易出现难以适应和发展受阻的情况。“幼年的生活是最主要的生活，幼年的教育是最主要的教育。人生最重要的习惯、倾向、态度多半在6岁以前养成。”人民教育家陶行知如是说。所以，我们绝对不能忽视“素质教育从娃娃抓起”的号召！

我们初生的孩子是“新生儿”，而我们的新爸妈也是“新学生”！让我们一切从头开始，用自己教给小婴儿初始学说话时的耐心和方式，在不断重复学习的过程中，和孩子一起成长！

养育孩子——我要学习成长；面对学习——我没有“借口”！

为了孩子——我必须改变；面对改变——我没有“面子”！

阳　光

写于济南“阳光妈妈家庭教育会客厅”

2015年9月28日

写给家长的话

亲爱的家长朋友们好！

《假如给我三天光明》的作者海伦·凯勒说过："一本书像一艘船，带领我们从狭隘的地方，驶向生活的无限广阔的海洋！"可有个朋友曾对我说过："我有一摞书，可我没有获得它们的润泽呀……"

由此给我的感慨是读书方法很重要！

《让我牵着你的手——为生命奠基》基础版一书终于与大家见面了。为了能使大家轻松、自如地获得养育理论知识，阳光从现代社会环境和人们的生活模式考虑，借鉴了文学作品的写作手法，使文字明快易懂，内容简约实效。力争使人在阅读时感觉顺畅、舒服，使大家在劳作之余，利用点滴时间，在轻松愉悦的阅读中自然地掌握基本的家庭教育方略，降低阅读的枯燥性。

本书有以下七大功能：

故事：可当故事看，书中有许多普通妈妈在育儿中的真实趣事，养育道理隐喻其中，需要您琢磨思考。

借鉴：可参考书里的一些内容和技巧，转化后融合到孩子的养育过程中，形成养育自己孩子的优秀方法。

写作：可做读书笔记，将自己读后的心得感受写在每章节后面的留白处，成为自己思考后的养育思想。

沟通：可直接申请成为阳光会员，继续交流学习，深入系统地探讨养育理念和方法，促进养育者的自我发展和孩子的健康成长。

入门：探讨家庭教育的切入点，协助家长解决“孩子养育怎样开始”的问题！

传播：可作为传播养育知识、传递爱心的渠道。

平台：可作为自己成为“阳光妈妈”或从事家庭教育事业的起始平台。

朋友们在阅读本书时，不需要给自己定任务，不需要给自己施压力。只要每天随性地翻开书页，看一段，想一想，写一写，就好！

通读一遍——从头到尾看一遍，想一想自己从书中悟出了什么道理。

据实选读——根据您孩子的情况，有针对性地选看部分内容，仔细阅读。

用中学习——学以致用，将书中涉及的养育理论转化为自己的养育行为。

会员交流——与作者或是其他会员作交流，不断在探讨中获得思想的启迪和深化。会员还有机会获得阳光家庭养育实践指导内部书籍《用行动托起孩子成长的“基石”》。

结合着多年的教育实践体会，阳光将陆续推出“阳光家庭教育系列”丛书，分为：基础版《让我牵着你的手——为生命奠基》；小学版《你能快乐“玩”学习——为学习奠基》；初中版《让青春飞扬——为人生奠基》；高中版《世界等着你——为未来奠基》。还有一本有关孩子综合能力养成的书籍（待定名）。

这套书籍最大的特点是：书籍涉及的养育知识具有阶段针对性、顺序连贯性、前后交叠衔接性。力争建立一个前后连贯的、系统的学习链条，以科学的养育理论带动养育者思维行为的发展，以便顺应孩子成长发展的规律，保障父母在孩子成长过程中对孩子的指导与影响不出现错位或断裂。

《让我牵着你的手——为生命奠基》是系列书籍的第一册，之所以被定义为“基础版”，是因为其中的概念既是孩子成长发展所需要的规律性内容，更是“父母能力”养成所需的基础知识。它并非仅仅适用于孩子的早期养育，不管孩子有多大，只要父母刚开始接触家庭教育，这本书的内容就是您不可不了解的知识点。

阳光在此表示衷心感谢！

目 录

第一章

第二章

第三章

第九章

爱的乐章

第一章

阳光书心语

——我的成长理念及学习方法

馒头和白米饭是最常见、最普通的食粮，有时候它们甚至普通到让人感觉有些乏味。但是，在普通与乏味之中它却担负起了延续生命这个最基本也最重要的使命。“阳光真情告白”就像是馒头和白米饭，看似是简单、枯燥、无趣的理论，却饱含了阳光最想与大家分享的养育孩子的心得体会，它们就在这些字里行间，需要您从头到尾慢慢地品味。

良药苦口利于病，
大道至简有深含。
细品慢读知其意，
浸润灵魂为明天！

啊！原来世界是这样的……

阳光真情告白

——感知理论学习的真谛

我国著名教育家陶行知曾经说过:“教育者的个性、思想信念及其精神生活的财富是一种能激发每个受教育者检点自己、反省自己和控制自己的力量。”生活即教育,家长在生活中不断对孩子实施教育影响,而孩子又是家长的一面镜子,面对他们,我们可以不断地审视自己,调整自己,以便使自己保持最好的养育状态(广义的家庭教育)。在家庭生活中,作为孩子的养育者,我们的思想、言行和生活方式,都是孩子关注和乐于模仿的对象,因而孩子身上自然就有我们身上的许多印记,这其中有好的,也有不好的。有时候在不经意间,我们会发现孩子身上突然冒出许多这样那样不可思议的想法或做法,而这些都不是我们教给他们的。这些究竟是从何而来的呢?如果我们回头梳理找原因,审视自己及自己的养育过程,就能从中找到孩子出现这些状况的痕迹。就如侄女在跟我分享的养育感悟当中讲到的:“小丫头突然跑进房间,拧着我的耳朵对我说‘妈妈,你不听话,我要拧你的耳朵啦!’然后用她的小手使劲拧我的耳朵,拧得生疼……我无语,我惊讶,这是我以前经常对她做的事情!回想过去,我总是从我自己的角度去看待孩子的行为,然后自以为是地去教育她,没有思考过孩子的感受。想想孩子当时委屈的眼泪,看看今天孩子模仿的行为,我无语……”侄女这番话给了阳光这样的启示:**在养育孩子的过程中,我们的个性、思想信念及精神生活等因素,不但能成为激发孩子检点自己、反省自己和控制自己的力量,同时也是激发我们自己不断检点、反省自己的力量。经过反省和自我调整,我们在改变自己的同时也可以更好地去影响孩子,最终达到最佳的养育效果。这样,父母养育与孩子成长之间就形成了一种良性循环,这将奠定未来孩子成长与父母养育之间顺畅的关系。**

侄女的“思想”让她拥有了与以往不同的养育思维和行动。这其中的相互联系在哲学范畴里已有阐述：思想是指导行为的准绳，离开了正确的思想就不会有良好行为的存在。有了想法，然后去指导具体的行为活动，经过努力最后获得想象中的结果。养育孩子也是如此。我们要先想好做什么（有个计划），再考虑还需要什么条件、怎样才能拥有这些条件。当具备了一定的必要条件后要去实现计划（付诸行动），这是父母养育孩子的系统工程行为，更是父母自我发展的一个系统工程行为。这个系统工程的顺畅实施是以“养育者最初的自我思维”发展成熟了为先决条件的，而不是孤立的、单点的非系统行为。

在养育过程中，既然父母行为活动的出发点都是“为了孩子好”，那我们就要去做真正“为孩子好”的事情。我接触过许多家长，他们非常爱孩子，关注孩子的成长，孩子的一举一动都会牵动他们的心弦。这些家长的话语中经常会透露出“为了孩子愿做一切”的信息，这是多么令人感动的情景。但他们对孩子的爱却往往无法使孩子受益。在与这些家长的交流中，我发现他们缺少了一件“为孩子好”最值得去做的事情：**系统地学习家庭教育理论知识，建立起科学的养育思想和能力。**而这恰恰是我们“养育好孩子，一切为孩子好”而必须拥有的，是父母掌握孩子成长的规律与需求及父母自我成长最需要的东西。

就像孩子是按 1～18 岁的顺序成长，而绝不能倒着或跳着生长一样，我们的养育模式也要按照从 1～18 岁的顺序发展。通俗地说，就是我们要掌握孩子每个年龄段成长的特点及规律。只有懂得了孩子成长的需求，我们才能给孩子最好的指导。这是需要养育者抢在孩子成长之前去获知的重要内容。就像我们在自己的工作岗位上之所以能够成为他人的“师傅”，是因为我们在他人之前先拥有了专业的理论知识、实践技术和指导他人的能力。同样，养育孩子也特别需要父母的“先会先能”！

我曾经在新浪博客中写过名为《教育理论是指导教育行为的基础》的文章，文中提到：教育理论是人们对教育实践活动的总结，是指导施教者实践行为的理论基础，它能解决本质问题，而施教者的自我感觉只能解决现象问题。因此，家庭教育理论是施教者需要认真学习并掌握的知识。**家庭教育中的具体方法**

只不过是在教育理论指导下思维外化而成的一个着力点，而教育理论则是带动养育系统运转的完整杠杆，是孩子健康成长的最根本保障，也是父母“为孩子好”最应学习的东西。

德国著名教育专家第斯多惠在《德国教师培养指南》中说过：“凡是不能自我发展、自我培养和自我教育的人，同样也不能发展、培养和教育别人。”因此，在本章“阳光书心语”中，我将与您一起探讨有关家庭教育的理论和理念，在交流中获得养育孩子深层次的感悟体会：认识到只有父母优秀成长，孩子才会向好发展；父母好好学习，孩子才能天天向上！话语简单，含意深厚。想要有良好的养育结果，我们需要优秀的思维，需要好的方法，需要积极的行动，更需要坚持不懈的毅力！

没有人天生会做父母，我们需要与孩子一起努力学习，从而获得最大的养育他们的爱的力量。记得初次看到自己的孩子时，我甚至不知道从何处下手抱起他。虽然我从怀孕就开始看书学习，却依然难以在短时间内把理论知识转化成熟练的实践操作技巧，这让我重新认识了“经历过”（即实践）这三个字的含义。孩子的成长需要那么多的指点和协助，这是我初为人母时所不具备的能力。我也曾因此紧张过、无奈过、焦虑过，也曾掉过眼泪……今天，当我看到许多朋友面对如此多的养育建议而无从选择、想学习养育知识而无从下手的时候，我想到了我当初的那种感受。为初为父母的家长们提供一个学习的切入点、一种导入的方法、一种长期支持的力量，这就是我这套书籍的设计理念及初衷。我希望用我身为“过来人”的亲身体会以及身为专业工作者的知识和理念，用不同于以往的交流模式，成为广大家长朋友们养育路上的同行者、陪伴者与支持者！

现在，就从畅谈“读书”开始，让阳光陪您一起感受阅读，感悟养育的智慧和乐趣吧！

打开书，轻嗅墨香，
它托起我飞翔的翅膀。
精彩的世界，无限的遐想：
你是公主，我是国王；
小老鼠不再偷油吃；
我和星星一起飞上了月亮
……

墨香浸润话读书

——学做相长，写给爱读书的您

亲爱的朋友：

您好！

欢迎来到“阳光妈妈家庭教育会客厅”！
在您打开书页，静静地开始阅读文字的时刻，
也正是阳光在“教育会客厅”里恭候您畅谈之时。
不管是夏日炎炎，还是数九寒天，
阳光唯愿，
清茶一盏，书香一缕，
在优雅的琴声中与您共话明天！

阳光喜爱读书。
每当我捧书嗜读的时候，
就感觉是在与“书朋友”作无声的交流，
彼此不需要客套的言语、刻板的形式。

可在树荫下感受吊床的晃动，
也可在水中享受小船的摇摆。
一起轻嗅草地的芬芳，
一起丈量沙滩的宽广。
……
总之，如此这般地畅享读书，
是件多么惬意的事情！

书是作者思想的表白，更是他与读者交流的愿望，
当"笔落纸卷"的时候，作者的本意变成了文字；
而当您阅读的时候，就是借助文字从内里深层去了解他、感受他，
同时也会受到作者思想的影响，
在不知不觉中产生新的感受和体会！

对作者来说，
从提笔抒怀开始，
他就力图用最好的形式、最恰当的文字，
把自己最想告知的事情和情感传递给读者，
期待获得读者的喜爱和认同，
以便使自己的思想发挥最大的价值。
对读者来说，
能够在结束最后一页、放下书本之时，
从内心产生一种从未有过的"豁然开悟之感"，
在自己关注的领域里获得"自信的能量"，
这就是他给作者最高的奖赏。

我曾经对孩子说过：书是一个人永远忠实的朋友，不管你怎样对待它，它都会像故交知己一样，一如既往地陪在你的身边，随时都准备着提供你所需要的一切。读书是一种生活享受，是一个人净涤心灵和获得慰藉的渠道，更是一种感悟生命、升华思想的捷径！

书卷多情似故人，晨昏忧乐每相亲。
眼前直下三千字，胸次全无一点尘。
活水源流随处满，东风花柳逐时新。
金鞍玉勒寻芳客，未信我庐别有春。

这是明朝诗人于谦在《观书》一诗中的描述，他道出了读书的美妙之所在。

书是作者内在思想的展现，它就像是音乐家的音符、文学家的诗文、科学家的发明、运动员的汗水、幼儿的啼哭……唯有“读懂”它的人才会欣赏它，珍惜它，使它最终成为这个人的良师挚友。

阅读是一种美好的享受，是自由徜徉在优秀思想和文化海洋中的一种旅行，是一种很惬意的自我超越的过程。抛开嘈杂的世界，给自己一片空间、一点时间、一种心情，成就一份别样的情怀——品香茗，润琴音，让自己沉醉在书香中，在阅读中获得进取的信念，在交流中丰富人生的阅历，在思考中升华生命的价值。

阳光静待着在书香中做与您畅聊的朋友，一起感受文字的意境与读书的魅力！

阳光雨露

孩子的一声啼哭，授予我们神圣的“头衔”——父母，随之而来的还有寄托、信任和责任。保护好孩子，养育好孩子——我们发出铮铮誓言！

全力学做“好父母”。做好父母必须从读书学习开始，然后在养育孩子的过程中步步实践，慢慢积累，逐渐成长！

我·心语

腹有诗书气自华，
养儿育女不虚夸。
熟读理论勤思考，
交流探讨自升华。

小儿难养也难教

——父母辛苦

一百多年前，睿智的英国教育家斯宾塞指出：**“如果一个人没有学过解剖学，就开始进行外科手术，我们会对他的胆大包天感到惊讶，而可怜他的病人。可是，一般父母从未考虑过那些在身体、道德、智慧方面应该接受指导的原则，就开始从事教养儿童这个艰巨的任务，这没有引起他们的惊讶，也没有引起对受害者的怜悯。”**斯宾塞呼吁对家长进行专门的教育，使他们掌握一定的教育知识，再去养育孩子。

斯宾塞的呼吁道出了养育孩子的真理和事实状态，他告诉我们父母的养育能力和水平是决定孩子美好未来的重要因素。他呼吁父母关注自身的成长发展，并对孩子的成长发展规律进行探究。作为一个普通的家庭教育工作者，我没有这种呼吁大众的魄力，但作为一个母亲，我却能用亲身经历来讲述一些养育路上的百味故事。

记得在跟一位还没有孩子的朋友聊天时，她跟我说过这样的话：“有没有想过你要孩子的目的究竟是什么？是传宗接代还是养儿防老？是光宗耀祖还是完成自己未了的心愿？”

“你怎么看?”我问她。

她说:“我不要求孩子完美,这太不现实。我只要这个生命存在。在这个美好的世界上,让我有机会和他一起同行一段就好……”

我很惊讶她会发出这样的感慨,这是许多有孩子的妈妈都想不到的地方!也许是因为她还没有“身在此山中”吧。

“我只为了能参与一个生命的成长,为他付出我的一切,并用心去欣赏他、尊重他、鼓励他,然后在一起前行的过程中,去感受他带给我的一切!”她接着说。

“难道你就没有看到那些养育孩子的父母的辛苦吗?有好多人都对我说类似‘养育孩子真辛苦,这一辈子活得真累’的话。”我问她。

“其实,只要我们不带着太强的目的养孩子,就不会这么辛苦。”她淡淡地说。

是啊,只要不带着太强的目的养孩子,父母和孩子就都不会觉得人生太累。这不正是我所倡导的养育理念的内涵嘛!

这位朋友的话很美。不但美,还诠释了对生命的理解和尊重,诠释了养育孩子的真谛。我们不完美,孩子亦然;我们不是谁的替代品,孩子也不是。我们要自然而纯粹地去理解和尊重一个生命的存在与成长,这才是最有价值的养育行为!

当看着初生的小婴儿,我们的初心和孩子一样纯美,立誓要把所有的爱给孩子,下决心努力成为“好爸妈”,一定要让孩子快乐幸福,绝对不让那些在自己身上出现的“不良养育现象”在孩子身上重现,一定要让孩子成为优秀的人。这种美好憧憬和信心真是令人兴奋不已……

果真能够如此吗?

时光荏苒,它是衡量一切的天平,又是最真实残酷的记录仪,它会在不经意间悄悄刻录下父母自我成长、养育孩子的瞬间。

镜头一:每年高考后都有许多令人兴奋的画面,从踏入北大、清华的高考状元到获得国际名校青睐的留学骄子;从早些时期的哈佛女孩刘亦婷到快乐优秀的剑桥博士夏杨,这些无不冲撞着年轻父母的心扉,在令他们信心倍增、情绪激昂的同时,也带来了许多忧虑与不安。

于是，父母们将目光放远，开始寻找育儿“妙招儿”，为使自己的孩子也能有这样美好的未来而忙碌着：精心细致地“呵护”孩子的生活、不惜一切地“注视”孩子的学习、全方位地“关照”孩子的动向、想尽办法地“纠正”孩子的行为，以便达到最佳的“教育效果”。为了孩子，家长们乐此不疲地忙碌着，在期待中前行着……

镜头二：随着孩子的成长，父母们渐渐开始在他们身上发现一个接一个的问题：乱扔东西、乱搞破坏；不听话、顶撞长辈；骂人、打人；上课不专注；不爱学习、厌学；没有热情、缺乏信念和活力；无法独立思考、没有耐性、缺乏自立能力；以自我为中心、桀骜不驯、没有了通融与配合……

这些现象令为孩子奔波辛苦、忍耐坚守的父母寒心、惊诧、茫然，甚至是愤怒，不明白这究竟是为什么？

于是有人感叹——小儿难养，也难教！

阳光雨露

当看到婴孩那纯美的眼睛时，我的内心总是涌动着一种情怀：我拿什么奉献给你，我的孩子？而当我再转眼看看许多为人父母者那忧郁、焦虑的眼神，听听那痛心感叹的话语时，我的内心又泛起重重疑问：小儿真的难养也难教吗？为何难养也难教？父母为何这样辛苦？我不停地问，不停地想……

我·心语

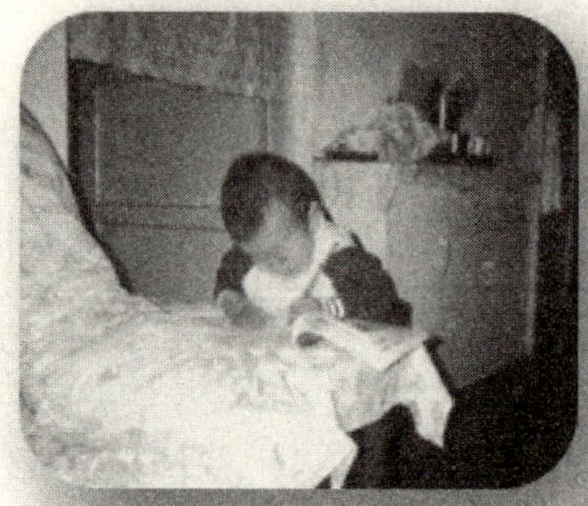

一哭二闹不睡觉，
扰得你我内心焦。
关爱满足有分寸，
无视规律誓不要。

父母辛苦
——呵护父母

“我们的‘自我’就像一只漏气的气球，需要不断充入他人的爱戴才能保持形状，而经不起哪怕是针尖麦芒大的刺伤。”我相信朋友们会从英国作家阿兰·德波顿的这段话中感受到一些什么。

“成家勿谓当家易，养子应知教子难。”这句格言道出了当家不易、为人父母更难的道理。

做人很辛苦——要挣钱养家；要关爱老人；要呵护爱人；要养育孩子；要顺从领导；要相处同事；要理顺亲情；要维护友谊；要关注社会；要……

总之，人从结婚生子开始，就事事需要时间，件件需要努力，不管自己会不会做，能不能做，都不能逃脱自己的身份所对应的那份责任，却总是没有机会去倾听自己内心的需求，没有时间去呵护自己疲惫的身心。

父母辛苦！

世间没有完美的事物，人间也没有完美的人。你我都不可能诸事皆精到，都会遇到“能力的短板”。拿“养育孩子”来说，自古就是一种自然式的传承养育。只有社会发展进步到今天，随着人们眼界的开阔、需求的不断变化，才逐渐出现了新生事物——家庭教育学。

中国现代家庭教育的研究始于20世纪80年代初期，赵忠心教授是第一个专门从事该项研究的学者。从研究、出成果到普及，再到有结果，家庭教育学至今已经历了三十多年的发展。任何新事物都需要一个产生、发展、修正、固化的过程，是需要时日的。**三十年，对于一个学科来说是短暂的，所以直到今天，很多人不了解"家庭教育"的实质，甚至对现代家庭教育知识不屑一顾，这是再正常不过的事情。我们周围还有相当一部分人不知道学习这些东西的必要性，这是因为没有人告诉他们，更少有人系统地去实施实践活动的影响和指导。**

许多人沿用上辈人的养育方式，或凭着自己的认知来完成养育孩子的任务。就像有些朋友告诉我的那样："那时候哪懂得，到年龄了，迷迷糊糊就找对象结婚了，稀里糊涂就当爹妈了，磕磕绊绊地就把孩子养大了。回过头来看看，我们和孩子都留下了不少的遗憾，要是当初……"是啊，要是当初有条件"学习怎样做父母"，也许很多人就不会留下今天的遗憾。

父母辛苦！

当大家都在讨论孩子教育不好是谁之责、将矛头指向父母的时候，父母们也经历了非常严重的内心谴责。可想而知，这些父母在不懂得科学养育知识、生活忙碌焦躁的状态下，还要想尽办法去培养孩子，是何等辛苦！要知道，**养育孩子是一个非常需要系统知识、非常需要耐心的"持久战"。**

有时候，如果没有外在力量的支持，许多养育者在遇到难题时，是很难坚持下来的。当孩子们因为养育不当出现成长问题的时候，当社会舆论把这些问题归罪于父母，一味地指责父母没有培养好自己的孩子、没有尽到责任的时候，这些为了生计已然疲惫、为了孩子成长操碎心的父母，将会更加焦躁和无助。有谁曾为他们思考过该怎么办？他们怎样才能渡过难关？又要用什么方法去教给他们如何做呢？

父母辛苦！

当一遍遍教给父母应该如何教育孩子，提出不能这样做、不能那样做的苛刻要求时，我们有没有为他们考虑过呢？他们可能并不明白养育的真谛，甚至许多时候他们并不知道自己不懂得养育知识。他们也是脆弱的，是有承受底线的，就像阿兰·德波顿话里的意思——他们“伤不起”。因此，他们在接受新事物时也是需要不断被鼓励和支持的。

父母辛苦！

孩子的生命不会重来，养育的过程也不可逆转。在父母对孩子的漫长的养育过程中，充满了不确定的挑战。上苍不会听“没有功劳还有苦劳”的解释，只会用孩子不良的言行作为惩戒手段，来惩罚没有按科学规律养育孩子的父母。这样的辛苦，很令人悲哀和伤感！

在孩子的养育上，父母虽辛苦，但仍需要以坚忍的毅力和决心去学习，更需要外力的帮助、支持和鼓励！随着工作的开展和家庭教育知识的传播，时至今日，已有许多朋友给我传递信息，他们通过学习成长了自己，找到了影响和引导孩子的感觉，体会到了养育孩子的乐趣，就像许多家长提到过的：“与孩子摸爬滚打在一起的感觉真好。”“与孩子一起读小画书令我很开心。”“养育孩子是件很快乐的事情。”……

没错，当我们明白了作为父母，我们自己也需要成长、需要学习的时候，当我们沉下心来真正置身其中的时候，我们就会发现养育孩子的乐趣与魅力，找到养育孩子的真正秘诀——科学的教育理念。而要获得这一切，重点在于坚持不懈的学习与实践行动！

还有一个新问题需要提前关注，从“独生子女”到“允许二胎”的国家计生政策的变化，不可避免地导致“独一代”父母养育有兄弟姐妹的孩子的事实，这是他们必然面临的新挑战。这也是家庭教育迫切需要研究的新课题，需要家庭教育工作者更加深入细致的思考与研究。

阳光雨露

“为了孩子”，这是我们的心声。然而孩子的成长究竟需要什么，我们是不是真的懂？我们以为最好的或我们想给予孩子的，就是孩子所需要的吗？

很庆幸的是，带着这些疑问，我坚定地走进了家庭教育知识的殿堂……

我·心语

养儿育女内心焦，
只因误区来阻挠。
静心思索养育路，
还与孩童乐逍遥。

给孩子正常化的生活

——回归自然本质，正视现实规律

今天的孩子尤其惹人喜爱：小脸蛋美美的，小嘴巴甜甜的，被他们看一眼、叫一声简直会令人陶醉。我们对孩子的态度真可谓是“喜爱不够，疼爱不烦”。因此，一切的“关爱”自然也就变成了充足的物质满足和周到的呵护，却在无形中把孩子当成了“宠物”，不需要他们做什么，只需要他们“听话、接受”就好！

如今的孩子都很聪明，也让人感觉到不把他们培养成“神童”就是浪费。于是一切围绕着孩子的教育早早地就展开了。父母不计花费，不辞辛苦，全程陪着孩子穿梭在上课、培训的旅途中，不求孩子回报，只愿他们不要玩耍，把精力和时间都用在“学习，学习，再学习”上！

不用怀疑新时代的父母对孩子的爱心，也不用担心他们和孩子智商的差距，更无需考量他们专业知识的多寡，加上他们对孩子教育时间和金钱的投入，这一切似乎令人感觉到他们的养育条件是如此完美。尤其是当面对孩子那稚嫩却“聪明”的言行时，年轻的父母们油然而生的自豪和兴奋，令他们全身心地投入情感和精力，凭借着自己的感知经验对孩子进行“精心包裹”，打造全能人才。在孩子成长前期，许多父母心中盛装着自己的美好憧憬，自信满满地行走在养育孩子的道路上。

时光渐逝。不知不觉间，许多孩子“变”了：从乖巧听话、聪明可爱，变成了调皮捣蛋、不听话、不聪明；父母也“变”了：由温柔周到、啧啧赞美、关爱有加，变成了指责、唠叨、谩骂，甚至是责打。许多孩子的天真、纯美、快乐变成了烦恼、困惑、郁闷；许多父母心中的那份憧憬、自信变成了焦虑、懊恼。当自己对孩子的良好意图、努力付出与令人失望的结果形成明显反差的时候，惊愕、诧异、迷惑、茫然充斥了这些父母的心，最初的憧憬和希望消失了。

回首往事，父母们都用心了、努力了，但为何出现如此令人不能接受的结果？到底应该怎样做父母才算称职呢？

“小儿难养，也难教！稍明事理的人都懂得了其中的道理，只是许多人不敢表白自己的心底罢了！”多年前，著名教育家陶行知先生富有先见之明，道出了养育孩子的不易。在今天，父母更需要拥有不同于以往的养育思维和能力。

在当今繁杂的世界，对新时代孩子的养育，更需要父母态度的诚实与纯粹、思维的淡定与理智、能力的综合与专业以及操作方法的科学与熟悉。不忘初心，回归养育本真。

养育者必须遵循养育规律，强调科学观念，紧密结合人的天性，遵循人的自然发展规律。尤其值得注意的是，孩子是一个独立的生命，不是任何人生命的延续，父母需要尊重这个生命自我发展的诉求，而不是用过多人为的“规矩”去刻画他或塑造他。给孩子正常化的生活，引导他们自己觉察到自我发展的讯息——这才是孩子成长所需要的，也是为人父母应该具有的养育理念和能力！

处在信息时代，孩子们面临着新的发展要求和新的成长困惑。而新一代的父母也将面临新旧养育文化的冲击——新旧养育思想的碰撞、新旧养育形式的摩擦、新旧生活习惯的交替。面对这些，父母该怎样来养育孩子，孩子又该怎样去成长，这些都需要静心思考，深度感知，更需要养育者与专业人士进行长足的交流和探讨。**在交流中最能激发情感与思维的发展，在探讨中最会获得思想的启迪和灵感。**就像与好友知己的谈话一样，总会得到一些开悟和感受！

那么，就让我们从此刻开始，一起在交流中探讨，在探讨中学习，在学习中进步，用心灵倾听自己和孩子成长的声音，在自然规律的润泽中一起快乐前行！

阳光雨露

养育孩子的过程，不单是父母帮助和教育孩子的过程，也是父母不断学习修正和发展成熟的过程。

孩子的成长过程，是父母用自身优秀言行影响孩子的过程，是孩子感受自身成长、体验生命存在意义的过程，是孩子最终获得独立于世的能力品性和价值取向的过程。

我·心语

春暖花又开，
燕子飞回来。
孩童生长事，
莫在规律外。

做有标准的父母

——父母的可持续发展观

“哇……”随着一声响亮的啼哭，一个小天使来到了人间，他是那么娇美，那么可爱。这是我的孩子！正是由于他的到来，在这一刻，使我拥有了“妈妈”这一神圣的称谓、“母亲”这一伟大的头衔。也正是在这一刻，我的心中萌生了一种从未有过的豪迈情怀——我要为他付出一切，尽心地呵护他，养育他，把他培养成世界上最优秀的人。

看着襁褓中的小婴儿，我的脸上洋溢着幸福；抚摸着他娇嫩的肌肤，我的心中装满了慈爱；看着他纯洁的眼神，我的心灵也变纯美了。在激昂的情绪过后，我心中不免惴惴不安——这么个小东西我要怎样才能把他养大？虽然在怀孕之前就开始读书，学习有关孩子的养育知识，但当真正面对弱小的他时，还是感觉有些惶恐不安和手足无措，尤其是在独自面对孩子第一次溢奶的时候，我吓得大喊大叫，这才真正体会到书本知识与现实操作的距离和差异。

我期待着有人帮助我、指导我。不巧的是我母亲在照顾比我儿子早出生两天的小侄子，我婆母在照顾生病的公爹。除她俩以外，我周围没有一个有养育经验的人能够告诉我该如何去养育我的孩子。那时候的人绝大多数不知道“家庭教育”这个概念，更谈不上科学的养育知识了。我没有选择，只有靠自己。还好，值得庆幸的是，在怀孕初始，不知是我爱读书的缘故，还是我有“先见之明”，我选择通过读书来获得养育知识——这是我今天最为自豪的事情，它不但成就了我母亲的身份，还成就了我的事业。

当时，我跑遍当地的大小书店，在仅有的几本有关“优生优育”的书籍中挑选了厚厚的一本，拿回来边读、边揣摩、边做。尽管现在看来书中内容有些浅显，但在当时来说，它在我养育孩子的过程中起到了不可低估的指导作用。尤其是在怀孕时期，我懂得了胎教，了解了我身体的特殊反应（一种少见的“胆汁淤积综合征”），知道了剖腹产后应该如何对孩子进行养育和锻炼，预防和避免了孩子成长过程中容易出现的问题，让我和孩子都获益匪浅。因此，我至今对此书充满感情，对书籍的作者们充满感激。在此，我对他们深表谢意！

随着所阅读养育孩子书籍的逐渐增多，随着对科学养育知识的不断学习，我慢慢地喜欢上了这门学科。随着学习的深入，我对这门学科也有了更深刻的认识和感悟。我懂得了父母不仅要给孩子提供基本的生活所需，还要关注他心智和品性的成长发展，要对他的成长进行科学系统的协助和引导，这是父母养育孩子最基本的行为能力。对于物质生活保障来说，相信绝大多数父母都能做得到，尤其是今天，父母对孩子的物质呵护有过之而无不及，但对于孩子心智和品性的发展养成，多数父母往往忽略和无视。事实告诉我，在孩子心智和品性的协助和引导方面，有太多的遗憾和缺失。就像孙云晓老师说的那样：“我在全国巡回讲演过程中，上千万的父母听众，让我看到了太多太多伤心的泪水和绝望的眼神……”

就在我修改初稿时，中央电视台《今日说法》栏目 2015 年寒假特别节目播报了一个故事：一个 13 岁的女孩，因为父母外出打工，因为与网友间的爱情和友情的消失，内心的孤独不被人理解，没人呵护，最终结束了自己小小的生命。这又是一个令人伤感的故事。面对这样的结局，孩子的爸爸无法理解孩子对这份感情的重视：“你说她 13 岁的小孩子，（情感）有什么重要不重要，只是说他们（网友）之间有话可以说，有话可以聊嘛，对她来说根本不重要……”这些话语值得我们养育者，尤其是处在青春期的孩子的父母深思。“和人有话说、有话聊”

是青春期孩子的心理需要，而这个人是他们最需要的人，能给其所需要的关爱。我们要怎样才能真正懂得孩子的内心，我们要怎样才不会再误解孩子，捕捉到她因“成长需要帮助”而发出的讯息呢？

父母真正能做到对孩子的成长发展进行协助和指导，一定是在学习家庭教育知识、拥有科学的教育方法之后才能实现。不管这种学习是经过专业的指导和培训，还是自己读书思考后的所得。

初为父母，我们不清楚孩子的啼哭意味着什么。这不像有些父母说的“吃饱喝足了，舒服了就不哭了”那么简单；也不像有人想象的“需要医疗诊断和测试来判定原因”那么复杂；更不需要“如履薄冰”般地焦灼与担忧！这是孩子在给我们下“战书”，告诉我们要在养育过程中接受挑战，提醒为人父母者要懂得对他们进行科学养育。

当孩子渐渐成长，成为孩童，成为少年，成为青年，父母也就随之知道了养育孩子是件多么富有挑战性的事情，有时候让你手忙脚乱，不知所措。许多时候我们不懂得孩子行为背后的原因，不知道不同年龄段的孩子需要怎样不同的教育，不明白孩子青春期的“叛逆”是从什么时候开始的，更困惑于同样聪明的孩子为什么学习结果差异这么大。在这种稀里糊涂、犹豫不决的境况中，时间过去了，孩子的成长却没有获得有效的指导，我们错过了许多给孩子奠定良好发展基础的关键机会。尤其是0～6岁间的多个成长关键期，是提升孩子生存能力和生命质量的最关键时期，是为孩子童年期以后的发展奠定基础的重要环节。

发展心理学将孩子从0～18岁分为6个时期：乳儿期(0～1岁)、婴儿期(1～3岁)、幼儿期(3～6岁)、童年期(6～12岁)、少年期(12～15岁)、青年初期(15～18岁)。

这六个阶段，既有阶段差异性，又有连续不可逆转性；既有阶段性单独养育的特点，又有前后阶段顺序相连、交叠渗透的特性。因此，前面阶段培育内容、交叠衔接状态的好坏，将直接影响到后续阶段培养发展与结果的优劣。这样的特性要求父母应使用分阶段分内容的、即时性且前后有衔接性的综合养育模式，父母也必须拥有可持续性养育孩子的思维理念和行动能力，这是我多年来的深切感悟！

父母是养育者，是孩子未来的奠基者，有时候也是迫害者；
孩子是接受者，是父母爱的润泽者，有时候也是不幸者。
父母应该怎样改变？答案是科学的家庭养育发展观！

阳光雨露

谁能给我们一个做父母的标准？孩子出生时没有附带教养说明书。初为人父人母，也不会天生拥有养育孩子的经验。我们拥有的只是成年人应对社会事务的生存能力，这似乎与教养孩子的能力没有太多关联。既然成人有成人的责任和标准，那孩子的成长结果就应该是检验父母养育孩子的标准。把孩子的成长作为镜子，即可检验父母的养育质量。

如果我们没有通过“镜子”看透“父母”的真含义，那养育孩子的过程一定是充满疑虑和艰难的。孩子生命成长的过程，也会因没有标准的父母养育行为遭遇各种坎坷和艰辛！正如歌德的那句话：“经验丰富的人读书用两只眼睛，一只眼睛看到纸面上的话，另一眼睛看到纸的背面。”请家长朋友们用眼睛和“心眼”来读懂孩子这本“书”吧！

我·心语

天赐恩泽一线牵，
为尊为师责如山。
引领航向朝前走，
莫忘世间路万千。

看着别人的脚印，走出自己的路

孩子出生了，在我们眼里他比世界上任何事物都宝贵。当看到孩子纯美的眼睛时，我们恨不得将世间所有美好的东西都给他，决不允许任何人伤害他。我们会毫不犹豫地说："即便他要天上的星星，我也要摘给他。"

我相信绝大多数父母对孩子的爱是真的、不虚伪的。因为从孩子出生那一刻开始，我们的家庭成员就失去了"自我"，一家老小围着孩子团团转，生怕哪一点做得不好亏待了孩子。在物质上给予无尽的满足，在呵护上面面俱到，想尽办法让孩子开心。许多父母自从有了孩子就从书籍上、生活中寻找养育孩子的经典案例，期待着从中找到好的养育招数用在自己孩子身上。在做每一件事情之前都会琢磨半天，思考是否对孩子有好处，参考着别人的养育方法并结合自己的感悟，做出自认为对孩子"最好"的决定。

孩子在慢慢地成长。

他开始会抓东西了，家人高兴——长本事啦；开始吃手、流口水了，家人说"太脏了"——不让吃；开始撕纸、撕东西了，家人说"变坏了"——孩子被制止；

他会走了，开始到处乱翻、乱扔东西，到处掏洞洞了，家人斥责他“调皮”“破坏分子”——再做就挨打；当他以自我为中心，开始说“我的”，开始手紧了，家人认为孩子“自私”了——不是好孩子……

孩子在慢慢长大。

他愤怒了，家人说他“脾气不好”——别烦我；他正在经历恐惧、害怕，家人说他“胆小”——没出息；他因事伤心，家人说“小小孩子哪有烦恼”——不予理会……

（当孩子到了青春期时，他们的许多行为依然会遭到不少家长更深的误解和指责，因而彼此间产生更深的隔阂，出现代沟——此问题将在初中版书籍中详述。）

面对这些，孩子们无语！专家们摇头叹息！

“哦，天哪！”

“这是哪跟哪？”

“孩子们会伤心的。”

美国著名心理学家托马斯·戈登博士曾经说过这样一段话：“作为父母，你对情绪有很深的了解和正确的认识吗？你了解每种情绪的功能及情绪之间的关系吗？你知道情绪背后的起因和运作的模式吗？如果连你自己都不是很清楚，怎么能对一个孩子的真实生命经验加以评判和否决呢？”——今天，我要严肃地说：有些父母是在用自己的不良情绪影响造就着一个个“问题孩子”，在努力地做着“害人的好事”。让我们来评判一下，父母是在提高孩子的能力，还是在给他们制造困惑、障碍？父母是在为孩子的未来创造幸福，还是在为孩子的人生制造磨难？父母是在养育孩子，还是在发泄自己的不良情绪？

为什么会这样？

我们的爱不深吗？我们投入的精力不多吗？我们给予的物质不丰厚吗？还是我们的智商不高呢？

不，都不是！正如我在前文提到的，新时代的父母不用怀疑自己对孩子的爱心，也不用担心自己和孩子智商的高低，更无需考量自己在学校所学专业知识的多寡……

既然如此，那究竟是为什么？

就是因为我们缺少了在养育孩子过程中最需要的家庭养育能力，即学习拥有和灵活使用科学、专业的家庭教育知识，并与以往传统养育实践经验有机结合的能力。至今，许多人没有意识到还需要拥有这种能力。正是缺少了这最关键的养育能力，才使我们错过了孩子成长发展的许多关键点，因此造成了不可弥补的缺憾。即便有机会去弥补、改善，这个过程带给孩子和父母的也是难以想象的艰辛。

当我们看到初生婴孩的时候，他们的能力是“空无”的，他们是需要父母悉心养育呵护的。然而大部分父母却忽略了同时期的自己的养育能力也是如婴儿般的“单纯”，忽略了学习成长是一个吸取、思考、转换、使用的系统概念，更忽略了孩子的成长发展是一个不可断裂、不可逆反的系统前行的旅程。孩子成长过程的这种属性不允许养育者出现失误，养育者需要根据行进情况和借鉴因素，及时将孩子的发展调整至正确的航向。我们需要借鉴前人的经验前行，但当看到前方他人脚印的时候，不是直接踩下去，而是要先看看脚印的大小、深浅和方向与自己的需要是否匹配，是否需要作一个调整，这个调整就是我们不断地修正自我。只有这样，我们才能和孩子一起走得更好、更稳！

家庭养育，需要看着别人的脚印，走出自己的路！即使和他人的脚印相重叠，也是由自己的需要决定的，而不是照搬别人的做法。你就是你，你的孩子就是你的孩子。你不能重复别人的人生，孩子也不能照着别人的样子去成长。

我想，20 世纪由刁铁军作词、谷建芬作曲的歌——《脚印》，也许能带给我们更深层次的思考：

洁白的雪花飞满天，白雪覆盖着我的校园。
漫步走在这小路上，脚印留了一串串。
有的直，有的弯；有的深，有的浅。
朋友啊，想想看，道路该怎样走？
洁白如雪的大地上，该怎样留下，
留下脚印一串串。

阳光雨露

我们买来一个商品，都会认真地去看使用说明书，弄明白操作方法，生怕在使用过程中因操作不当而损坏了它。我们买汽车之前，要先学习驾驶技术，获得驾驶资格，并不断地上路练习，直至熟练操作。做到这些不仅是为了驾驶好汽车，最根本的是为了保护自己和他人的生命及财产安全，这是一种极其负责任的行为，是值得赞扬的做法！对外人、对一个物件尚且如此，那么当面对我们最疼爱的孩子的时候，我们是不是更应该有这样的爱心和负责任的态度呢？

我·心语

世间万物皆有缘，
人心向善自古传。
循规蹈矩遵守至，
触类旁通别样天。

父母要给自己立规矩

——父母成长法则

我们一般都会教育小孩子和年轻人要遵守规矩，要懂事听话，可有时候，我们自己却做不到，这也体现在孩子的养育上。在现实生活中，我们随性的养育思维、随意的养育方式，令许多聪慧的孩子失去了良好发展的机会。而许多人的解释就是“我的孩子不聪明”“我的孩子太不服管”“我哪有时间教育孩子”等等。没有时间教育孩子，就意味着没有时间做好父母，更意味着“孩子不聪明”“孩子不服管”“孩子不能好好地成长”。解决这些的最好办法就是，父母要将时间和精力归还在孩子的养育上，要遵守养育规矩，不能做随意、无知、无能的父母。只有这样，父母才能受到孩子的信任与尊敬，才能很好地影响或指导孩子的发展。

中国有这样一段古话：“没有规矩不成方圆。规矩者，方圆之器也，矩以制方，规以制圆，依规矩而方圆乃成。”此话多用来比喻事物的标准法度，常强调做任何事都要有一定的规矩、法则，杂乱无章是很难成功的。它隐含着一定的因果关系，符合事物发展的一般规律，因此，也适用于现实生活中对孩子的养育。养育孩子也是需要有一定之规的，这是许多人认可的。但事实是，好多家长有一种很自然的行为状态，一位会员的感慨就很具有这方面的代表性："我以前经常说这样的话来制约孩子'我是家长你就应该听我的，服从我'，但我从没约束过自己。"这位会员的话给我们一个提示：你是家长，没错，但是让孩子听的话以及你所做的都是正确的吗？你的行为有谁来约束和指正？有没有父母认为也需要给自己的养育行为制定些规矩呢？相信这是许多人从没有想过的，却恰恰是非常重要且值得我们商榷的问题！

给孩子制定规矩的初衷是为了规范孩子的行为，让孩子更好地按照规律成长、发展。规矩定得适宜，实施起来宽严相济对孩子的成长能起到良好的促进作用。但是，许多家长为了把孩子培养成自己心目中的佼佼者，让孩子按照自己设计的道路走下去，给孩子规定了许多条条框框，告诉孩子不能这样做、不能那样做。我们权且不去关注这些条条框框适不适宜孩子成长发展的规律，我们先关注一下许多人定的这些"规矩"在实施过程中被随意改变的状况。养育者一方面用"条框"把孩子置身于一个紧实的"桎梏"中，另一方面自己在实施过程中又随性地更改——他定我改，朝定夕改，言行不一。这正反矛盾的两面性做法让孩子不知所措，不明方向。而施教者却没有意识到这种随意性已经影响了孩子。这就是不遵守规矩的行为，反映出养育者缺少自我约束、缺乏自我管理的严重错误，其结果必将严重影响孩子身心的健康发展。这也是许多家长经常感慨的"孩子自控力差，执行力不强"的成因之一。

养育孩子的过程，不单单是我们指教孩子的过程，还是父母自身不断学习、修正、发展，然后用自身优秀言行影响孩子的过程。保障这一过程顺利实施的基础条件就是父母的言行要一致，要遵循规律、遵守规矩！否则，父母就不可能得到孩子的尊重与信任，也会失去在养育过程中对孩子施加影响、进行指导的权威性。

规矩一　养育没有借口，忙碌不是理由

在长期实施家庭教育的过程中，常常听到一些家长说这样的话："我很忙，没有空。"这看似是很普通、很合理的理由，实质上却是父母在养育孩子时"做不

到、不尽责”的借口。它掩饰的是父母不拿出时间来提高自身养育能力和关注孩子发展状态这一错误行为。如果对孩子的教育采取一种简单的方式，必然带有随意性、盲目性、从众性、极端性、粗暴性、放任自流性、过度关注性、推卸责任性等种种养育误区性质，也必然会使父母产生养育困惑和焦虑情绪（有关父母养育焦虑的问题在小学版书籍中详述），同时也给孩子的成长带来种种烦恼和阻碍，最终影响孩子身心的健康成长。比如：当家长带着孩子匆忙地穿梭在培训大军中的时候，当父母完全仿照他人的行为养育自己孩子的时候，父母和孩子共度的最美好的时光已经被“跟风”“攀比”“全才”等不合理的思维吞噬了，而收获的就是疲惫、无奈、失落和无法挽回的岁月。这样的景象现实中太多了，我们是否需要想一想：时间哪里去了？金钱哪里去了？孩子的快乐哪里去了？父母养育的初心去哪儿了？这些问题在后面的章节《养育孩子，父母态度变化三部曲》中会有阐述。

[不良列举]

除了“我没空，没时间”外，还有一些常见的话语也是有借口之嫌的。比如：“我文化水平不高。”“我学不会。”“道理我都懂，就是做不到。”“教育是老师的事情，与家长关系不大。”……在这些“理念”的指导下，其结果就是“我怎么办啊？”“我没办法”，在一声声无奈的叹息后，孩子的养育问题就不了了之了（放弃教育）！这时候孩子的成长又回到了从前纯自由的状态。试想，孩子的未来会怎么样呢？

也许有些家长确实没有空，在为创造富足的生活而努力拼搏。但大家有没有想过，我们努力拼搏挣钱的目的究竟是“为自己”，还是自己所说的“拼命挣钱还不是为了孩子”？孩子需要的仅仅是物质上的富足吗？如果是这样的话，前面所说的 13 岁小女孩就不会因为“能说话、能聊天”的网友突然消失而失去生命。孩子们更需要的是父母对他们内心世界的滋润，那是用金钱买不来的、玩具换不到的！就像一位妈妈在“家教交流学习”感悟中说的那样：“下午我们一家三口去了新开的泰华城，望着兴奋的小丫头，我想大概这种感觉是爷爷、奶奶给不了的。我也明白了小丫头为什么那么关心爸爸什么时候下班，也理解了她睡觉前所说的‘我睁开眼的时候就能见到爸爸了’。”这件事让我想到了一个外国小男孩要用借来的20美金换回爸爸不去上班、陪伴自己一天的感人故事！

我感动中，眼睛有些湿润……

［良好列举］

案例一：英子妈妈（孩子高一）再忙也会挤时间参加“家教交流学习”活动。她的感言是：“每次参加沟通交流活动都是一种洗礼，不管是教育孩子方面，还是生活、工作方面，我都挺受益的。人真的是需要不断学习。对于孩子，我们家长有时太苛求完美，有时太主观了，致使作出错误的判断。**现在我明白了，孩子的学习成绩可以先放一放，先给孩子营造一个温馨的家庭氛围。等她情绪好了、稳定了，她会发现周围的环境是容不得自己懈怠的，必须刻苦努力。激发出了孩子的内动力，好成绩当然也就水到渠成了。”**

案例二：涵涵妈妈（女孩2岁半）：我骄傲，因为我遵守学习规矩了，我遵循养育规律了。所以，我孩子现在的言行表现程度、思维深度等都明显优于其他同龄孩子。这是我参加学习后的结果，原先可不这样。我之前一直认为那么小的婴孩懂什么呀，告诉她也白搭，是孩子后来的一次表现让我彻底醒悟。我每天都在家教导师的指导下学习，越来越感觉到自己学习养育孩子知识的必要性。孩子层出不穷的行为新花样在“挑战”着我的神经，有时候真的招架不了。面对一个2岁多的孩子，有时我有种自愧不如的感觉，所以，我得继续再加快学习的步伐。如果我最初没有参加“家教交流学习”的话，我就不知道发生在孩子身上的那些“调皮、不听话、搞破坏、手紧自私、自我、强势”等行为，都是孩子发展阶段的必然现象，是需要适当的支持和引导的。否则被粗暴压制的不仅仅是孩子的行为，还有孩子的潜能，最终将影响孩子身心的发展，这也就是为什么孩子小时候都差不多，到后来出现明显差别的最关键原因，我真是深深体会到了这些。“武斗”是原来我养育孩子最主要的手段（也包括对自己的亲人），孩子身上至今还留有痕迹，尽管我们已经改变得差不多了。我发现自己的养育思维和行为改变后，全家人都在改变，是向好的方向发展。

案例三：一位高二孩子的妈妈的学习心得：“回头看看与孩子一起走过的一年多的高中生活，我感觉与孩子的沟通是一门学问。当我去关注、督促孩子学习时，他竟然说我没有站在他的角度上思考问题，说我说的一些话让他感到不舒服。当妈妈的我感觉很惊讶，孩子竟然这样对我，我有点懵！后来在与其他家长交流中得知，他们的孩子也有过这样的反应：‘你们不了解我……’孩子们好像也很伤心、很气愤。

“为了改变这一切，我主动参加了家长交流活动。此后，我与孩子谈过一次，我表示不再用原先的方式管他了。令人奇怪的是，从那以后，他明显改观了，学习更自觉了，不再那么执着地玩游戏了。我不知道是谈话起了作用，还是我决定不再用原先的方式管孩子后，我自身也就觉得孩子没有问题了(现实中有非常多这样的例子)。

“现在想一想，孩子当时用那样的口气跟我说话，我心里不舒服；我当时对他说话的语气，他听了肯定也不高兴。的确是我与他说话时没有顾及他的角度，与他沟通时没有把他放在平等的地位上。孩子那样说我，我伤心落泪，难道孩子心里就舒服了？我现在明白了，不是孩子思想有问题，而是我的思想先有问题。由此可见，与孩子交流是一种智慧，顺畅的沟通既能引导孩子说出心里话，让孩子释放心中的不快，同时也能与孩子分享快乐，陪伴孩子健康成长！”

[行为原则]

孩子的家庭养育其实很简单，无需使用大段的时间，只要抽空系统地看一些家庭教育理论知识和他人的养育方法，理解了，然后在生活中细心地观察孩子的言行举止，两者相结合就会拥有属于自己的教育“妙招儿”。父母就是父母，不需要成为教育专家，所拥有的养育能力和具体的施教方法只要适合自己孩子的成长就好。父母通过学习和思考，做好自己该做的事情，就会水到渠成地影响孩子向好的方向发展。万丈高楼平地起，需要一砖一石的堆积；孩子成长的养育，需要父母一时一事的关注与指导。

家庭教育无大事，就隐含在家庭生活中，父母用自己的言行潜移默化地影响着孩子的成长；家庭教育无小事，每一点养育行为都是在为后期孩子的发展奠定基础。

当我们为成为好“员工”而为老板的事业努力奋斗的时候，也请为当好“父母”而为孩子的成长发展花费点心思，投入点精力和时间，而不是用金钱和物质的满足来尽自己的义务，行使自己的养育职责。孩子的基础成长需要的绝不仅仅是丰厚的物质,更重要的是心与心的交流与精神的支撑。就像一位教授妈妈说的那样:“孩子小的时候,正是自己事业发展的时候,一级一级地往上爬,却顾不上给孩子打好基础。现在后悔了,想改变却很难。”其实在协助孩子6岁前打好基础后,家长可以在以后的时间里更加自由顺畅地完成自己的事业,只需在前6年里,对养育孩子多投入一些精力而已。

“不给自己任何借口。”一个人如果能秉持这种信念,就能斩断后路,不断超越自己,收获属于自己的成功——不管是养育孩子还是自己的事业!亲爱的父母朋友们,养育孩子,没有借口!

规矩二　以身作则,身正影不歪

正如上面所述,养育孩子的过程实质也是父母自身不断学习、修正、发展的过程,父母是在边成长边养育孩子。父母养育孩子的过程,一方面是父母施加影响与引导的过程;另一方面是孩子接收、实施的同步过程,就像“电波发射与接收”一样。而孩子的成长也是学与长的同步过程。这一特征传递出一个严肃的信息——要想给孩子一个良好的养育过程,父母必须先正自身,以身作则。就像是复印机复印文件,原件不清楚,复印件也会是模糊的。

不少人经不住现实的诱惑,不断地挑战、放弃自己的底线,逐渐离自己本来的愿望越来越远,而且总是有理由,最经典的理由就是“周围的人都这样”。这很像我遇到的一件事情:一个小路口,红灯,我站住了,一个女孩也站住了。当她看到不顾红灯信号而继续过马路的行人时,脸上露出一种非常气愤的表情,但又很无奈,她当时的内心一定很不平静。我有些感慨,走过去对她说:“看着他们这样做很无奈,是吧?我曾经也这样过,时间久了就好了。”女孩说:“他们怎么这样啊?为什么不坚持一两分钟?那可是关系到自己的性命啊!”

因经不住诱惑而放弃原则的现象充斥在人们生活、工作的方方面面。在家庭养育中,父母因为抵挡不住自己舒服、偷懒、不愿意费心、不愿学习、自我玩乐等想法的诱惑,而放弃对孩子科学养育的例子也不在少数,而这种不负责任的行为关乎的是孩子的生命品质!

［不良列举］

要求孩子遵纪守法，我们却遇事不守规矩：加塞、闯红灯等；要求孩子懂礼貌，我们却脏话连篇；让孩子努力学习，我们却手不沾书，空余时间打麻将、玩手机……

［良好列举］

父母在孩子面前读书学习；父母自觉排队购物；父母主动让座；父母带着孩子看望关心老人、长辈……

［行为原则］

既然是规矩，在实施过程中就要有一定的原则性。我们如何才能保障孩子和自己既能按照规矩行事，又能拥有属于自己的自由活动空间呢？

1. 各尽其责，各司其职

养育的过程是父母做好自己然后影响孩子的过程，而不是要做与孩子一样的事情，即孩子学什么家长学什么，就像有一位妈妈曾“自豪”地告诉我，她从头提前学习孩子的课程，然后再教给孩子。真是让人啼笑皆非，这种行为是值得表扬还是批评呢？其实父母完全不用因为孩子而失去属于自己的生活方式和权利，这本身也是对孩子人生态度的一种影响教育，这一点一定要跟孩子讲清楚。比如：孩子看书、做作业时父母不要陪着，那是他的责任，是他应该做到的事情，父母该做什么就做什么。当然，如果父母确实喜欢学习和读书，也会潜移默化地对孩子产生正向的影响，对孩子成人后的影响尤其深远。切勿装模作样地假学，一定不要在孩子面前虚伪。孩子非常敏感、聪慧，能看得懂，也感觉得到，他们也会用模仿来的方式“对付”父母对他们过分的要求。比如：坐在桌子面前假装学习，其实小脑袋早就“开小差”了。因此，为给孩子树立好的榜样，父母一定要做到事务正当，理由纯粹，本质真诚，做好自己。

2. 事有尺度，有始有终

在我接触的家庭中，多数家长对孩子的养育中都存在着一个看似很小、实则非常影响养育实施效果的问题，即对规则或方式的尺度把握不恰当。比较好的做法是：对孩子宽严相济，张弛有度；既要给孩子自由发展的空间，也要在适当的时候给他制定一定的规矩。只有这样，才会让孩子更好地适应群体生活。

在儒家学说中，孔子把“中庸”看成是美德最高的境界，也是他解决一切问题的最高智慧。其含义综合起来就是恪守中道，坚持原则，不偏不倚，无过无不及，并且要因时制宜，与时俱进。在孩子养育过程中也要讲求中庸之道，“过了”会限制孩子独立自主的成长，“不及”则不能更好地引导孩子健康发展。另外，父母要做到以身作则，凡事有始有终、坚持不懈。

为达到以身作则的效果，父母在为自己制定规则时需注意以下三点：一是对整体因素要考虑全面；二是宜粗不宜细，宜小不宜大；三是要便于父母对孩子实施教育影响和指导。只有这样的“规矩”才能让人长久地坚持下去。父母要特别注意，不要为了孩子把自己限制在一个被动的框架里。

规矩三　我一定做得到

面对孩子，“我一定做得到”是勇于担负起父母责任的誓言，一定会正向地影响到孩子。

我曾在新浪博客中写过一篇名为《“不知道”背后的责任缺失》的文章，是说父母养育孩子义不容辞，没有借口，但现实生活中却绝非如此。每当在养育中遇到难解决的问题时，总有父母向我抱怨：“哎呀，我不知道。”“我不懂。”“反正我尽力了，没办法了。”“没辙了，听天由命吧！”这些话本质上都是为自己开脱的借口。

现实中许多父母已经意识到家庭养育知识对孩子成长的重要性，但却突破不了“懂道理，做不到”、知行不合一的瓶颈。自己做不到，许多父母便将思路转向了借助外力上，比如：跟风上辅导班，找家教，参加夏令营……这样可以不必太费脑筋，至于结果如何，先做了再说。很多家长跟我说：“看到别人都在做，为了不让孩子落后，虽然不情愿，也只好这样做了，也挺无奈的。”我深深替他们感到惋惜。可怜天下父母心，他们很辛苦，但辛苦的不是地方。难道仅仅上了辅导班，孩子就万事大吉了吗？我也深深地为这些孩子担忧，不知道他们中有多少人因为变成课业的“奴隶”而失去了真正学习的乐趣和动力；有多少人早早失去了自己的快乐童年；又有多少人失去了被理解和被尊重的权利以及自主发展的能力？这些结果均来自于养育者无为、无知、无奈的养育行为！

我问过许多父母："你爱自己的孩子吗？你愿意为孩子的成长付出一切吗？"所有的父母都会毫不犹豫地回答："我爱，我愿意！"我绝对相信这是发自内心的话。为了孩子，做父母的什么事情都肯去做，什么苦也愿意去吃。但发人深省的是：有太多的父母却不能去做养育孩子最重要的事情——学习科学的养育知识，因为这很难！自从走出校门后，多数人就很少读书和再学习了。在这种情况下，大脑持续处于一种休眠甚至是萎缩的状态，从头再来学习，是非常有难度的。尤其是面对那些枯燥、自己不感兴趣的理论性知识时，用许多朋友的话说："看不进去，记不住，也学不会。"

不管学习这些知识如何枯燥和有难度，这是我们养育孩子最值得也必须去做的事情。我想郑重地对父母说：**与其在孩子出现问题时焦虑不安，费心费力地寻找解决良策，不如提前使自己成为"父母级学生"，在学习养育理论知识的基础上，全身心地投入到养育实践行动中。只有这样，才能做到用理性、平和的心态面对孩子成长中发生的一切状况，及时找到属于自己的"教育妙招"，而不至于在遇到难题时束手无策！**

［行为原则］

1. 学习家庭教育知识是父母养育孩子必须担负的责任，是父母义不容辞的事情。

2. 在养育孩子的过程中，遇到孩子出现问题时，一定要先向内，从自身找原因，一定要站在孩子的角度看问题，换位思考。

3. 把养育孩子当成一种乐趣，会令学习"简单化""轻松化"，父母也会很容易成为"智者"，在教育孩子时就会达到事半功倍的效果。

4. 在养育孩子的过程中，父母最好的行动方略就是"眼高脚低"——目标、计划、方案要定得高远周密，行动起来却一定要脚踏实地，夯实基础，提高控制力和执行力。

5. 把培养孩子上升为一项教育事业来做，父母就会深深地感受到一种至高无上的使命感、荣誉感。

6. 想做优秀的父母，需要一定的牺牲精神及毅力、恒心，也需要坚信"我能做得到”，更需要适合成年人的学习技巧——与志同道合的人一起交流探讨，然后自己体会感悟。

人的烦恼往往缘于私心太重，如果忘我地为别人做事，人就会是快乐和幸福的。孩子的教育上也是如此。如果父母抛掉诸如“我很辛苦”“我还有自己的事情要做”“我也要玩”“我都是为了你，我得到了什么”之类的观念，就一定会有心情和精力投入到孩子的养育中去，并有所作为。

上苍很公平——父母在养育孩子过程中所谓的“失去”，时间老人会在未来补偿给你更多的“得到”，也会用孩子最好的成长结果作为奖赏。更何况我们并没有失去什么，只是将生活重心转移了一下而已，相信自己会在另一片天地里收获更多的、新的感受！请不要让自己在无奈中消沉、死心，更不要让孩子在我们无知的养育中失去美好的未来！

阳光雨露

日常生活中，父母要时刻遵守给自己立下的规矩。只有自己做到了，才能影响和引导孩子也给自己的行为画一个“方圆”。父母没有规矩，就不可能使孩子养成遵守规矩的良好习性。亲爱的父母们，其实您非常有潜能，只要您制定出适合自己的规矩，持之以恒地坚持遵守，并不再给自己的行动找任何借口就可以了。

我·心语

育儿只讲饥和寒，
不论有钱与无钱。
儿承勤俭谋伟业，
代代胜出好儿男。

节俭也能养育好孩子

——家庭教育中的经济学

中国有一句谚语："今日省把米，明日省滴油，来年买头大黄牛。"这说明了点滴的节俭看似不起眼，积累多了就会产生了不起的结果。换句话说，我们节省下来多少，就收获了多少。在孩子养育方面，我们有太多节省的机会，这不仅仅是节省财物的问题，更重要的是利于培养孩子勤俭节约的优良品性。正如法国著名教育家卢梭所说的："奢侈的必然后果——风化的解体——反过来又引起了趣味的腐化。"这与诸葛亮"静以修身，俭以养德"的论断如出一辙。先贤们用自己的话告诫我们：节俭养育，我们会更好地成就孩子的美好未来！

不知从何时起，家庭教育界出现了"男孩穷养女孩富养"的观点，并引发了热烈的讨论，直至今天，讨论之声依然不绝于耳，没有一个标准的定论。然而现实生活中不管男孩还是女孩，大多数家长都在"富养"，尽自己最大努力满足孩子成长的物质消费。一句话，不能亏待了孩子！

在当今社会，养育孩子不仅是一项耗时耗力、费心劳神的大工程，还是一项非常"昂贵"的投入。那么在几十年前只要有饭吃有衣穿，一对夫妻就能够养活几个甚至十几个孩子的情况，为何演变成今天这般田地？养育一个孩子究竟要花费多少钱?

据相关社会调查显示:在美国,把孩子养到18岁需花费24万~30万美元;在德国,将孩子养育到18岁约需15万欧元;在香港,一个中产家庭养大一个孩子至少需550万元港币;在上海市徐汇区,父母养大一个身体健康的孩子平均花费为49万元人民币;北京、广州约需要45万元人民币;苏州也需要42万元人民币左右。看到这组数据,我们心中是不是有一种"苦恼的幸福感"?对于一个普通家庭来说,这真是一笔不小的支出,那么我们的钱究竟花到哪里去了呢?下面就让我们一起详细算一下。

Ⅰ.怀孕至生产后1个月:3万元左右

孕期检查费:2000元

营养品等费用:5000元

防辐射服、孕妇装等购置费:2000元

医院顺产等费用:4000元

生产包、产妇用品购置费:3000元

坐月子等费用:8000元

不包括剖腹产、聘请月嫂、突发事件等费用。

Ⅱ.早教期0~3岁:5万~6万元/3年

奶粉费用:12000元

衣服、玩具、零食支出:12000元

早教班、学习资料及其他相关费用:30000元

不包括保姆费。

Ⅲ.幼儿园3~6岁:9万元左右/3年

幼儿园费用:20000~60000元

兴趣班费用:10000元左右

书籍、玩具、衣服、零食费用:10000元左右

不包括建园基金赞助费等。

Ⅳ.小学7～12岁:15万～16万元/6年

书籍、学习用品购置费:5000元

学校小饭桌费用:30000元

衣服、科技用品购置费及生活费:72000元

辅导班、兴趣班、兴趣器械用品费:60000元

不包括择校费。

Ⅴ.初中13～15岁:5万元/3年

学习用品、书籍等购置费:5000元

生活用品、衣服、高消费品等购置费:30000元

辅导班、培训费:15000元

不包括择校费。

Ⅵ.高中16～18岁:5万元/3年

学习用品、学费、书籍等费用:5000元

生活用品、衣服、高消费品等购置费:30000元

辅导班、培训费:15000元

不包括择校费。

Ⅶ.大学18～22岁:8万元/4年

学费:40000元

杂费、生活费:40000元

这是综合了前几年各方面信息汇总而成的数据,合50多万元人民币。其中不包括重大疾病、特殊科目培训、出国、考研等特殊费用,若考虑这些因素,到孩子大学毕业时花费近百万元!

综观这一账单,孩子的教育费用是消费支出的“大头”,尤其是课外教育费用。很多父母因此不敢再要二胎,担心经济上负担不起。我们如今的孩子真的就需要“富养”吗?用金钱堆积起来的孩子的学习和发展结果就一定能优秀吗?这真值得我们去思考!

许多精明的商家都信奉一个信条——“挣孩子的钱!”这说明在养育孩子上

父母舍得花钱，然而在孩子身上花的钱多，并不代表着他将来一定会有出息。孩子成长结果的好坏，取决于父母自身养育能力的优劣和对孩子实施养育影响的过程，而不是单纯经济上投入的多寡。那么，我们怎样用最少的经济投入获得最好的养育效果呢？要解决这一问题，我们必须首先弄清楚一个重要的理念——养育经济学。

今天，我所讲的家庭教育中的“经济学”，是建立在科学教育理念、优秀养育方式基础上的一种养育经济行为。

1.父母成长理念：养育最值得投入的是父母自身的学习成本

“只有父母好好学习，孩子才能天天向上。”这是最简单的道理，却是最重要、也最容易被忽略的事情。**父母宁愿在孩子身上多花费几倍甚至几十倍的学习费用，同时搭上无数的时间精力，也不愿为自己系统地学习养育知识去投资。有些人是因为没有这个意识，有些人是因为怕学习，有些则是对学习不能持之以恒。然而事实证明：只要父母突破学不下去这个瓶颈，持之以恒地学习，所获得的养育方法一定是实用可行的，养育孩子所投入的精力和资金一定会最少。孩子6岁之前的基础养育，基本靠父母来完成，父母给自己学习养育知识所进行的投资，是一人使用两人获益。**预防胜于治疗。在父母身上投入10元教育费用，抵过孩子出现问题之后的100元甚至更多的投入。况且父母通过自身学习，不但能提高自身的养育能力，其他综合能力也会有所提升，家庭和事业也会相应和睦顺畅。

2.正确的养育消费模式：目前对孩子的消费支出，实质是父母对孩子关爱的表达和自身消费需求的满足

相信许多父母都有这样的体验：带小孩子去逛超市，他们最多的行为就是从货架上拿起一件商品，看看再放下，再拿起一件，看看再放下，循环反复，乐此不疲，这说明孩子小时候是不懂得消费的。

孩子最初的消费行为一般都是由父母引导的，是父母依据自己的消费意志和来自外界的消费影响做出的决定。孩子在父母消费引导的影响下，逐渐形成自己的消费意识。在养育子女过程中，有一些消费很不合理或者说是非常没有必要。

比如：重复购买玩具；过豪华生日；购买过多的衣物、零食和根本不看的书籍；购买不适用的参考资料书；参加额外的课业辅导班、各种能力提高班；等等。分析孩子的养育花费，可以看出其中的部分消费是父母为了满足自己的欲望。

现代社会攀比风盛行，导致孩子养育成本提高的最关键因素是父母养育行为的不当。父母控制自己的消费欲望，理性、合理地支出才是家庭养育经济节省的良策。否则，长期生活在奢侈浪费的环境中，孩子们会模仿父母的消费行为，逐渐发展成未来享受高消费的"月光族""啃老族"。相信在我们周围有许多这样的例子。

从小我们就会背"谁知盘中餐，粒粒皆辛苦"，可现实中能做到的有几人？在我们都感觉到"挣钱难"的今天，是否也应反省一下我们在许多方面"花钱易"的潇洒行为！

切记杜绝这样的思维——"我孩子还小呢！""今天就破个例。""这些问题离我还远着呢！""我怎么会和他们一样呢！"

通过前面的阐述，我们知道了孩子的成长是父母自身成长后对其施加影响产生的结果。而孩子成长过程的不同阶段的内容是不同的，是不可混淆的，更是不可跨越的。如果破坏了孩子成长的自然规律，孩子就容易出现不良的成长结果。如果当孩子已经出现问题时再去想办法解决，不管是资金还是精力的投入都相当大，而且孩子和父母改变的过程也相当艰难。

看看周围，在许多人的经济盘算中，结婚生子的花销是正常消费，从没有提前预算过，过后才发现只有你想不到的、没有你花不出去的钱。所以，无论家庭物质条件如何，不管孩子是男是女，父母都有必要系统地学习科学的养育知识，获得理性科学的养育思维，对孩子进行正确、有计划的养育，减少不必要的消费，达到合理投入，这样就会达到"穷养"孩子也优秀的结果。在这一过程中，父母的行为也传递给孩子一个生活准则——努力好学、勤俭节约、务实发展！

"自古英才多磨难，纨绔子弟少伟男。"这句话点出了几千年来养育孩子的实质。

阳光雨露

养育孩子其实并不贵，是父母自己娇贵，把攀比、奢侈的养育消费账都算到了孩子身上！其实，家长养育孩子最简单的方法就是追求本真，莫忘“笨”方法，就像动画片《海尔兄弟》主题歌中唱的那样：“天冷穿棉袄，天热扇扇子，智慧就是这么简单。”大自然赋予了人类广阔的学习成长天地，告诉了我们最实用有效的生存方式，我们何必舍近求远，舍本逐末？家长真正需要做到的就是学会并运用经济实用的教育“妙招儿”，理性、科学又经济地养育孩子！

我·心语

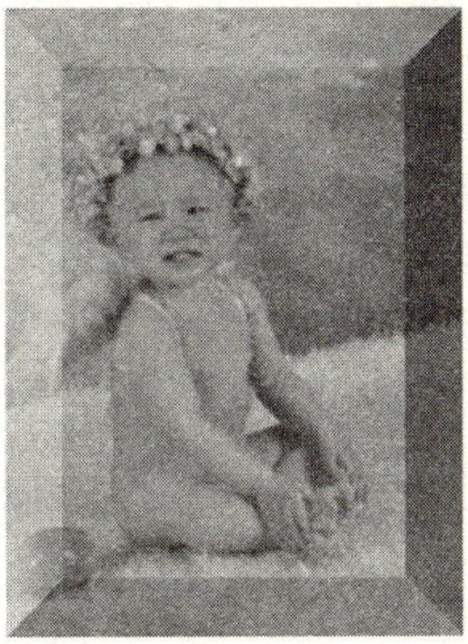

知人知面不知心，
自我心性最难寻。
懂我懂你智慧至，
养育孩童不费心。

养育的最佳行为结果

——知其人，明其事，为上

“知其人，明其事，为上。”也许有人不太明白这一题目的意思。我们养育孩子的过程，就是父母与孩子之间知识传递的过程，是父母将知识传递给孩子、孩子得到知识后自我成长的过程。要顺畅地完成这一过程，彼此之间一定要建立起良好的信任关系，这一关系是建立在彼此理解、尊重与平等交流的基础之上的。“知己知彼，百战不殆。”这是兵家的一个基本的军事思想，亦适用于父母养育孩子。我们不但需要知道自己懂得什么、会做什么、应该怎么做，更要懂得孩子需要什么，这样我们才能真正做到因人施教、因材施教，达到最好的养育效果。这是父母养育孩子应有的境界——懂我、懂你！

我记得有一个小男孩，他俏皮可爱，小眼睛里透露着聪慧，经常见到他拿着书在院子里看。刚上学的时候，他非常快乐，还能在周末看到他在院子里读书的身影。但好景不长，在小学第一次考试后，几乎没有再见到过他。后来我才知道，因为孩子成绩不好，父母给他报了辅导班。周末的时间被辅导班占满，课外书籍既没有时间看，也被父母责令不许再看。当我时隔五年再见到他的时候，真的有些认不出来了。除了生理上的正常变化外，孩子的精神状态非常低迷，完全没有了小时候的样子，光看他厚厚的眼镜和有些弯曲的脊背，就令人心痛不已了。经过了解，孩子的课外辅导班学习一直没有间断，可孩子的成绩却一直没有好转。父母除了每天督促以外，毫无办法。与孩子交流，除了学习，几乎没有其他的话题。最终父母对我感慨地说："我们费力了，我们很无奈！"

像这对父母一样，有许多家长在孩子上学以后，每当谈起孩子的教育，眉头就会紧锁，笑容立即消失，用"无奈"和"无助"来形容是最恰当不过了。为什么在孩子出生伊始，对他们的养育感觉那么容易，可随着他们的成长，养育过程变得越来越难呢？为什么孩子的养育在上学前后会出现不同的状态呢？

首先，父母对孩子的期望值太高了。许多父母将自己没有实现的心愿转嫁给孩子，希望孩子成为自己心中期待的模样，并按照自己认为正确的方式去"刻画"孩子。其次，家长不了解孩子成长的规律，不了解家庭教育的规律。在这两个规律都不了解的情况下，按照自己的意愿去教育孩子。当孩子被剥夺了成长自主权的时候，孩子的成长一定是充满艰辛的，父母的养育之路也一定是不平坦的。**父母在孩子成长前期（尤其是6岁前）做得越科学、恰当，在孩子成长后期的付出就越少，孩子也会越有成就。而这些养育技巧在孩子早期养育中往往很容易被父母忽略或无视，父母养育言行中不在意的"小问题"积累久了，往往会形成严重困扰孩子发展的大障碍，甚至会伤害到孩子的心灵。**不是父母不够爱孩子，而是他们真的不知道有些做法是错误的；不是孩子难养难教育，而是养育者难以拥有教育孩子的真正能力。

现实生活中，很少有人能够深究"父母"这两个字背后隐含的责任和意义。多数人是在不明白科学养育知识的情况下，就开始了养育孩子的行为。这是造成孩子成长（非生理上）阻力的主要原因之一。**父母像无知的"师傅"指教着无辜的"徒弟"，自己却浑然不知。**在孩子没有出现问题之前，父母总认为自己的一些养育行为是为了孩子好，比如：溺爱孩子，让孩子上辅导班、不让孩子看课外书，不让孩子干家务，不让孩子娱乐……殊不知，这些养育行为不但不能促进孩子成长，反而会成为阻碍孩子成长的最大障碍。就像有些妈妈说的："真不希望孩子长大，老是这么小多好，我可以天天陪着他。”这是妈妈一厢情愿的爱，但孩子总是要长大的。当这种不符合自然发展规律的“爱”被孩子感觉到是限制他长大的“枷锁”时，他就要抗争。外向型的孩子一般采用直接抗争的方式：你说东他说西，最典型的就是青春期的叛逆行为；内向型的孩子多采用不反抗的方式：忍气吞声，服从指挥，最后会因压抑过度导致萎靡不振，严重者会出现学习、生活障碍，甚至丧失生命；还有一种方式是折中的行为：表面不卑不亢不反驳，实际却在做自己愿意做的事情，跟父母“打太极”，如偷偷打游戏、玩手机、逃学等，在这样的情况下，学习当然会受到影响。

放眼四周，有些人在惯性思维的指导下，或在从众心理的影响下，盲目地对孩子进行着养育，但这是一种生活模式的自然传承和外在环境信息的传递，并非针对孩子个体成长的养育良策。虽然这种养育模式在现实中普遍存在并被运用，却不一定是科学的、系统的。尽管有句话说“存在的就是合理的”，但在孩子养育方面，是有不确定性的——因为存在的不一定是最适合的。

孩子的养育应因人施教、因材施教，不能整齐划一。这需要我们懂得孩子的成长规律和成长需求。孩子养育应该防患于未然，而不是亡羊补牢。要求养育者要有前瞻性，不能错过孩子发展的关键期。有位朋友曾经说过：“孩子没有出现问题我怎么去教育？只有等孩子出现问题了，我才能针对问题去解决。”看似很有道理，其实这是一种养育误识。即使在孩子出现问题后及时改善，也不是那么容易的。**“亡羊补牢”，毕竟损失了“羊”**！

明其事，如何做？

坚定地迈出自己学习的第一步，打破“万事开头难”的瓶颈。消除养育孩子不用学的思想，培养自我反省的思维习惯，强化自己的责任心，找到好的方式方法，争取相应的外力支持和帮助！

坚定的意志力，求知的精神，再加上持之以恒的行动，这就是成功！相信努力付出了，定会有不凡的收获。

阳光雨露

理论是指导行为的准绳。所以在开篇伊始，我畅谈了对教育理论的观点、看法，希望能起到一个提点的作用，让不知从何处下手学习家庭养育知识的朋友先对一些基本理论、概念有初步的感知和认识。随着学习的深入，逐步拨开家庭教育理论的面纱，一切都会明朗起来。学好了家庭教育理论，家庭养育的“妙招儿”自然会从科学教育理论中转化出来。父母自身的引导和影响是家庭养育最基本的方式，养育之道就是父母自身的修为。

我·心语

第二章

母亲母爱·养育素养

——我爱我的孩子

母亲——在诗中，在歌中，在人们的呼唤中，都是爱的音符、美的画面，散发着暖暖的色彩；母亲——在名人、伟人的笔下，都是神圣的化身、力量的源泉。让我们一起欣赏伟人们对母亲和母爱的赞颂吧！

我很幸运有爱我的母亲。——[德]音乐家 贝多芬

我给我母亲添了不少乱，但是我认为她对此颇为享受。

——[美]小说家、作家 马克·吐温

慈母的胳膊是由爱构成的，孩子睡在里面怎能不香甜！

——[法]浪漫主义作家 雨果

推动摇篮的手，就是推动地球的手。——[法]军事家、政治家 拿破仑

母性的力量胜过自然界的法则。——[美]作家 芭芭拉·金索尔夫

世界上的一切光荣和骄傲，都来自母亲。

——[苏联]著名作家 高尔基

国民的命运，与其说是操纵在掌权者手中，倒不如说是握在母亲的手中。因此我们必须启发母亲——人类的教育者！

——[德]著名教育家 福禄贝尔

而作为母亲，我要说："我拿什么奉献给你——我的孩子！"

天使降临人间！

我的天使妈咪

上帝不能无处不在，因此他创造了母亲。——犹太谚语

据说，在每个小孩出生前，他都会去神那里，说出自己的忧虑和困惑，获得神的解析和关怀，并从神那里获得去往人世间的信息。

神告诉他，神专门为他选择了一位天使。

天使会照顾他，会用无比的耐心教会他人类的语言，教他唱歌；

天使会保护他，会不惜一切代价，甚至是牺牲生命地来保护他，让他快乐、健康地成长；

天使会引导他，会教给他如何做事、如何独立生存。

……

小孩最后从神那里获知天使的名字——妈妈！

妈妈——多么温暖、安全的称谓，她将陪伴孩子走过春暖花开的幸福时光，走过风霜雪雨的人生四季，引领孩子走向属于他自己的未来……

我有小名，也有大名，
因为有了你，我有了第三个名字。
这是一个让我心动的、令我幸福的、
更使我充满了担当与责任的称谓——母亲！
从此，让我牵着你的手，一起慢慢地行走。
不管长夜漫漫，还是霞光无限……

爱孩子 · 我成长

茅盾先生曾说过："我的第一个启蒙老师是我的母亲。"

像茅盾先生一样，自古至今，有许多人从内心由衷地发出关于母亲的各种感慨——感恩母亲对自己的恩德，缅怀母亲对自己一生的影响，同时也向世界宣告母亲的伟大。

忘不了那一天，一个小生命伴随着响亮的啼哭诞生了！小小的、嫩嫩的、软软的、不知何时才能长大的小东西！他的到来，不仅给了我无限的新奇和快乐，也给我带来一个特殊的、被文人墨客用美好字符来赞颂的称谓——母亲！

短短的300多天的时间，我经历了从生理到心理上的变化，像是突然跨进了一个新的世界。虽然我曾经帮助姐姐照看大了孩子，虽然我曾经在怀孕前就看过许多有关养育孩子方面的书籍，虽然我根据医生的指导对胎儿进行过胎教，虽然在前期我也有了一些当妈妈的心理准备。然而，当孩子真正到来的时候，我还是感觉忙乱不堪，心虚得很。看着他粉嘟嘟的小脸、胖乎乎的小手，看着他在我怀抱里一天天见长的身体，欣喜之余，对于他以后的培养与教育，我的心中充斥着无数的问号：

孩子究竟需要什么？

我究竟应该给予孩子什么？

我究竟该担负起怎样的责任？

我应该用怎样的方式教育他？

我怎样才能让他长得健壮？

我怎样才能使他适应未来的竞争，在社会上有立足之地？

长辈们说的"会生孩子就会养孩子"的观点究竟是对还是错？

像他人所说的让孩子"顺其自然地成长"是好还是坏？

棍棒底下真出孝子吗？严管究竟好不好？

孩子怎样才能学习好呢？

我想给孩子快乐的童年，我也想让孩子成为优秀的人。玩与学、放与管、宽与严，它们究竟有怎样的联系？这矛盾的正反两面究竟能不能共存？

……

茫然中，我找不到这些问题的答案，原本在书本上学的养育知识，一瞬间飘到九霄云外，消失得无影无踪了。就像一位从事家庭教育书籍编辑工作的朋友说的那样："有了孩子才知道，教育理论是一回事，实际操作又是另一回事，这方面我没有实际经验！"

真没有想到，一时间身份的改变，竟然使以前自信的自己，一下子变得有些不知所措。在"养儿育子"这个现实面前，我显得这样苍白无力，就像这个小婴儿一样单纯无知，我不得不重新审视时下的自己。"母亲"和"成人"（尤其是职位）两个身份之间是否存在着共性的能力？是否能将以前的生活、工作能力直接搬到孩子的养育上呢？

经过反复观察与思考，并与爱人交流讨论，我最终获得了一个从未有过的内心感悟："成人"的身份是不能代替"母亲"的身份的。我母亲的头衔和做母亲的资格，实际上是在孩子出生时才获得的，跟孩子的成长年龄相一致。如果后天不学习，我对孩子的养育能力跟婴孩的独立生存能力是一样的，一片空白。在孩子出生前，一般人都没有进行过养育孩子的理论学习，更没有养育孩子的实践经验。很多人实际上把“成年人的身份、概念、能力”与“父母的身份、概念、能力”相混淆了。虽然目前注重学习养育理论的人越来越多，但在现实生活中，还是非常缺少能提供全面、系统的养育理论教育的组织或部门。这是非常遗憾的事情，也是我目前正在努力的方向。

经过仔细斟酌，我作出了一个坚定的决定：我必须系统地从头开始学习育子之道，通过各种渠道去寻找我要的答案，去获得养育孩子的技能和当好母亲的能力。我要跟孩子一起学习、成长，在实践中获得更多的养育知识和养育能力。回忆自己的成长经历，老一辈放任自流式的教育方式（当然还有其他的方式，这也是由当时的社会状态决定的）给自己留下了不少遗憾，这种遗憾绝不能再延续下去！于是，我从手忙脚乱的养子生活中为自己争取出点滴的时间，手捧书籍，开始了新的学习生涯，重新回顾以前读过的养育书籍。今天，我很庆幸当时能有那样的思维和行动。

我通过各种渠道，学习了许多中外不同的教育理论和方法，根据自己家庭的实际情况，研究孩子的特点。我先仔细观察孩子的一举一动，揣摩孩子行为背后的因由，再进行认真的分析与思考，寻找孩子成长过程中规律性的东西。结合着学到的教育理论，参考着他人的养育经验，我探索出了一套针对性很强的教育模式，也为自己制定了养育孩子的指导思想，并努力坚持下去。当然，在实施过程中，我还根据实际情况的变化对具体方法适时进行了调整（有关养育计划的问题，在第八章有详细表述）。

随着时光的推移，年轮记录着人生成长的轨迹，也肯定着我当初的选择。孩子一天天长大，我们的努力和付出也得到了时间老人的验证和认可，孩子的成长发展达到了我们期望的结果：**健康的身体，快乐的心境，智慧的大脑，优秀的品性，高雅的情趣。**

下面是孩子初中毕业时老师给予的评语：“该同学具有‘千里马’潜质，有理想，有抱负，有责任心，有荣誉感，是品学兼优的好学生。他尊师重教，懂礼守纪，团结同学，谦虚礼让，慈心善举，聪慧机灵，心态阳光。学习上目的明确，努力刻苦，自学能力强，方法得当且不拘一格，思维敏捷缜密，作业考测诚实，各科成绩名列前茅，曾获全国物理、化学竞赛各一等奖，数学二等奖。该生是优秀学生干部、优秀班干部。作为学生会主席，显示出不凡的领导能力和驾驭能力，是老师的得力助手。他还是济南市共青团第十六届代表。”

老师对孩子给予了积极的肯定，再加上孩子对年迈奶奶的疼爱及对父母的关心呵护，让我感觉到幸福满满。孩子的成长现状，是我自觉学习后用言行对他施加影响和引导的结果，证明了我当初的决定是正确的。

孩子的成长结果，让我感悟到了父母自身的变化和提高对孩子的影响作用——父母好好学习，孩子才能天天向上。我不但用学习改变后自身的言行影响教育了自己的孩子，还影响了其他人，帮助许多父母走出了养育的误区，获得了他们的信任和尊重。从孩子出生到现在，我和孩子一步步顺利地走过来，花费了不少心思和精力。可以这样说，是孩子的成长引导我走入家庭教育这个领域，让我非常快乐地继续着家庭教育事业。

随着孩子的成长和发展，我为孩子所做的事情已经越来越少，我越来越省心，直至今日孩子的事情都是自己在打理。我意识到父母在孩子小时候（尤其是 6 岁前）的养育方法越科学、越恰当，孩子就会越优秀。随着孩子逐渐成长，父母的付出也会越来越少，越来越有成就感。反之，就会出现“出力不讨好”的状况。

回想养育孩子的过程，我耕读领略了仁人志士的成长历程，沉心学习研究了养育专业理论知识，自己的家庭养育思维得到了启迪和开悟，在实践中证明了家庭教育的实质就是：**父母通过学习，提高、改变自己，然后引导、影响孩子健康成长。**做到这样的家庭养育，相信孩子一定会交出令父母满意的成长答卷。

阳光雨露

父母成熟了，孩子成人了；

孩子成才了，父母成功了。

有多少成功的父母就有多少成才的孩子！孩子成人后的骄人表现，就是父母成功的精彩的毕业答卷。

妈妈·知心语

妈咪啊，从今天开始，我就是您的宝宝啦！
神说，您是他特地挑选来照顾我的那位天使，
神还说您会用甜美的歌声让我开心，
也会用温暖的怀抱给我安全。
可我什么都不懂，您会很累吗？

妈妈你为何这样累

——妈妈养育行为和误区

做母亲的天职是保护和养育孩子，并最终使孩子独立于世。这种爱应该是真诚、善良、理性和无私的。但在日常生活中，在被母亲“爱”过、“关照”过之后，许多孩子却总是“长不大”，把母亲或身边的人当成依赖，有的甚至成为了“啃老族”。这种结果，看似是养育者很受伤，事实却是养育者不良的养育行为给孩子的人生造成了沉重的甚至是致命的伤害。很多过来人直到此时才感觉到爱得好伤感、好辛苦，尤其对于许多“溺爱”孩子的母亲而言，这种爱让孩子和母亲都很受伤。那么，这些母亲究竟辛苦在哪里？她们的爱究竟错在哪里呢？

镜头一　妈妈们从怀孕开始就成为了被保护对象

从怀孕开始，孕妇就成为了全家人的重点保护对象，衣食住行，吃喝穿用，处处充满了呵护和特权，许多准妈妈也想当然地享受着这一切。在不知不觉中逐渐失去了正常化的生活，妈妈们太“金贵”了！

镜头二　生活中妈妈们忙碌的身影

孩子出生了，成长了，妈妈们为孩子操劳的事情就更多了：给孩子喂奶、喂饭；给孩子穿衣服；陪孩子玩耍；给孩子做可口的饭菜；给孩子削水果；帮孩子洗漱；叫孩子起床；督促孩子做作业；带着孩子奔波在各个兴趣班、补习班的旅途中……妈妈们不辞辛苦，不怕劳累，并以此为豪，好像只有这样才是真的对孩子好。妈妈们太勤快了！

镜头三　妈妈们的焦虑、担忧

自从有了孩子，妈妈们就增添了新的担忧和焦虑。担忧孩子受到伤害；担忧孩子睡不好；担忧孩子会生病；担忧孩子的衣食住行；担忧孩子的业余生活；担忧孩子交友不慎，会学坏；担忧孩子学习成绩不好；担忧孩子考不上好大学；担忧孩子未来找不到好工作……总之，孩子的方方面面妈妈都会有担忧不完的事情，也总有担忧的理由。孩子的行踪，永远是妈妈心中无法放下的心事，妈妈被“担忧大山”压在下面。妈妈们的心事太沉重了！

镜头四　孩子是妈妈们的脸面、攀比的本钱

妈妈爱孩子，世人皆知。任何行为都会被冠以“为孩子好”的理由。话是这样说，理也是这么个理，但结果却与妈妈们的初衷大相径庭。比如：妈妈们爱拿孩子作比较，无论大事小情、吃喝穿用，总要与周围的人比较一番。尤其是在学习方面，孩子的成绩是妈妈们最喜欢宣扬和攀比的项目。胜了，开心自豪；被比下去，则颜面扫地，迁怒于孩子，导致孩子很受伤。妈妈们太爱面子了！

镜头五　妈妈们误失的自由人生

自从结婚生子后，大多数女性就失去了自我！孩子成为她们心中最牵挂的人，也是最多的话题之处和花费心思最多的地方。为了孩子忘记了自己，冷落了丈夫，忽略了朋友，放弃了事业，远离了社会……

无论是心甘情愿，还是被迫无奈，似乎只有这样“全心全意”的付出，才称得上“称职的好妈妈”。从此，妈妈们把养育孩子当成人生最重要的事情来对待，把孩子当成自己唯一的精神寄托，辛苦的妈妈们几乎完全失去了自我！

镜头六　可怜天下母亲心

妈妈们对自己太苛刻。费尽周折地为孩子考虑周全，想尽办法让孩子满意，让他的身心需求得到满足，却忽略了自己的需求和尊严，以至于给孩子传递一种信息：妈妈是自己的“奴隶”，妈妈所做的一切都是应该的，妈妈是可以随意支配的。在许多孩子心中几乎没有感恩和关怀，更有甚者对妈妈随意斥责或打骂。妈妈们太可怜了！

镜头七　可悲天下母亲心

有些妈妈对孩子太“霸道”，霸道在将自己无法实现的愿望转嫁到孩子身上，甚至将自己的后半生全部投入到望子成龙、望女成凤的努力中。她们的心思放在了孩子身上，眼光盯在孩子身上，而孩子则因失去了自由感觉浑身不自在。同时也让孩子觉得自己是在为妈妈活着，学习也是为妈妈学的。因此有些孩子想出了“降着”妈妈的“绝招儿”，用讲条件作为学习或办事的前提，不答应就“不给你学、不给你做”，最终结果是妈妈出力不讨好。妈妈们太可悲了！

这些镜头相信许多人都似曾相识，也许其中就有你我，也许会有未来的你我。

对于养育过孩子的我来说，我很能体会做母亲的辛苦，我也很体谅她们。因为她们是在自然状态下养育孩子的，是在正常的养育行为之后得到的结果。但当我面对一些妈妈人为的不良行为时，尽管她们会更辛苦，我却心疼不起来，反倒为孩子们感到伤感。因为这些妈妈们“无私的付出”其实是源于无知而导致的无谓牺牲，不但对孩子的发展毫无帮助，许多“无为的劳累”还对孩子的成长帮了倒忙。她们对孩子成长的全力以赴，对自我发展的苛刻放弃，加之无尽的担忧、埋怨、焦虑、烦恼，非但达不到最初预想的结果，反而让自己和孩子疲惫不堪。这些都值得吗？是什么原因造成如此的结果？这需要深思！

阳光雨露

妈妈们为何这样累？我们有没有感受到那生命的呼唤？我们是不是该给自己和孩子松松绑，给自己和孩子成长发展的空间和机会呢？我们养育好孩子不光是为了脸面和光宗耀祖，也不单是为了提高他们的知识素养，我们的目标是参与一个生命的成长历程，让孩子拥有和谐的身心，提升孩子的生存能力，使其能感受到世界的美好，能建设并生活在和谐的环境中。

妈妈·知心语

妈妈，您很累吧？
每天在锅碗瓢盆间为我操劳，
带着我穿梭风雨、走过烈日……

你自己身上有宝贝

教育是一种自省的过程，是一种在外在因素的影响下自我觉醒的过程。在养育孩子过程中，通过孩子这一“反射物”，我们获得的教育使自身更加成熟与充满智慧。我们的这种改变，反过来能对孩子实施更好的影响，促进孩子的生命更加顺畅地成长。在这期间，我们通过自身内在环境给外部环境美好的能量，这些能量就潜伏在我们身上，这就是我们自省后被激发的内动力。

记得父亲给我讲过一个故事，说的是一位叫慧海的禅师去拜见马祖道一，希望在他那里学佛法。马祖道一拒绝了他，并告诉他：“我这里没有佛法可求，你所求的在你自己身上。你自己身上就有宝贝，不要再到处瞎跑。”慧海顿悟后，辞别马祖，埋头写成了《顿悟入道要门论》。

你自己身上有宝贝！这不是一句虚无、恭维的话。

来看我们生命的成长历程：从一个小小的受精卵形成的过程来看，我们就开始了与同伴的竞争，然后闯过胎儿形成期的危险、出生时的磨难、学习的辛苦、就业的艰难……直到长大成人。自己为人父母了，还要担负养育孩子的责任、照顾老人的重担以及成就自我的目标。这需要经历多少不同凡响的日子和艰苦的磨砺,你不是都坚强地挺过来了吗? 这就是你身上的宝贝! 你本身就是一个了不起的人物!

上苍将一个纯美的小生命托付给了被称为"天使"的母亲来培养,这是多么神圣的使命啊! 这是对母亲的赞颂和信任,也是在告诫母亲要注意养育孩子的法则——给孩子博爱,让孩子安全、健康、快乐地成长。

养育孩子是母亲最重要的使命,尤其是6岁前的早期养育。要懂得孩子成长的规律和需求,更要知道自己需要具备什么样的养育能力才能更好地履行使命。如上所述,在养育孩子过程中,母亲自身就是一个潜能量"宝库",开启这个宝库的钥匙就是自己在学习中感悟、在实践里体会,这是保障孩子优秀发展的关键所在。因为在孩子婴幼儿时期,母亲就是他们赖以生存的依靠,这种状态直到孩子3岁左右才随着他们各方面能力的发展慢慢转变,即孩子逐渐独立发展。

也许有人会提出疑问:对于小孩童来说,难道父亲就不重要吗? 为何在此如此关注母亲对孩子的重要性?

要回答这一点,就要从母亲在自然属性方面对婴幼儿成长的重要作用以及孩子的生长特点进行分析。

孩子的生长是分为许多阶段的,比如:童年期、少年期等。在每个阶段孩子成长所需要的环境和要求都是有差别的。在青春期以前,尤其是在6岁以前,孩子对母亲的依赖明显要强于对父亲的依赖。

为何会出现这样的状况? 这需要从以下三个方面来阐述。

首先是母亲天生的功能成就了母亲在孩子婴幼儿时期的重要地位。

法国思想家卢梭在《爱弥儿》这部教育著作中,以文学的形式阐述了他的自然教育思想。他指出:"最初的教育是最为重要的,而这最初的教育无可争辩地是属于妇女的事情:如果造物主要把这件事情交给男子,那他就会给男子以乳汁去哺育小孩。"这些带有幽默感的话语,也正阐明了母亲拥有哺乳这一神圣的天生能力,是母亲给予孩子健康成长的最好的礼物和基础保障。

其次，父母的家庭角色和职能不同。

在一般的家庭里，父母的角色大多是男主外、女主内。尽管现在很多女性也参与到社会工作和职场中，但家庭事务和孩子早期养育中的主力军依然是女性。

最后，男女的性格不同，父母在孩子成长初期起到的作用也不同。

在性格因素中，女性在柔性和耐性方面略高于男性，这在孩子成长初期起到非常重要的影响。孩子出生伊始，最使他们感到愉快并渴望得到的是什么？是母亲温暖的肌肤、甘甜的乳汁，是安静安全的房间、舒适的衣服，等等。母亲是他们的世界，母亲温柔的话语、和善的笑脸可以带给孩子无尽的安全感。母亲细腻的爱为孩子编织了一个无比和谐温馨的成长空间，让孩子安全、健康地成长。母亲用她的耐心、细心不厌其烦地为孩子提供身心发展所需的一切。

当我们了解了这些以后，我们还要知道在育儿过程中母亲的位置、责任以及教育方法，这些内容对于科学养育孩子来说是缺一不可的！

问题的重要程度往往同它被重视的程度成反比例。大多数人都已认识到母亲在孩子的养育中是多么重要。然而在现实社会中，太多人还没有意识到自身素养的好坏与孩子成长之间的关联，也没有明白如何才能让女性成为更加善于培养孩子成长的母亲。对于小孩子来说，母亲的胸怀是他们最初成长和发展的基地，这里应该是“水草”丰富的宝地、健康成长的乐园。要想提供这一切，母亲一定要随着孩子的成长不断地进行自我育养能力的提升和知识的扩展。只有这样，母亲才能够走在孩子成长的前面，更好地协助孩子奠定好人生的发展基础。

瑞士教育家裴斯泰洛齐曾经指出：“道德教育最简单的要素是‘爱’，是儿童对母亲的爱，对人们积极的爱。这种儿童道德教育的基础，应在家庭中奠定。儿童对母亲的爱是从母亲对婴儿的热爱及为其满足身体成长各种需要的基础上产生的。”他的观点道出了母亲对婴幼儿道德品性及心智发展所产生的重要影响。

养育孩子是每一位母亲都必须面对的事情，母亲也在尽力地养育着孩子，可孩子们的成长和发展却存在着天壤之别。当今社会正处在信息时代，新时代的母亲应该如何应对时代的变化和孩子层出不穷的新问题，如何去适应和面对与孩子成长关系上的变化呢？答案就是：**通过自身的学习，改变自身的育教思维和养育行为，这是在夯实孩子未来向好发展的基础。养育者不需要懂得养育科学知识、不需要懂得孩子成长规律的时代已经一去不复返了。**尤其是对于孩子的早期养育，各位母亲不能仅仅停留在满足孩子基本生理和物质需求的层面上，更需要注重孩子心理与智力方面的健康发展需求。各位母亲一定要抛弃以往不适合培育孩子的成长理念，比如："不管他，长大就好了。""我们过去没有这么多条件不也长得挺好吗？""孩子吃饱了，喝足了，不哭不闹就行。""等孩子上学了，就好了。""教育是老师的事情。""小小孩子，有什么心事，不管他。"等等。还要避免信息时代带来的新的养育误区。如：把手机、电视、电脑当成哄孩子的一种工具；带孩子无目的地乱买东西；减少孩子接触大自然的机会；等等。这些都将会严重影响到孩子的发展。如果不加以关注和改变，新时代的孩子就很容易遇到成长困惑和发展阻碍。

在婴幼儿时期应如何培养，才能使孩子的身心健康发展？

要想教育好孩子，首先就要尊重孩子；要尊重孩子，就需要先理解孩子；要想理解孩子，就要与孩子成为好朋友（父母角色的一种）。作为母亲，最好的育教方式就是：亲力亲为，平等和谐，用多姿多彩的方式和孩子进行互动活动。**尤其是在孩子6岁之前，游戏是儿童成长中最主要的活动方式，也是他们最喜欢和乐意接受的学习形式，更是促进儿童身心发展的有效形式。母亲一定要用自己足够的耐心，根据孩子的成长需求为其设计相应的游戏项目。母亲要和孩子一起参与游戏，力求使孩子在游戏中激发潜能，在活动中锻炼身心，促进他们各种能力的开发，为他们将来的发展奠定坚实的基础。这种方式就叫"寓教于乐"，是母亲在孩子早期成长养育中最好的施教法则。这个过程还叫"润物无声"，是母亲教育、培养孩子的最高境界。**

孩子是母亲的一面镜子，母亲对孩子投入的是什么影像，孩子反映的就是什么影像。他们之间的影响是相互的，如果一方没有很好地去作为，对方也会作出相应的不良回馈。其实在胎儿时期，孩子就已经在用他们无声的语言告诉母亲这个道理，只是很多人不注意罢了。

就如我和我的儿子。

在怀孕之初，当我每天用手轻轻抚摸肚子的时候，我摸到哪里，儿子就会重重地“踢”在哪里，好像是在回应我对他的关爱。当我对儿子说话或者给他听音乐的时候，他就会从活动的状态中安静下来。我们就这样交流着，感受着对方，直到孩子的出生。

意大利艺术巨匠达·芬奇曾精辟地指出，同一个灵魂支配着两个躯体。母亲的愿望对其腹内的胎儿不断产生影响。母亲的意志、希望、恐惧以及精神的痛苦对胎儿的严重影响，大大超过对母亲本身的影响，不少胎儿因此丧生。

有个医生朋友讲过这样两个故事：

一个高龄孕妇在怀孕8个月时，她的胎儿在没有任何征兆的情况下突然死亡了，这件事令人百思不得其解。医生经过详细的调查得知，原来妈妈决定再生一个孩子是想让他来照顾他生病的姐姐。在知道自己怀孕后，妈妈就整天告诉胎儿“你以后一定要好好照顾你姐姐”这样的话。医生最后的结论就是：胎儿被吓死了。“我还没出生就被给予这样的重担，干脆不出去了。”多么令人伤感！

另一个故事是：在这位医生所在的医院有一个新生儿，他吃其他产妇的奶，也喝牛奶，就是不吃自己妈妈的奶。最后找到的原因就是：妈妈在怀孕期间，一直不希望要这个孩子，一直想把它打掉。胎儿接收到了妈妈这样的信息后，造成了不良的抵触情绪，影响了对妈妈的情感。

这些案例再次说明，孩子在胎儿时期就已经能够接收到来自外界尤其是母亲的信息。孩子是母亲的一面镜子，而母亲从怀孕开始就对孩子产生着不可低估的影响。现代医学、心理学和教育学已充分证实了这一点。作为新时代的母亲，要从胎教开始，在情感、语言、音乐、智力、体能等方面对孩子进行优秀影响。这就是一名合格母亲开始成长的第一步，更是影响孩子人生发展的第一基础要素。

阳光雨露

一个女人可以影响一个家族，可以影响几代人，甚至是一个民族。纵观历史上的优秀人物，每一位伟人的身后一定有一位伟大的母亲。母亲们用她们平凡的人生，创造出人间不平凡的光辉业绩。母亲的重要性怎样强调都不过分。孩子的成功从另外一个角度映衬出了母亲的伟大，孩子因母亲而成功，母亲因孩子而伟大。母以子贵，子以母荣。

妈妈·知心语

妈妈的脸，像春风那样温暖。

妈妈的手，似月光一样柔和。

妈妈的话语，是一首动听的歌。

妈妈的怀抱，就是我心灵休憩的港湾。

母亲的灵魂是孩子的生命之根

美国著名作家马克·吐温曾这样说："就是在我们母亲的膝上，我们获得了我们的最高尚、最真诚和最远大的理想，但是里面很少有任何金钱。"母爱是朴实、纯洁、无私的，也是最博大、最坚强的，它是孩子成长过程中最需要的优良的生命营养！

理查·派迪是赛车界的奇人，他曾称霸赛车界 20 多年，成为赛车运动史上赢得奖牌最多的赛车手，创造的多项纪录至今无人打破。这一切得益于在理查第一次参加赛车比赛后他妈妈给予他的一句话："理查，你用不着跑在任何人的后面。"这句话表达了妈妈对理查最坚定的信任、最大的支持和最深的爱，一直激励着理查跑在最前面，并最终成为赛车界的传奇。

身为培育孩子成长的母亲，我们自己也非常需要这种激励精神来激励自己。如果希望孩子将来能获得更大的成功，那我们就要坚定地相信自己能够学得好、做得到。科学的养育知识并非是高深的、难以逾越的"壕沟"。其实，许多教育或发展力量就蕴藏在一些看似简单的教育元素中，就在一些早已存在的、经久流传下来的理念中。只要孩子从父母那里接触到这些优秀的文化，他们就能找到自己的人生方向。比如说“责任”，一旦一个人心中承装了责任，那就会成为他前进中最强大的动力，此问题将在小学版书籍中深入阐述。再比如说“目标”，一个人确立的目标越高、越实际，他越会拥有明确的行动方向。墨子说：“志不强者智不达。”理查的母亲，就是为理查种下了高远的目标种子。

“母不母，则子不子。”这是法国著名思想家卢梭的一句名言，它包含了母与子之间深刻的哲理关系，揭示了母亲在孩子成长过程中的重要性——有怎样的母亲就会有怎样的孩子。在古代，以相夫教子为人生目标的女人，对孩子的成长也起着非常大的作用。一个拥有优秀品质的母亲是孩子奋发图强的最好榜样。自古至今就有许多可歌可泣的模范母亲，比如：孔子的母亲——早教之母、孟子的母亲——人母楷模、岳飞的母亲——精忠巾帼、爱迪生的母亲——拥有理解人的心、艾森豪威尔的母亲——负责的母亲……虽然国籍年代不同，背景各有差异，但每位伟大的母亲都用她们的爱心，培育出了一个个不同凡响的孩子，为世界、为人类做出了不朽的贡献。**这些母亲最真挚的情感就是对孩子生命的尊重和信任，她们对孩子的成长起到了正向的引导和影响作用。母亲自身积极向上的生活状态，就是对孩子最好的教育。**

记得在《长征》这部电视剧中，在第五次反围剿失败后，毛主席和朱老总在一起谈心，主席与老总有这样一段对话：

“老总你在想什么呢？”主席说。

老总说：“我在想我的母亲。”

“记得你跟我说过，南昌起义后，你最想念的就是母亲了。”主席说。

老总说：“是啊，失败的时候就更加思念她老人家了，母亲那宽厚待人的态度，至今在我的心中留下了极深刻的印象，是母亲给了我志气和力量。”

主席说：“母亲不但给了我们血肉之躯，还给了我们做人的良知。”

老总说:“你我就是靠着这点良知,找到了马克思主义,共同创建了一支英勇的红军。”

这是多么具有伟大意义的对话。它让我们懂得了母亲的品质影响着孩子的品质,影响着他们的未来,进而也在影响着民族和人类的未来。

母亲的影响首先体现在家庭中。家是孩子出生后开始成长的第一个重要场所,母亲对孩子的教养渗透在他生活的方方面面里。母亲的言行、品德对孩子的深远影响远远超出了人们的想象。在母亲的精心呵护下,孩子慢慢地成长着,时刻用他们好奇的眼睛和懵懂的心灵观察、思考着母亲的一切,并乐此不疲地模仿着。**母亲的精神状态会给婴幼儿的心灵带来微妙的影响。**尤其是在孩子成长初期,由于与母亲接触最多、最为亲近,母亲的一切行为都会在他们的内心留下深深的烙印。尽管幼儿尚且分不清事物的好坏,但他们会毫不犹豫地把母亲的举止言谈收存到他们净空的心里,并以此来满足他们的探索欲望和成长需求。**由此可知,母亲素质的好坏,是影响孩子素质的直接因素。母亲良好的综合素质(思想意识、品德素质、身体素质以及学识水平),是养育高素质孩子的重要保障。**

英国教育家巴卢·H.曾说过:“教育始于母亲膝下,孩童耳听一言一语,均影响其性格的形成。”母亲引导孩子的例子比比皆是。比如:梁思成在母亲那里获得了“坚强”;比尔·盖茨在母亲那里获得了“虔诚和善良”;金庸先生在母亲那里获得了“文学创作的灵感和文化影响”;乔丹在母亲那里获得了“坚持、不放弃”;歌德在母亲那里获得了“勤勉、坚忍和用功”;希拉里在母亲那里获得了“坚强和决断”;霍金、爱因斯坦在母亲那里获得了“理解、支持和尊重”;我在母亲那里获得了“相信自己”……

阳光雨露

教育有生命力，它会随着施教内容的不同显现出不同形态的结果。就像那句老话所说："种瓜得瓜，种豆得豆。"不管种什么，它都得生根、发芽、成长、结果，而我们也都要接受自己劳作后的果实，不管它是甘甜的瓜果，还是有毒的罂粟。

妈妈·知心语

妈妈的妈妈的妈妈

流传下来一个故事：

她告诉女儿，

不要走那条路，那里有沼泽。

女儿依然走了，

但妈妈依然爱着她……

做足够好的妈妈

——妈妈的高度是孩子的起点

“做足够好的妈妈”——相信每一位初当母亲的女性都会这样想，也会努力去做，因为我们都爱自己的儿女。

母爱是伟大的，伟大在甘愿奉献、无欲无私、不求回报上。就如作家郑振铎所说的那样：“成功的时候，谁都是朋友，但只有母亲——她是失败时的伴侣。”我们对孩子的爱常常寄托在“为了你将来有出息”“为了你好”“为了你能挣大钱、当大官”等情节中，但这种爱都不属大爱，大爱是没有理由的。因为他们是我们的孩子，我们有幸成为他们的母亲，所以必须陪伴他们健康成长。不管我们做什么，在开始行动之前都得细细想一想，我们真的对吗？如今，众多新时代的妈妈在追随新潮、使用新型工具与方式养育孩子的同时，可曾认真地考虑过：自己的选择是否真的对孩子的成长那么有益处（有许多工具其实只是为“懒妈妈”而创造生产的）？是否真的能使孩子的身心健康成长（许多工具成为“妈妈替代品”，让妈妈远离了孩子）？

就在今年春节回家时，我见到了不到3岁的小外孙女，她非常聪明可爱。中午吃饭的时候，她的妈妈给她拿出了专用的筷子——一种特制的儿童筷子。

它就像理发师剃头使用的推子一样，上面有扣合手指的专用固定圈，孩子不用学就可以轻松自如地使用。这看似很好，但仔细一想，它除去能帮孩子轻松夹住食物外，还有很多弊端，尤其是剥夺了孩子锻炼手指精细动作的好机会，进而更严重地影响孩子的智力发展。小外孙女快3岁了，按常理应该能自己正常使用筷子了，可她不行，她依然没有正确使用筷子的能力。许多养育器具在妈妈看来都是新鲜好玩的，但要综合考虑它的利弊后，再决定是否使用，这就要求妈妈要有系统科学的养育理论知识和理性的判断能力作保障。

当今社会受到了无数外来信息与技术的冲击，我们看到了许多"创新型的生育和养育理念"，比如：剖腹产代替自然生产——为保身段，减少痛苦，甚至是为挑选孩子出生的好日子；奶粉代替母乳——使女性的乳房不变形；纸尿裤代替尿布——可省去清洗的步骤；硅胶奶嘴代替妈妈的呵护——可以让年轻的妈妈们有更多自由时间上网、娱乐；游戏机、手机、儿童节目代替妈妈的陪伴——可以让妈妈们干自己想干的事情；各种玩具代替了教育——可以让不负责任的父母逃避教育子女的天职；物质溺爱取代了与孩子的良好沟通——削弱了亲子关系……这是我们周围存在的现象，许多人已经习以为常了。**这种现象之所以能够存在，就是因为身处其中的人，没有以"过来人"的视角，看到这些做法在后期对孩子生命发展造成的阻碍！**

现在，让我们一起来了解一下这些做法对孩子造成的影响。

1.剖腹产害处多多。剖腹产的孩子性格敏感，内心容易缺少安全感，孩子易得"感统失调综合征"。如果后期调理不好，会严重影响孩子未来的学习状态和发展。

2.母乳是上苍给孩子成长最好的礼物，它是最有价值的天然食物。亲自哺养孩子是母亲最应该做的事情，是母亲与孩子传递情感最直接的方式，也是喂养最便捷的方式。奶粉或其他食物仅是充饥物而已，根本无法替代母乳的功能，岂能相提并论。

3.炎热的夏天给孩子穿上纸尿裤，对孩子的生理和心理都有非常大的不良影响。对于一位妈妈来说，照顾孩子大小便，最多也只有两年的时间，这期间孩子感受到的是妈妈的关怀，并会在内心深处留下对妈妈的感激。

4. 奶嘴是欺骗物，安慰的是孩子的嘴。奶嘴代替不了妈妈温柔的话语、温暖的肌肤，孩子也无法通过奶嘴感受到妈妈爱的滋润。过度使用奶嘴会影响孩子未来情感的发展，造成孩子的情商缺失，以后不管工作还是生活都会受到影响。

5. 我曾经看到三幅图片：第一幅显示的是一个小男孩的"小鸟鸟"上套着一只纸杯——用来给孩子接尿；第二幅是一个用衣架架起来的奶瓶——用来给孩子喂奶；第三幅是一个小男孩被放在抽屉里——以方便他的父母在旁边玩电脑。更普遍的是，父母很自然地把手机等科技产品，当成孩子的"陪伴者"。如果这些所谓的"创新"养育行为不加改变的话，孩子将来就容易成为不爱学习的"网虫"，成为手机、电脑的"俘虏"，这在孩子中学时期（青春期）尤为明显，令许多父母头痛不已。

6. 玩具的操作使用越来越简单，越来越定式化，让孩子失去了玩耍的兴趣。而家长的溺爱，极容易使孩子形成一种"弃旧买新"的不良习惯。我经常听到家长说："孩子在家里有一堆玩具不玩，见到新的就要买，真没办法。这孩子真是任性，不懂得节约。"其实，这不仅仅是任性花钱的问题，简单化的玩具会使孩子的思维和行动越来越简单化、模式化，很容易让他们失去探索兴趣和创造欲望，使大脑因刺激不足而发展缓慢。

7. 随意无度地给孩子零花钱，想用其替代自己的陪伴，这不但不能弥补情感上的缺失，还会让孩子形成不珍惜财物的后果，更是对孩子的一种伤害。其实，再好的东西、再贵的名牌，都不如妈妈可口的饭菜、温柔的话语、轻柔的抚摸、快乐的陪伴，这些是"不值钱"的无价之宝！

我曾有过这样一个疑问：我们养育一个生命究竟是为了什么？如果感觉到自己没有精力、时间或耐心去负责养育孩子的话，我们还是在最初就不要决定让他们到来吧。但既然他们已经来了，我们就要担负起应尽的责任。面对新时代、新事物，我们有新做法，这无可厚非，但对于这些看似先进的、省心省事的做法，在选择使用之前，妈妈们需要谨慎斟酌，理智分析其中是否隐含不尽如人意的负面作用，权衡好事物利弊，才能取舍有度。一定要记得过犹不及的道理！

相信世间极少有妈妈会刻意去伤害自己的孩子。尤其是在初做母亲后，望着纯美的孩子，大部分妈妈都会想要做对他成长有利的一切事情，哪怕再难也绝不退缩。但有些时候，在某些行为上，我们却展示出了与我们初心相悖的一面。就拿前面的事例来说，不管是有意还是无意，都在某种程度上将不良隐患施加给了孩子。作为母亲，在选择养育形式的同时，也就承担了将这种形式对孩子造成的不良影响减到最低的义务。就像卢梭在他的教育著作中说的那样："出自造物主之手的东西都是好的，而一到了人的手里，就全变坏了。"这句话毫不客气地指出了养育方式、养育活动、养育工具使用不当造成的恶果。而对于各位母亲来说，若能选择使用物的优点，改造或避免其不足，养育路上一定会顺风顺水，自己也一定会成为足够好的妈妈！

当然，做足够好的妈妈还不止这些，有许多问题还充斥在养育孩子的过程当中，需要我们警觉并努力戒除。比如溺爱，现实中经常看到在溺爱中长大的孩子违规、违法等不良事件，这是善良人最不愿意看到的事情，相信父母也会痛心疾首，但那时悔之晚矣！

好妈妈如何才能做到不用爱伤害孩子呢？

妈妈们每天在做着养育孩子的事情，却很少去思考深层面的问题。从周围的现象来看，就上述这个问题绝大多数妈妈说不出令人满意的答案。

好多人都在拼命地挣钱，想着最后留给孩子，所以没有时间去想教育他的事，这似乎是理由。但再一想，孩子未来的挣钱能力何来？孩子的孩子要花谁的钱呢？总不会要爷爷、奶奶挣足够多的钱去养活后世的子子孙孙吧。因此，做足够好的妈妈，是不能有以下错误思维的。

1. 这么辛苦，不都是为了孩子吗？

2. 孩子要什么给什么，不就是爱孩子吗？

3. 为了孩子，我什么都放弃了。

4. 就这一个孩子，我不舍得让他吃苦。

5. 小孩子吃饱穿暖、不哭不闹就行。

是啊，妈妈们都在"为孩子好"而忙碌，没有功劳还有苦劳呢！但事实就是事实，我们付出的苦劳没有换回孩子的良好结果。

妈妈们要试着换一个角度来进行养育思考——**我们养育孩子不是为了付**

出，更不是为了获得功劳或苦劳；我们是在参与一个生命的成长，是在给一个生命提供促进其身心成长的榜样力量。一个人事业奋斗的最终目的是生命的延续和价值的体现，绝非丰厚物质条件的满足与享乐。

做足够好的妈妈，一是需要“养”，即满足孩子物质上的需要，保障孩子正常的生理需求，以使孩子能够延续生命，并获得健康的身体。这其中包含着许多知识技巧，不能给养不足，以免影响孩子身体的健康发展；更不能供给过度，以防进入“溺爱”的范畴，这对孩子有百害而无一利。目前多数家庭的状况是供给过度，溺爱肆虐，这尤其体现在“心太软”的妈妈们身上。妈妈们大多将溺爱的行为归结于“不能亏待了孩子”或“于心不忍”。如果孩子在成长前期养成了不劳而获的习惯，随着年龄的增长就会产生惰性及享乐思维。

做足够好的妈妈，二是需要“育”。既要注意对孩子的心智进行开发与培养，还要注重促进他们养成良好的习惯品性。许多热情的妈妈把孩子当成一个“宠物”，在孩子6岁之前给他们无尽的物质满足和身体呵护，无视或忽略了孩子心智上的成长需求，这是极其不应该的事情。

良好心智是孩子将来能更好地学习知识和获得能力的基础，而好习惯则是弥补性情不足的手段，也是协助孩子向好方向发展的必备条件，这些都需要从他们没有任何自主思维意识的婴幼儿时期开始培养。随着孩子的成长，他们的心智和习惯会逐渐发展、固化，受到良好教育的孩子也就养成了好的自控行为习惯。

在这方面，有一种常见的但值得大家警惕的“等孩子大了就懂了”的错误思想。有这样想法的家长，养育孩子时多数奉行的是“顺其自然”“树大自直”的理念，忽略了如今孩子成长环境中负面诱惑太多的现实。如果不加引导地放纵孩子，等孩子大了，懂得的将是不劳而获、享受、索取与压榨。当我们还认为尽可能满足孩子的物质需求就是爱孩子的时候，请想一想因为妈妈没有满足孩子要钱的需求，孩子在机场捅伤妈妈的事件吧！想一想年老体衰的父母生病躺在床上，孩子不闻不问的窘况吧！想一想因为妈妈没有给自己买玩具，12岁的孩子当街打骂、撕扯妈妈头发的镜头吧……这样的爱其实是一种伤害，对孩子如此，对自己亦如此。

做足够好的妈妈，就要做到健康、为善、有德、无私、好学、理性、忍耐、公正、有担当、有品位、快乐阳光、充满希望，更要做到睿智、有风采。你越有品德，孩子就越高尚；你越是谦逊好学，孩子就越虚怀若谷；你越坦诚友善，孩子就越正直通融；你越开明公正，孩子就越心胸坦荡；你越懂得友爱付出，孩子就越温和友善；你越坚忍做自己，孩子就越独立自主；你越自强不息，孩子就越坚韧不拔；你越积极进取，孩子就越勤奋好学；你越时尚高雅，孩子就越自信高尚；你越热爱生活，孩子就越关爱生命；你的行为越本真纯粹，孩子的生命就越纯洁美好。妈妈是阳光，是孩子的正能量！

做足够好的妈妈，技巧就在你的生活里！

成就优秀的孩子，在妈妈自身的影响中！

阳光雨露

母亲的爱是教育孩子的最好手段。我们大多数人只是像老母鸡一样，怀着本能的爱，做着自然而为的母亲。但一个合格的母亲，只有经过不断学习充实，才能提高自身综合的养育能力，才能成长起来，懂得如何协助孩子成长。我们学习的过程就是母亲对孩子爱的积累和沉淀过程，妈妈养育水平的优劣决定孩子起点的高度。

妈妈·知心语

母爱像一首田园诗——悠远清净；
母爱像一幅山水画——清新自然；
母爱像一首动听的歌——婉转深情；
母爱是一条铺就的路——引领孩子走向远方。

教育的本质是爱

——母爱的力量

我曾经在《爱孩子·我成长》中提出，我成年人的身份是不能代替我当母亲的身份的。跟孩子的出生一样，我做母亲的头衔和资格，实际上是在孩子出生的同时被赋予的，跟孩子的成长年龄相一致。如果后天不学习，我的养育能力跟婴孩的独立生存能力一样，是空白的。在孩子出生前，一般人都没有经历过系统的养育孩子理论的学习和实践。很多人实际上是把“成年人的身份、概念、能力”与“父母的身份、概念、能力”相混淆了。虽然现在注重养育知识的人越来越多，但是心中对养育孩子真正“有底儿”的能有几人呢？

既然做父母的身份是随着孩子的降生而拥有的，也可以这样理解，没有孩子，何谈为人父母？当年我对为人父母的正确理解，也是从孩子出生那一刻的养育实践中才开始的。孩子的成长促使我加强学习，督促我改变自己，那时我有一种“如果我的改变跟不上儿子的发展需求，他就会不要我了”的感觉。的确，儿子的成长经历给了我不少的启发和引导，现在的很多问题就是受他的启发和引导才去关注、学习和研究的，这是为人父母的一种爱的责任。

回想我的养育经历，儿子一天天长大，不断地认识这个陌生的世界，并在满足好奇的同时，充实着自己的大脑，开发着自己的心智。他对学习新事物那样有兴致，那样认真仔细，又那样快捷。他对于已认知的规则和道理严格遵循，一丝不苟，有时还是我的“行为督导”。儿子的兴趣、疑惑、要求，甚至是所犯的错误，都向我这个母亲提出了挑战——要满足他正确的需求。**我震撼了，醒悟到自己必须要学习，只有不断地努力学习，才能给予他正确的引导和影响，由此我产生了加强学习的强烈愿望。我们在相互学习中成长，在成长中践行责任。学习是一种爱的表达。**

感谢儿子让我的人生有了新的起点，让我重新拿起书本，再去学习，也因此研究探索了一个新的领域——家庭教育。在教育孩子方面，从懵懂起步到能够自由徜徉，这其中不乏儿子对我的启发和激励。虽然儿子没有用语言完整地表达他的心声，但当看到他灿烂的笑脸和健康的成长状态时，心底里油然而生的那份责任感，足以让我在任何困境中都能毅然坚持。

感谢孩子让我长大，懂得“养儿方知父母恩”的真谛；
感谢孩子带给我的那份童真乐趣；
感谢孩子带给我的那份贴心的关怀；
感谢孩子带给我的家的温馨、暖意；
感谢孩子带给我的那份焦灼和烦忧；
感谢孩子……

爱孩子，就做足够好的妈妈；
爱孩子，就要改变自己去学习；
爱孩子，就要放下自己的私欲；
爱孩子，就要用心去倾听；
……
——这是我爱的行动！

母亲的爱是温暖的；

母亲的爱是悠然的；

母亲的爱是坚毅的；

母亲的爱是博大的；

母亲的爱是无私的；

母亲的爱是立体的；

母亲的爱是睿智的；

……

——这是我爱的能力！

有人说："我爱孩子，但我就是教不好孩子。"也有人说："道理我都懂，但就是做不到。"还有人说："是不是因为我只是一位普通妈妈？""是不是我经济条件不够好？""是不是我文化水平不够高？"……不是，绝对不是！

我也是一位普通妈妈，也有生活拮据的窘况，更有养育中的无知、无助和困惑。值得欣慰的是，孩子让我拥有了"爱的真正责任"（《是为那份沉甸甸的责任——孩子又获得众多荣誉背后的感想》全文将在小学版"责任"章节中展现），正是这份责任不断地提醒我去努力读书学习，排除困难阻碍，并要求我在实践中不断地修整自己、充实自己，学会如何做一位有真爱能力的妈妈。

做有真爱能力的妈妈，不在于你具备的现有条件，不在于你的家庭、身份，不在于你文化水平的高低，更不在于你经济状况的好坏，只在于你拥有的科学养育知识和坚定执行的能力。不要认为我天生就是当好妈妈的料，只不过是我下决心做了，我努力学习并坚持不懈地行动了。去行动吧，你也能做有真爱能力的妈妈！

阳光雨露

影响即力量，你的今天曾是我的昨天，我的今天会是你的明天。只需要心中有真爱，然后去抉择，去行动。用生命感受生命，尊重、善待孩子，用真爱温暖孩子，用理解助他成长。奉献做母亲的本善关怀，默默润泽孩子的心房。

妈妈·知心语

第三章

感知生命

——让生命在微笑中灿烂

幼年的生活是最主要的生活。幼年的教育是最主要的教育。人生最重要的习惯、倾向、态度多半在6岁以前养成。

——人民教育家陶行知

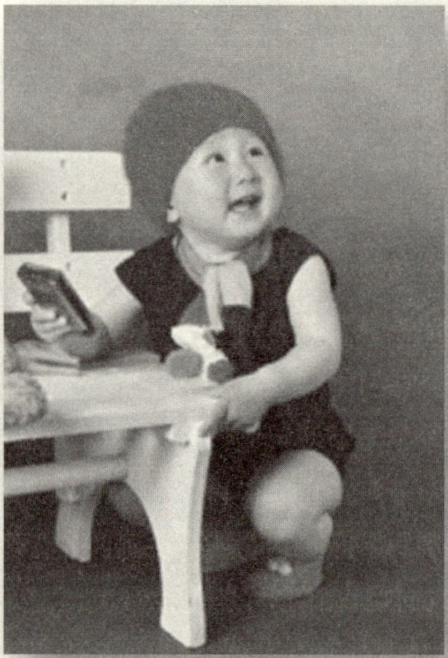

我在找小兔子呢！

妈妈的呼唤

意大利诗人但丁有一句话是这样说的:“世界上有一种最美丽的声音,那便是母亲的呼唤。”它让我记起了我曾经写过的四首七言诗词《故乡情》中的一首:

日落西山天色晚,
牧归人歇鸡入眠。
顽童寄玩不归宿,
唯听家母唤声连。

世界上有一种最美丽的声音，
那便是母亲的呼唤。
每每听到母亲的呼唤声，
就知道妈妈在身边，
就会令我倍感温暖和安全，
感觉是那样美妙、那样刻骨铭心，
使我难以忘怀！

唤醒新生命

小时候，自己和一起长大的小伙伴满山遍野地跑闹着，晚上还要捉迷藏，直到母亲们的呼唤声此起彼伏地回荡在大街小巷……每当我想起这些，感觉是那么甜蜜，正如一首歌中唱到的那样：“如果时光能倒流，我愿回到小时候……”

妈妈那温馨的呼唤声永久留存在我的童年记忆里！

记得当初我和胎儿一起听胎教磁带时，里面传来了女播音员亲切、温柔、甜蜜的声音：“宝宝、宝宝，你早；宝宝，宝宝，你好！我是妈妈……”每当胎儿听到这“熟悉”的声音，他就会安静下来，静静地和我一起聆听，偶尔也会用他的“小拳头或小脚丫”与这“熟悉”的声音互动一下。每每这样的时刻，我的内心都是幸福的，充满了温馨的甜蜜，也激发了母性本能的爱意，并转化为责任！而那个小生命，也在这一刻感知到了来自外界的声音，感知到了来自母亲温暖的呼唤，一个心灵的苏醒从此刻也就开始了！

在母亲温暖的诉说中，他感知到了上帝对自己说过的话：“天使妈妈”会爱他、保护他。在妈妈纯美的爱意中，他相信自己一定会是一个“幸福快乐的小孩”。这时的小生命就像春天即将出土的种子，在用心感知着世界是否会友善地迎接他的到来。他多么希望“天使妈妈”能像春雨一样用她轻柔的声音唤醒自己，多么希望“天使妈妈”像“大地妈妈”一样用宽厚温暖的怀抱拥抱自己，同时给自己生命的激情和力量！

妈妈温暖的怀抱是孩子安全的港湾，妈妈纯美的爱是孩子成长的沃土，妈妈甜蜜的呼唤是孩子启迪心智的钥匙。在妈妈的呼唤声中，铸就孩子美好的明天！

他在期待着，准备着……

阳光雨露

一个新生命的到来同时唤醒两个灵魂：一个是孩子生命本真的初心与发展的潜能，一个是妈妈纯真的爱心与养育孩子的本能欲望。婴儿在母亲的怀抱中被哺育并不断成长，最先从母亲那里获得受用一生的情感和思想。

上帝的力量无处不在，他创造了妈妈，并赋予了她崇高的使命——养育孩子！

唤醒·悟

孩子的心灵就像是一本无形的书，
一天一页，一年一章，
需要父母去协助它显现和丰盈。
在最初洁白的纸上，
最怕落下不和谐的墨迹。

倾听孩子心灵的声音

当一个小生命呱呱坠地的时候，看到那个小小的、软软的东西，相信许多新妈妈都不敢碰触他。但是，随着孩子的身体逐渐地硬朗起来，随着妈妈们养育经验的丰富，我们最终还是克服了这种担忧害怕的心理状态。

不敢碰触新生儿，这是新妈妈们在“读懂”了孩子的身体语言后对孩子产生的一种本能的保护行为——害怕伤害到孩子。这里的“伤害”指的是伤害孩子的身体。那孩子的心灵呢？这撑起生命躯体的内在的成长源泉，同样也需要新妈妈们小心关注与呵护。但怎样去关注和呵护孩子的心灵，相信很多人对此会有不同的答案。

审视周围，孩子6岁之前是极易被养育者无视和忽略的一个养育阶段。小小婴儿们不只需要“吃饱穿暖，舒服就好”，还需要妈妈给予情感上的呵护和安慰：需要妈妈温柔的话语；需要妈妈轻柔的抚摸；需要妈妈身上淡淡的奶香味道；需要音乐的熏陶；需要运动的历练；需要在彼此交流中培养情感；需要在倾听故事中增长智慧；更需要在游戏玩耍中体验生活……总之，孩子的成长需要对其心灵进行深层次的综合引导和影响。**这些看似简单，甚至是令人不屑去做的事情，却是培养孩子良好精神世界的良方！这原本是来自生活的最自然的东西，如今却变成了孩子最难得到的“奢侈品”！一些养育误区，使得最简单、最轻而易举能做到的养育行为成了难点，更成为孩子健康成长的阻力。**

今天，社会发展了，时代变迁了，物质生活丰厚了，科技产品大量运用了，但我们的许多孩子却孤单了。他们从小缺少玩伴，缺少父母等亲人的陪伴，缺少有声有色的心灵的碰撞和交流，其内心的困惑和烦恼无处倾诉和宣泄，这也是造成孩子成长问题的重要因素之一。玩具替代不了父母对孩子真情实感的陪伴；再多的物质也不如父母温暖的怀抱；对孩子进行再多的说教，也比不上父母自身对孩子的影响。

在一些父母的言谈中，经常会听到这样的言论——“小孩子知道什么，吃饱穿暖，舒服不闹就行。”“现在告诉他也不懂，等长大了再教也不迟。”“小孩子家家的，能有什么烦心事。”“才长了几岁，就不听话了，想翻天啊！”“我没有时间陪他，给他钱自己去买东西，我挣钱不就是为了给他花嘛！”“只要学习好，什么也不用他管。”“不能听着音乐写作业，这能写好吗？”“好好学习，光读什么课外书啊！”……

再听听孩子们的声音——“爸爸、妈妈不理解我。”“爸爸、妈妈不尊重我。”“爸爸、妈妈不信任我。”“我没有自由。”“他们不懂我心里想什么。”“我很孤单。”“我想和爸爸、妈妈聊天，一起吃东西、玩，可他们说没有时间。”“我想有自己的空间，不想让他们动我的东西。”“他们都做不到，却来要求我。”……

孩子和成人一样，他的内心也是单纯用眼睛看不透的，是需要父母利用人生阅历、经验，加上科学养育知识，通过仔细观察孩子的行为和情绪，经过分析思考才能明白的。这是父母了解孩子需要具备的基本技能。

前不久，我见到了一位母亲，她是为孩子的事而来。她看起来很伤感，内心充满了矛盾和迷茫：“我为孩子的事可没少操心，吃喝拉撒面面俱到，任何与学习无关的事都不让他碰，把他伺候得舒舒服服的，只希望他能把学习搞好。如今却是学习也没学好，事情也不干，也不会干。更可恼的是，越大跟父母越没话说，越大彼此之间的距离越远。问他话，就回答那么可数的几个字，甚至干脆不理你，再这样下去和父母都快成陌路人了。小时候那个整天贴在身边、赶都赶不走的孩子，到今天怎么会变成这样了？想不明白，烦死了！”

这不是一个孤立的事例，我接触到的许多父母都有同感，看得出他们为孩子的这些行为伤心费脑。这些父母任劳任怨地为孩子付出，几乎快把心都掏出来了，可孩子们却不领情。孩子越是这样，做父母的越是焦虑，情绪越是激动。因此，蛮事、错事层出不穷，甚至做出一些让孩子感到“不可理喻”的事情来。这更加深了父母与孩子的隔阂。从孩子的角度来说，他们内心深处有许多“为什么”找不到答案，也有许多心里话无处倾诉。对外面世界的迷茫和对自身变化的困惑，孩子们更希望由自己信任的人来帮助自己，指导自己，从而获得身心的释放。其实，他们心底最先想到的是父母！

常言说，孩子是母亲身上掉下来的肉，孩子身上流淌着父母亲的血液，孩子与父母具有心灵相通的特性。这一特点告诉我们，孩子与父母拥有天然和谐共处的基础条件。为什么两代人之间有这样好的融通基础，却经常出现情感交流的障碍，甚至形成难以逾越的鸿沟呢？相信许多人对此很无奈。经过调查分析发现，这是由于父母缺乏正确系统的养育知识和施教方法。**父母是孩子的“人生导师”，可这些导师连自己“会什么”都不知道，就更不知道“教什么”“怎么教”了。那孩子跟着我们学什么？**所以，父母有必要系统地学习养育理论知识，掌握正确的施教方式方法，唯有这样，父母才能与孩子正确沟通，填平隔阂的鸿沟。

世上的事都存在着因果关系，任何问题都能找到其产生的根源，当然也包括对孩子的教育。孩子一出生就在父母的呵护下成长，父母是孩子生命旅程的导航员，孩子的行为能反映出父母的素养修为。当生命之舟偏离了航向时，许多父母最常用的做法就是责备孩子，很少静心自省自己应该担负什么样的责任。养育孩子，太需要父母有这种反思能力了，只有这样才能发现和改变自身存在的不正确的养育思维和做法。**如果确实是孩子的问题，就要协助孩子找到解决问题的办法；如果是父母的原因造成的，那就该在自我反省之后，向孩子开**

诚布公地承认错误、承担起责任，并修正以后的施教方案。父母的真诚、负责任是父母与孩子建立良好关系的根本。

虽然孩子的生命来自于父母，但孩子是一个独立的个体，需要父母的尊重。有不少父母把孩子当成"私有物品"随意支配——高兴了，把孩子当成"宝贝"；不满意时，就可能做出不理性的行为，根本谈不上尊重。他们以言行、表情、情绪等形式，把不好的信息毫无掩饰地传递给孩子，在孩子心里烙下深刻的痕迹。岂不知孩子幼小的心灵是非常敏感而脆弱的（不关注、不懂孩子的人是不容易觉察的），常常会将受到的不良影响归结为是自己造成的，因而会在心底形成阴影——自责和丧失信心，影响到孩子正常的成长。

孩子成长过程中有许多关键期，他们心智发展的需求在每个时期都不同，需要区别对待。孩子有许多矛盾、困惑，他们在成长中体验着人世间不同的情感——伤心、焦虑、孤独、快乐、幸福等，而他们浅显的人生阅历不足以充分感悟出这些情感的内涵，这就需要有一个可信的"知心者"来陪伴、分享，父母当然是最佳人选。因此，父母要认真倾听孩子的心声，给孩子提供多方位的参考建议，帮助孩子拨开心中的迷雾，使自己成为孩子的知心朋友，成为孩子人生成长路上的导师。

在成长过程中孩子也会犯各种"错误"，对待孩子身上出现的"错误"，父母要怀有比原谅自己还要宽容的胸怀。这点不太容易做到，但却是父母必须要做到的事情，切忌不分青红皂白，喋喋不休地责备孩子。许多父母认为责备孩子的"错误"是"对孩子好"，实际上却令事情变得更加糟糕。假如孩子懂得如何做得更好，就不会犯令父母生气的"错误"了。**连问题的原因还没弄清楚，就去指责教育孩子，那孩子的心里怎么会买你的账呢？若孩子对父母失去信任，能不疏远父母吗？他们对父母的情感闸门会在父母长年累月的抱怨与指责声中慢慢关掉。**

孩子是一个独立个体，随着他们年龄的增长，内心也在发生微妙的变化。从孩童时的单纯依赖，到少年时的寻求独立自我，再到青年时期的血气方刚，都显示着他们内心发生了相应的变化。正是这种变化，使他们在不同的阶段需要不同的理解和包容，需要不同的成长环境和帮助。在正常情况下，他们寻求的对象是最信任的父母双亲。遗憾的是，自从孩子出生起，许多父母就在潜意识里有一种观念——“孩子永远是孩子”，父母把孩子呵护在自己的关爱之下，全然无视孩子的成长规律，不顾孩子内心强烈的诉求。当孩子在父母身上得不到理解和心理满足时，情感转移是必然趋势。

孩子最终要自我成长，自我发展，远离父母的怀抱。父母要遵循规律，逐步放手，让孩子独自去飞，这是养育孩子最好的结果。要想孩子长大，父母就不要限制孩子寻求独立的脚步，要能容纳孩子的不足，尊重孩子的选择，理解孩子的言行，这是为人父母最应该具备的能力。给孩子自由的空间，适时放手，这是父母最佳的养育智慧。

阳光雨露

其实父母与孩子之间交流的障碍并不是不可逾越的。只要父母善于倾听孩子的心语，接受孩子的无知，理解孩子的行为，谅解孩子的不足，关注孩子的成长，承认孩子的长大，尊重孩子的人格；只要父母敞开心扉，扔掉大人的虚荣，扯下尊者的面罩，放下长辈的架子，“蹲下来”与孩子平等交流，孩子一定会从父母那里获得心灵的安慰和愉悦。到那时，孩子一定会从心里承认父母是他最铁的“哥们儿”。父母宽容的胸怀是孩子心灵成长的港湾！请你用温柔而坚定的信任和鼓励，做好孩子成长路上的“铁哥们儿”吧！

唤醒·悟

树林山岗我随意登攀，
河流溪水是我的乐园，
果实种子是我的食粮，
小鸟飞虫是我的伙伴，
大地太阳给了我温暖。
……
我是大自然的孩子。

有健康，孩子才有飞翔的翅膀

2014 年 7 月一则有关“中国芯”大将王劲英年早逝的消息，引起了人们对健康的关注和讨论。纵观古今中外，有多少英年早逝的人？他们的拼搏岁月刚刚过去，还没有来得及享受胜利的欢愉就遗憾地离开了这个世界，这怎不让人惋惜！自古“白发人送黑发人”就是很令人伤感的事情，相信所有的父母都不愿意看到这一场景。这让我想起了美国思想家爱默生说过的一句话：“健康是人生的第一财富。”我们需要重新思考生命的价值与奋斗的意义！

父母养育孩子就是要使孩子健康快乐地成长，这既包括生理方面，也包括心理方面。在婴儿小的时候，大多数父母对孩子的身体给予了无微不至的关注，一点点小的风吹草动，哪怕是一个小小的喷嚏都会令父母家人慌乱不堪、如临大敌——加衣服、打针吃药、去医院……随着孩子的成长，特别是从学生时代开始，父母的多数精力悄然地转移到了孩子的学习、成绩、考试、比赛上了，而孩子的健康却到了一个被“遗忘的角落”。饮食无序无规律，学习压力大，运动匮乏，休息时间不足，等等，都直接影响着孩子们的身体健康。学校老师关注的是升学率、拿状元，家长关注的是分数、名次。许多家长恨不得孩子除了睡觉、吃饭外，其他的时间全用在学习上。休息、运动、听音乐、读书这些能促进孩子身心健康、带来轻松愉悦的活动，都被判定为“不务正业”且被严厉制止。缺少时间、缺少机会参与自己喜欢的健康活动，长此以往，孩子们的健康该怎样保障？

休息是人劳作后放松神经、恢复体力、使人重新获得充沛精力的渠道。列宁同志就告诉过我们“不会休息的人就不会工作”的真理。在养育孩子的过程中，由于分数、名校等功利因素的影响，孩子们已经失去享受正常运动、休息和玩耍的机会。由此带来的身体病变、精神颓废等问题不断地显现在我们的周围——亚健康困扰着孩子们。

据相关部门调研显示，我国学生的身体素质水平在多个指标上呈现出不同程度的下降现象。这表明，在生活条件越来越好的今天，我们孩子的身心状态却越来越差。

那么，什么是健康？它究竟包含哪些内容？

健康是人与自然之间的一种很微妙的平衡与和谐关系。世界卫生组织给健康的最初定义是：“健康是身体上、心理上和社会适应上的完善状态，不仅仅是没有疾病和不虚弱。”1990年世界卫生组织又提出了健康新概念：健康包括生理健康、心理健康、社会适应健康和道德健康四个方面。

生理健康（物质身体）指人体结构完整无残缺，生理功能正常，无残疾，无病痛；具备满足生活、工作等各项基本任务的体能和可预防疾病、提高生活质量的能力。

心理健康（精神心态）指人智力正常，思维敏捷，情绪稳定，行为协调，乐观向上，品性优良，有良好的人际关系，心理特征与年龄基本相符合；具备抵御环境压力和疏解内心烦扰的能力。

社会适应健康（社会角色及品质）指在不同时间、不同场合对各种角色都能很好地适应，并能胜任各种社会和生活角色；具备适应环境及保持和谐人际交往的能力。

道德健康是一个人非常重要的健康指标，尤其是在当今多元化的社会中。

它是指一个人具有良好的道德观念和行为举止，具有辨别是非善恶、识别美丑优劣的能力，并能控制自己的言行，杜绝做出违背道义准则、违反法律法规的行径，达到符合社会公共道德观念的要求。

要使孩子保持健康的身体，需要注意哪些要素？

1.合理的饮食

合理安排膳食，科学摄入营养，是保障人体生理健康、延续生命基本状态的必备条件。主要原则是冷热适宜，饥饱适度，定时定量，营养均衡，卫生安全。“一方水土养一方人。”最好多食用当地当季的新鲜时令果蔬，少食腌制食品、快餐食品，更不能以饮料取代饮用水或以保健营养品取代食品。

尤其是在孩子小的时候，一定不要给孩子过度的温饱。中国有句俗话：“四时欲得小儿安，需要三分饥与寒。”适当少吃少穿对孩子的健康非常有利，但要注意实施的方法。这不仅揭示了穿衣吃饭对孩子身体的影响，也告诉我们一个秘密，用富兰克林的话说就是：“节制饮食常常使人头脑清醒，思想敏捷。”即贪吃对人的大脑和智力发育，尤其是对小孩子的大脑发育非常不利。

饮食结构是一门文化艺术，没有固定的模式。饮食看似只是简单的吃饭，其实隐含着许多作用，影响着人体整个机能的正常运转。每个人可依据自己的具体情况，合理制订饮食计划，最终达到保障健康的目的。

2.适度的运动锻炼

运动是一切生命的源泉。可以强健体格，锻炼毅力，还可以减少身心的疑虑。它可以改善身心的疲劳和精神的倦怠，从而保持身体健康，促进精神愉悦，激发行动激情。对于学生来说，运动还是提高智力、增长智慧、提高学习效率的好方法。记得教育专家王金战老师曾经给他的学生制订了晚自习跑步的计划，使得他们每天精力充沛地投入到准备高考的繁重学习中，最终他们取得了骄人的成绩。这很好地诠释了合理适度的运动可以减轻学习压力，促进身体及精神的恢复，保障孩子身体健康，极大地促进孩子的学习生活。这也印证了美国思想家爱默生的一句话：“健康是智慧的条件，是愉快的秘诀。”

对婴幼儿来说，从他出生起，运动就对他的生命力有着不可低估的作用。

其一是满足身体的发展需求。运动锻炼强化了四肢、肌肉、筋骨、内脏等部位，为孩子将来具有坐、立、走、跑、跳等自由活动的能力奠定基础。其二是促进前庭系统的发展，促进身体各器官与神经系统的协调运作，避免感统失调、多动症的产生。其三是开发孩子的大脑，促进孩子创造力和智力的发展。其四是促进孩子语言能力的发展，增强胆量，促进心智的成熟，锻炼孩子的社交能力。

"要从小把自己锻炼得身强力壮，能吃苦耐劳，不要娇滴滴的，到大自然里去远走高攀吧！"意大利物理学家恩里科·费米这样告诫我们！大自然为我们提供了最自然健康、最完备实用、最具有运动锻炼功能的历练场，我们不要无视它、放弃它，带孩子投入大自然的怀抱吧，一切都会在那里得到答案！

注意要选择适合自己的锻炼内容和方法：一是根据个人的兴趣爱好；二是根据自己的体质状况；三是最好选择适合自己的便利项目。

3.积极乐观的心态

马克思曾经说过："一种美好的心情，比十服良药更能解除生理上的疲惫和痛楚。"美好心情是保障内分泌系统、免疫系统正常运转的重要因素之一。这是保持生理和心理健康的基本要素。用规律的生活保障生理机能的正常运转；用事业发展满足进取的欲望；用微笑促进心情的舒畅；用独处的静寂解除心理的焦躁；用高雅的情趣调剂人生的闲暇时光；用真诚给予展现自己做人的价值……从此你的生活丰富又多彩，情趣高尚而有益，心情快乐又美丽，人生充实而丰满！

4.充足的睡眠

人一生将近三分之一的时间用在睡觉上，这足以说明睡眠的重要性。尤其是在婴儿时期，除去吃奶、换尿布等时间，婴儿们几乎都处于睡眠状态。睡觉是一种休息的形式，可以消除疲劳、恢复体力，保护大脑、恢复精力，增强免疫力、康复机体，保护心理健康、保持美好心态。对于儿童来说，睡眠能促进儿童身体、心理及大脑的生长发育；对于老年人来说，睡眠能延缓衰老，促进生命延续；对于爱美的女士来说，良好的睡眠是美容的"妙招儿"。

充足的睡眠能够使人的机体得到良好的发展和修复，是后续学习、工作、生活的重要保障。良好睡眠的表现是：不管睡眠时间的长短，只要第二天自我感觉精力充沛、神清气爽，学习、办事效率高就好。要养成良好的睡眠习惯，如果条件允许，当日 22:30 至次日 5:30 是夜晚睡眠的最佳时间；午饭半小时后休息 1 小时左右。不过由于每个人生活、工作、学习的情况不同，可根据自己的条件，合理地制定规律的作息时间，最好不要每天改变。

5. 正确的保养、保健意识和能力

健康的身体不是医院里治疗出来的，而是提前保健锻炼的结果。合理的生活习惯、定期的身体检查、及时的治疗防疫、客观地对待疾病、正确认识保健运动和药品、正确的衣食住行思维、正确的卫生安全意识等都是值得我们关注的因素。

对孩子的养育，需要遵循合理、理性、公正、适合的原则，这就需要养育者注意自己的养育行为，不要让自己“想当然”的一些不良养育行为给孩子造成伤害。其中，溺爱、过度保护是非常常见的行为。比如：冬天怕孩子冷，给孩子穿着厚厚的衣服，不到室外去；夏天怕孩子热，早早地就开空调纳凉。孩子处在一个恒温的世界中，体温的自我调节能力就会下降，一旦遇到温度突变就会感冒。比如：饮食过度、运动不足使孩子成为“小胖墩”，过早地受到一些“富贵病”的困扰。再比如：父母过度爱干净，不允许孩子接触任何地面、杂物，衣服始终干干净净。这样既让孩子失去了增强自身免疫力的机会，也使孩子失去了自由运动锻炼和快乐玩耍的机会。在这样的“精心呵护”下，孩子反而更容易生病，不但抵抗力低，在个性上也容易胆小怕事。又比如：我们严格控制着孩子，事无巨细地安排孩子的生活，却很少给孩子自由随性地成长体验的机会，这对孩子的身心发展都非常不利。尤其是许多父母还经常干扰孩子沉醉在自我发现的世界里，无意间给孩子造成了“身心关爱和智力开发”等方面的破坏。再比如：父母舍得花钱给孩子买所谓的“脑保健品”，却不去合理地开发孩子的大脑智力。孩子学习上遇到的困惑多数是由早期不良的学习教导模式造成的，并非由于智商低。因此，孩子的大脑不是靠吃保健品就能变聪明的，这也不是孩子提高成绩的最好方式。另外，还有些父母没有给孩子提供足够的肌肤接触和倾诉的机会，造成孩子精神方面的“营养不良”。殊不知，对孩子而言，幼儿时期的抚触、少年时期的拥抱、青春期时的静心倾听都能在传递关爱的同时，抚平孩子内心不安的情绪。

法国著名思想家卢梭说：“教育上的秘诀，便是使身心两种锻炼可以互相调剂。”如果父母期待自己的孩子身心健康快乐，就引导孩子去感知生命、体会成长吧！而我们需要为孩子做的就是，提升自己的综合养育能力，并教会孩子如何保障生命的健康成长！

阳光雨露

对健康的最佳投资并非金钱，而是运动和平衡的营养。适宜的物质食品则是生命延续的基础，适量的运动锻炼是体魄健康的保障。活动，活动，活着就要运动，一动生百巧，一懒生百病。运动是生命的滋润剂，是身心健康的保障。只有拥有健康，才能享受生活！

唤醒·悟

我被轻柔的声音“唤醒”，
看到了妈妈温暖的笑脸。
从她美丽的眼睛里，
我看到了无限的风景。

给孩子一双发现的眼睛

——用眼睛和心灵探索发现，求知发展

苏联教育家苏霍姆林斯基曾经说过：“人的内心里有一种根深蒂固的需要——总想感到自己是发现者、研究者、探寻者。在儿童的精神世界中，这种需求特别强烈。但如果不向这种需求提供养料，即不积极接触事实和现象，缺乏认识的乐趣，这种需求就会逐渐消失，求知兴趣也与之一道熄灭。”父母就是孩子探索世界所需养料的供给者。

在我们周围，不经意间就会看到这样的镜头：一个小孩自顾自地在与小动物“说话”，好奇地提出自己的问题：“小鸟你在树上做什么呢？”“小蝴蝶，你为什么这么漂亮呀？”“小狗狗，我们一起跑步吧！”“小猫咪，你出来我跟你玩。”……就像苏霍姆林斯基说的那样，他们在探索！

好奇之心，人皆有之。在小孩子眼里，这个世界充满了神奇和乐趣，与我们成年人看到的是完全不同的另一番景象。他们对所有的事物都充满了亲近感，他们会与见到的事物真诚交流，会和地下的小蚂蚁说话，会与树叶上的虫儿打招呼，会与公园里的雕塑拥抱，会与草地上的小动物玩耍……总之，在他们眼里，一切事物都跟自己一样，是有生命的伙伴，没有善恶、好坏之分。他们会根据自己内心的感受，好奇地窥探外界事物，做自己认为“就该这样”的事情。

好奇心来源于对事物的探索欲望。自从有了人类，我们就展开了对世界的探索和发现。孩子们生来就对这个世界充满了热爱与好奇，喜欢并渴望用行动去学习探索。但随着时间的消逝，不知有多少孩子失去了探索求知的热情。今天的世界需要探索的内容越来越多，但人们探索的欲望和能力却在降低，这究竟是为什么呢？

印度著名哲学家、世界心灵导师克里希那穆提曾经说过：“我们所受的教育始终在制约着我们，让我们朝某个特定的方向思考。”我们秉承着前辈的经验，开创了新的时代，可在某些方面，却受着某些经验规矩的制约。当先人走过之后，经历变成了经验。然而，若使用不当，许多经验就会成为生命发展的桎梏。生活承载了太多的人为规矩，许多人前进的脚步因此变得沉重。在养育孩子的过程中也存在着这样的现象。**尤其是孩子探索、学习的许多行为常常被父母“想当然”地曲解成无聊、无意义、不合理、浪费时间，甚至是不可理喻而被“屏蔽”了，同时被“屏蔽”的还有孩子学习的热情和智慧的灵光，相信这是大多数父母不愿意看到的，但与之相悖的却是：许多人仍然在不断重复着前人的这些错误的养育行为。**

我们该怎样避免这些错误的养育行为？怎样才不会扼杀孩子的好奇心、想象力和探索欲呢？

答案是要知道孩子成长发展的规律；要懂得孩子行为背后的因由；要慎重使用成人思维和经验。比如：我们经常见到一些父母随意打断孩子观察蚂蚁搬家，强行扔掉孩子捡来的“宝贝”，耻笑面对小动物自言自语的孩子，毫无顾忌地与他人谈论孩子所做的“囧事”……这些“有意为之的无意之失”，不但扼杀了孩子的探索精神，还使孩子丧失了信心和自尊，更逐渐地失去了对父母的信任和尊重。因此，在孩子思维发展初期，对孩子私密的保护、对孩子人格的尊重，尤其重要。

好奇心是孩子认识世界、主动学习的动力，是推动他们产生想象与探索欲、促进智力成长发展的重要因素。对于小孩来说，周围的一切都是新鲜而陌生的。他们会在能动的范围内，通过各种方式“发现”世间万物，增加对世界的认识，并获得身心的发展。当他们不断对新鲜事物表现出兴趣并付诸行动的时候，当“为什么”成为孩子口头禅的时候，当孩子“打破砂锅问到底”的时候，就意味着孩子开始了对世界的探索。这些时候，父母该为他们做些什么？是尊重、包容还是耻笑、厌烦？是理解、支持还是批评、阻止呢？

保护好孩子的好奇心，是父母养育孩子需要做的重要“功课”。许多父母在孩子出现自我探索行为之初，就开始拥有了烦恼：“小手拿到什么撕坏什么，可坏了。”“我家孩子到处用手指掏洞洞。”“孩子无论拿到什么都往地上扔，一边扔一边高兴地笑，真没办法，打也不改。”“唉，没办法，我家孩子把家里能拆的小东西都拆零散了，跟在他屁股后面都收拾不完。”……多数父母面对这样的孩子时，是充满无奈和烦恼的，我很是同情被机灵孩子“牵着鼻子走”的他们。不过，同情归同情，我们还是需要理性面对，同时思考一个问题：自己这些劳作和烦恼来得有没有意义？孩子的行为真的是在调皮和搞破坏吗？答案当然是否定的。对于这一时期的孩子来说，这是他们自然的成长状态，是一种创意表现，是孩子为自身发展进行的探索性的学习。比如：婴幼儿普遍有“撕纸”的爱好，这是孩子在通过手的撕扯来感知纸的形态，弄明白纸为何物，同时也在锻炼手指，是为手部能灵活动作做的准备练习。更重要的是，撕纸活动还能促进大脑的开发。孩子手指锻炼得越灵活，感受性越强，孩子大脑细胞发展得就越好。这是大自然给予孩子的最神奇的锻炼手段，养育者怎能无知地把它否决呢？

像撕纸一样，在孩子成长过程中，许多看似“不良”的行为，都是他们自我成长的探索，只是由于他们的知识有限，生活经验简单，加之理解能力有欠缺，时常会造成一些幼稚、可笑的现象出现。他们经常会对一个问题一遍一遍地寻根问底，就是希望从中慢慢理解事物的真谛，获得满意的答案。对于这一点，父母最负责的做法就是耐心地、不厌其烦地陪伴他们获得一个个惊喜和满意的答案。比如：孩子喜欢“掏洞洞”，父母可以用废旧的啤酒纸箱制成“探宝箱”，在箱子里的间隔内放上不同的物品，用纸贴住表面，然后和孩子一起玩“探宝”的游戏。再比如：孩子老爱提问题，当我们无从回答的时候，正是我们引导孩子走进大自然、去请教他人、去书本中获得答案的好机会。有时候一片树叶会引发孩子的无限想象，吸引他投入到无限的知识海洋中。切忌简单地用“我不知道”“我现在没有时间，以后再告诉你”“你以后就会明白了”之类的话来敷衍、搪塞孩子。因为这是对孩子寻求发展的一种拒绝，这样会慢慢浇灭孩子对事物好奇、探索的热情，同时也会让父母在孩子心目中的威信逐渐消失。特别需要注意的是，当错过孩子某些关键期后，孩子“以后也不会明白”，因为他不想明白了！

现如今，只要有条件，父母大都会去关注孩子的智力开发和早期教育。然而，尽管父母认为已经尽心尽力地为孩子设定好了“高起点”，搭建好了“高平台”，但事实表明，大多数家长只是给孩子提供了去好学校的教育机会而已，却并没有在生活细节上给孩子提供优秀的家庭教育影响，而这恰恰会成为孩子在起跑线上的“绊索”——许多人并不知晓。

脏点——不可怕。有时候适度的“脏小孩”比过分的“干净小孩”的抵抗力要强很多，只要我们注意把握孩子活动的范围和分寸，在活动结束后只要用水和肥皂给孩子认真清洗，孩子就会健康舒爽。

累点——不可怕。小孩子吃好饭，睡一觉，他们的体力、精力会立马恢复的，只要活动适量就好。

无聊——绝不是。在小孩子眼里，一个顶尖大学的文凭、一个科学家的光环、一亿美金钞票，都不如一只蚂蚁搬家、两只小虫打架来得有乐趣、有吸引力。

破坏——绝不是。不拆开收音机怎么找到说话的叔叔、阿姨藏在哪里？不把东西扔在地上，它怎么能和我说话？不把东西撕烂了，怎么知道它能不能被撕烂？

就像由叶圣涛作词作曲、孙俪演唱的歌曲《感知成长的神奇》中唱到的那样：

妈妈：贝比，为什么画在墙壁？

宝宝：嗯？妈咪，不是我想要淘气，这恐龙太大装不进纸里。

妈妈：贝比，饭饭要放进嘴里！

宝宝：嗯？妈咪，手手也要吃东西，要不然小手也会没力气。

妈妈：贝比，为什么踩在水里？

宝宝：嗯？小水塘和我游戏，看我变出水花送给你。

妈妈：贝比，哦，乖乖，请你安静！

宝宝：嗯？妈咪，这罐罐也有魔力，它没有嘴巴却是大歌星。

原来如此，是我们与孩子的思维不同，与他们的心有距离！可是，作为父母，该如何走进他们心里呢？

歌中是这样展现的：

妈妈：波一个贝比，让我亲亲你，我怎么忘记进入你奇妙世界里?!

宝宝：波一个妈咪，让我亲亲你，我怎么忘记邀请妈咪一起游戏?!

妈妈：宝贝，让我们一起去努力，探索世界每个惊喜。

合：就让我们一起感知成长的神奇。

历练孩子，我们需要放手。在保障孩子安全的基础上，放手让孩子去寻找、探索、发现。不要过多地打搅孩子思考的时刻；不要打断孩子自我玩耍的时间；不要过多地与孩子抢话；不要过多地替孩子做事；不要过多地指挥孩子做这做那。

历练孩子，需要我们引导，引导孩子去观察事物；引导孩子来表述；引导孩子寻求帮助；引导孩子读懂大自然的语言。

历练孩子，需要我们影响，影响孩子走向大自然的怀抱；影响孩子在书中获得答案；影响孩子对世间万物充满热爱；影响孩子对生命怀有尊重和关怀。

培养孩子，我们需要放下自己的偏见。不要用自己的喜好来评判和左右孩子的行为。也许你看着简单的事物，也许你感觉肮脏、厌恶的环境，孩子却通过自己的努力，感受到其中的乐趣。

培养孩子，我们需要放下任性。不要断然拒绝或制止孩子与自己不一致的言行。如果孩子表现的一切和你的都一致，那才是不正常的。

培养孩子，我们需要耐心地陪伴、静静地欣赏。在孩子对事物感到好奇的时候，只要安全无碍，就请安静地欣赏孩子独立尝试探索的过程吧，他们会尽情地挥洒自己与众不同的思维和智慧，创造出不同的行为结果。**没有什么能比欣赏孩子探索、沉思、惊奇、满足甚至是失望的模样更令父母陶醉的了；没有什么能比陪伴孩子去发现、创造、想象、感悟、发展“这一伟大事业”更值得花费时间的了。**

培养孩子，就为孩子创造一个良好的环境。带孩子去大自然中感受万物生长的奇妙；带孩子在家务活动中体会生活的美好和亲情的温暖；带孩子在游戏中获得友爱，懂得分享的快乐；带孩子在户外活动中探索世界的神秘……给予孩子无限自由的想象空间和探索机会，尽可能地满足他们对未知事物的探索欲望，进一步激发他们对事物好奇的观察和认识。

培养孩子，就为孩子开启一双善于发现世界的眼睛。带孩子去观察蜘蛛结网；去观察露珠背后的世界；去感知泥土的质感；去嗅闻草地的芬芳；去参观河流上的桥梁；去欣赏奔驰的列车……

培养孩子，就让孩子拥有感受美好世界的心灵。去花丛中感知春天的到来；去乡村小溪中追逐鱼儿的梦想；在锅碗瓢盆间尽享饭菜的丰盛；在阅读中感受人文的情怀；在运动中展现生命的活力。

父母的爱是孩子成长的天堂，父母的陪伴会让孩子的生命之花自由绽放！放下世间的嘈杂，站在孩子身旁，静静地守候着孩子，用信任和鼓励支持他们探求自己的未来世界，这是父母保护孩子好奇心和探索欲的最佳行为，也是赋予孩子美好品性和睿智头脑的最好方法。

具体的参与方法如下：

1. 与孩子一起参与观察、描绘活动。提前设计好项目，查找资料，然后付诸实施。比如可以和孩子一起观察动物或植物的特征以及生长变化的过程。定期用绘画或文字的方式记录动植物的生长过程，满足孩子的好奇心和求知欲。

2. 和孩子一起动手做实验。比如“白色粉末物体”分辨实验，提供各种不同的材料，让孩子进行分辨。再比如“水的浮力”实验，将不同的材料放入水中，让孩子观察材料的沉浮现象。

3. 和孩子一起亲近大自然。父母首先要向孩子展现出自己的好奇心。比如：带孩子一起外出散步时，表现出对一草一木、太阳星星及其他事物的兴趣和探索愿望；引导孩子与小草说话；和孩子一起捉昆虫；和孩子一起喂养小动物并与它们聊天。

4. 和孩子一起做家务。在做菜的过程中，孩子能感受到将菜放进热锅里，一会儿就会变软的乐趣；见识将盐放进汤里汤就会变咸的神奇；懂得“营养搭配”“火候”“调料”“洗切”等术语。和孩子一起修理东西，让孩子亲眼看到修理的过程，学会使用工具，感知工具的作用和其便捷功能。

5. 和孩子一起感受音乐和体育的魅力。经常与孩子一起听音乐，和他一起玩乐器，有机会可以参加音乐会，感受现场音乐的震撼力；与孩子一起参与体育活动及赛事，感受运动的乐趣。

6. 和孩子一起阅读。从阅读中获得更广博的知识、更强大的智慧能量。

要想培养孩子的发现能力，就要让他体验到发现的乐趣。乐趣是孩子发展的最佳推动力。只要有心，我们身边处处充满着可以满足孩子这些天性活动的机会。只要父母把对孩子的培育内容巧妙地融合进去，就一定会令孩子收获满满。

在孩子历练的过程中，有三个问题值得我们注意：一是要妥善消除意外惊吓给孩子带来的身心伤害，尤其是小一些孩子心理上的阴影；二是父母在制止孩子不良行为时，态度要适当，防止对孩子造成二次伤害；三是父母在孩子历练过程中一定要想得细致、周全，保证孩子参与历练活动的连续性。

让我们用爱感受孩子的“可笑、可爱”——他们是孩子；让我们用爱接受孩子的“淘气、麻烦”——孩子本来就是这样的；让我们用爱去满足孩子“贪玩、爱尝试、爱挑战、爱夸张、爱耍小聪明”的天性——这是孩子保持探索热情的内在动力！

阳光雨露

每个生命都有探索的欲望，满足这种欲望，可以使孩子的生命更有价值、更具活力。对于孩子来说，生命中的每一阶段都不应当留下遗憾，孩子眼中的一片树叶、一朵小花、一滴水滴、一片彩虹都能弹奏出令他们心灵震撼的动人旋律。美在孩子睿智的眼睛里，美在孩子丰富的心灵中！用温柔的眼睛看世界，世界一派花团锦簇，就让我们给孩子一双发现世界的智慧之眸吧！

唤醒·悟

这颜色真好看！

红的，黄的，绿的……

这声音好动听！

啷啷啷，嘭嘭嘭……

我要去画画，我还要去跳绳。

我抬头看看天，小鸟都不见了。

回家吧！

我要吃大葱，还要就着蒜。

哈哈哈……

给孩子充足的感官刺激

——打造身心和谐的宝贝

孩子的生命是一个综合体，需要经过全面的发展才能更好地成长。父母科学的引导才是孩子获得和谐身心的法宝，这需要父母从胎儿时期就开始实施，更需要从孕育孩子之前就开始学习。英国作家乔治·艾略特说："我的生命是从睁开眼睛，爱上我母亲的面孔开始的。"父母的善学、善言、善为、善德是孩子身心和谐的保障！

每当我们看到一个充满活力、机灵聪慧的孩子时，内心的喜爱之情便会油然而生，相信孩子之前的成长过程一定是很顺畅的，希望他的未来也会是美好的！但当我们看到一个情绪低落、爱咬手指、做事马虎、成绩不好的孩子时，会为他感到伤感，感觉孩子的成长一定遇到了阻碍，我们会猜想他的成长环境是缺少和睦和幸福的元素的。谁都不希望看到后一种。因此，许多准父母在期待中迎接小生命的到来，在憧憬中培养着孩子，希望能够培养出一个优秀的孩子，也希望自己能成为负责和合格的父母！

我静静地坐在沙发上，沉醉在《初雪》那纯美、悠远的音乐中，自由地呼吸着空气中淡淡的茶香，让思绪渐渐飘向远方，我仿佛又回到了十几年前的那一天……

小生命的诞生

在一个周五的下午，一个小生命诞生了。当我在手术室第一次看到他的时候，他紧闭着小眼睛，在经历了非凡的生命历程后，他静静地沉醉于梦乡中，等待着母亲的呼唤。

因为我身体的原因，孩子是经过剖腹手术出生的，他没有经历过产道的刺激，没有感受到那种被“压迫”的苦滋味，但这也可能为他的生命带来一些意想不到的潜在问题，诸如免疫力低下、“湿肺症”、感统失调和多动症等。在生产前期，我通过读书学习接触到了这些概念，因此，我暗中祈祷一定要给孩子一个自然的来到人世间的过程，我要锻炼好身体，保障自然生产。

但事与愿违，由于怀孕，我患上了胆汁淤积综合征。为了保障孩子的安全，分析利弊后，在怀孕 38 周的时候，我们决定遵从医生提前生产的安排。有趣的是，不管医生如何努力，小家伙意志坚定地待在我的身体里不出来，也由于我骨盆的问题，最终选择了剖腹产手术。在迷蒙中陪孩子度过了出生后的观察期，一周后我们带着各项指标满分的小家伙回家了。

人是很奇怪的动物，当什么都不知道的时候，心中虽然没有底，但也不至于焦虑；一旦知道了一些讯息，就会被它们搅扰得不知所措。其实，走过后回头再看，也没什么。直接经验告诉我：既然剖腹产已成事实，担忧无益。只要冷静下来学习相关知识，办法一定会有的，问题一定会迎刃而解的。剖腹产的孩子容易患上“感统失调综合征”与“多动症”，如果在早期，尤其是 6 岁之前，悉心地呵护他，给予他周全的锻炼，孩子一样会健康快乐，充满智慧。因此，我在懂得了一些相关知识的基础上，想办法查找资料，协助孩子从出生开始进行预防锻炼，防止感统失调症的发生，努力给孩子创造一个科学优秀的成长环境，力争培养身心和谐的孩子。

孩子的生命是神奇而充满奥妙的，他的每一次抓握，每一次踢腿，每一次微笑，每一次啼哭，甚至每一次大小便，都是对自我存在的感知与对外界事物的探索，他可以从中获得成长的历练和经验。父母在这一过程中及时给予他恰当的回应和影响，就是给孩子最好的养育和关爱，而这种关爱最好从孕育小生命时就开始。

记得在怀孕3个多月的时候，有一天我走在路上，内心突然生出一种感觉，一种从来没有过的幸福感，那种感觉是到目前为止我今生唯一的一次，是那样刻骨铭心，当时并不知道为何有那种感觉。不久以后，胎儿有了第一次胎动，我才如梦方醒——原来这是孩子生命的告白：告诉我他的存在，告诉我他的期待，告诉我要与他互动交流，真是母子连心！于是从那以后，我每天都用音乐来陪伴他，用抚摸和语言来与他交流，带着他在院子里散步，告诉他周围的一切事物——小鸟在树上鸣叫，春天柳絮漫天飞舞，燕子从南方飞回来了，树叶被风吹得沙沙作响……我用我的描述尽可能地和他一起"看世界"，告诉他小朋友在跑着快乐地做游戏，相信将来他也会和他们一样是个快乐的孩子。

这一切他似乎也能听得懂，不断地用自己的"小拳头或小脚丫"回应我，好像是在告诉我"我看见了""我知道了"。正是他的回应使我充满希望，坚持努力，继续着我的胎教生活。现在回想起来还是那么幸福甜蜜！

出生后，孩子非常安静乖巧，即使是对面的邻居也不知道我们回来"坐月子"了，因为没有听到孩子的哭闹声，这与我家楼上哭闹不停的小孩子形成了鲜明的对比。每当我给孩子放以前经常听的音乐，特别是那盘胎教音乐的时候，孩子就会安安静静地听，脸上不时露出微笑。我相信在美妙的音符陪伴下，他很快乐，很安全，也很享受。我相信，只要妈妈在怀孕期间心态美好，多听音乐，多说好话，多阅读优秀的书籍，胎儿就一定会因为有一个良好的孕育环境而变得与众不同！

在十几年前，周围没有如今这么多学习家庭教育知识的便利条件，因此，孩子的养育方法全是我在不多的书本中获得的信息后，经过观察思考琢磨出来的。

孩子出生在夏天，我没有把孩子捆绑成“蜡烛包”，而是让他自由地躺在大床上。每天洗一次澡，每天全身抚触几次，每天都进行肢体活动，每天坚持听音乐，每天与他说话交流，使孩子获得了充足的身心呵护和抚慰，孩子吃得香，睡得美，惬意得很。短短 44 天，体重就从 3.5 千克长到了 12 千克。

随着孩子逐渐长大，他开始用自己已有的心智和逐渐开始发育的各种感官感知周围的一切，并开始了寻找各种感官刺激的探索之旅，这是他在使用和增强自己的本能，从中获得器官的历练和智力的开发。他眼睛能看到了，开始对鲜艳的色彩感兴趣；会翻身了，开始对自己嘴巴能碰到的东西感兴趣；能坐了，开始对自己手能碰到的东西感兴趣；能爬了，开始对自己能看到的、拿到的东西感兴趣……总之，只要是他能力所及范围内的事物，一定会成为他的“猎物”，捕获后的首要任务就是要放到嘴里来“吃”，那种满足感难以言表，好像是什么世间美味似的，拿什么也不换。其实“爱吃”并不一定意味着他饿了，也不意味着他知道这东西能吃。这是他从胎儿时期就开始的探索手段，是在锻炼“吃”的能力，是在用嘴巴和味觉探索、了解事物，增强自己对世界的认知能力，从而获得一些生存的信息：这是什么东西？这东西可以吃吗？这东西是软的还是硬的？什么味道啊？当然这些是画外音，孩子不可能有如此复杂的想法，但他这些行为的作用就在于此。

2 岁之前，是孩子的发展关键期之一——口欲期。如果在此期间，尤其是在 6 个月时添加辅食之前，强行制止孩子吃手，就会造成孩子在“口欲期”过后仍然吃手、咬指甲、啃脚丫，还可能导致孩子将来习惯性咬人、咬东西等，成人后容易出现贪吃、抽烟、喝酒、饶舌、唠叨等现象。尤其是遇到重大事件，在焦虑不安、孤独无助、有压力的情况下，孩子就会不自觉地出现吮指、咬物等行为。所以，父母要掌握孩子成长的科学规律，在保障安全、卫生的情况下，满足孩子“吃手、吃东西”的成长欲望，满足孩子的心理需求。一般情况下，在1岁左右，随着孩子的快速成长、活动范围的增大、兴趣的广泛增加、注意力的转移以及孩子辅食的逐渐添加和父母的正确引导，孩子“吃手、咬物”的行为会逐渐地消失。

大自然是神奇的，它孕育的人更是奥妙无穷。从孩子“吃手”这一现象中，我们就看到了这么多深意，那么一个完整生命的成长，究竟还隐含着多少我们不知道的规律与奥秘呢？我们身上的各个器官对生命来说都意味着什么？我们该如何给予孩子最正确的养育指导和培养呢？

眼睛、耳朵、鼻子、舌头、皮肤等都是我们的感觉器官，都有自己特有的功能。初生小婴儿的这些感官功能并不完善，需要在使用过程中进一步刺激发展。对于他们来说，感官用得越多，接受的刺激越丰富，其发育的程度也就越高，感受性就越强。因此，父母在此时期对孩子的养育，要着重加强对感官的刺激。

小嘴里面有乾坤

嘴是人最重要的器官之一，不但担负着吃喝进食的功能，还是语言传递的重要工具。说到吃，就令人想到用嘴咀嚼和吞咽食物，这个过程对大人来说非常简单，面对孩子许多人会说“这些事情等孩子大一点儿自然就会了”。然而事实并非如此，小婴儿刚刚出生就会吮吸乳头和奶嘴，这是天生的，不用教。当长出牙齿后，就要逐渐使用牙齿咀嚼食物以摄取更多的营养，满足身体飞速成长的需求。但是，咀嚼及吞咽食物的能力不是婴儿天生就具备的，是需要进行一定的指导和训练才能获得的。有些孩子不愿意吃硬的食物、挑食、消化不良、不愿意用杯子喝水、流口水、说话口齿不清楚等现象，大都是由父母养育方式不科学，导致孩子咀嚼和吞咽功能发育不良造成的。

咀嚼、吞咽食物需要舌头、口腔、面颊肌肉和牙齿等彼此协调运作才能够完成，习惯了吮吸的婴儿要学会这样复杂的动作，需要一个循序渐进的过程，必须对他的口腔和咽喉进行反复刺激、训练才能获得良好的效果。随着孩子年龄的增长，逐渐添加和变换辅食是最好的手段。孩子通过食物咀嚼的运动，可以提高唾液的分泌，促进食物消化与吸收，保护肠胃，促进肠胃功能的发育；有助于牙齿的发育生长；有利于头部与面部骨骼和肌肉的发育；有利于增加大脑的血流供应量，对孩子的智力发展有益；还能充分锻炼孩子口腔、舌头、嘴唇等相应器官肌肉的协调性及灵活性，提高孩子发音的准确度。因此，咀嚼是对孩子嘴部感官刺激的最好锻炼方式。从孩子出生 4 个月以后，就一定要及时地由少到多、由软到硬、由淡到浓、由小到大、由素到荤、由简到繁循序渐进地坚持给孩子添加适合孩子的食品，促进孩子言语、神经和大脑的健康发展。在孩子“口欲期”内，给孩子提供充足的训练“吃”的机会，是父母必须重视和应该做好的事情。

从孩子的眼睛里看世界

在所有的感官中，眼睛是最主动、最活跃的，大部分信息都是通过眼睛传递给大脑的。因此，给眼睛充足的视觉刺激，建立好眼睛与大脑之间的视觉通路，是未来做好精准和复杂事务的保障条件之一。

眼睛被称为“心灵之窗”，人的言语可以隐藏真实目的，但是眼睛不能。我们从孩子的眼睛里能观察到他们的内心世界：孩子专注时，眼睛会紧紧盯着某样东西不动；孩子眼神发亮，发出兴奋的光芒，是孩子明白道理或发现答案的表现；孩子拿不定主意时，眼睛会左顾右盼；孩子不敢正视，低头不语，一定是撒谎或犯错了；孩子生气了会怒目而视；孩子目光轻松、活跃，一定非常开心快乐……这是我们从孩子的眼睛里了解他们的内心世界，那么他们又是如何通过眼睛来获得自己需要的信息的呢？

当孩子睁开眼睛的那一刻，就用自己好奇的眼睛观察着周围的一切，尽管最初他们的眼睛不那么明亮。随着视力的发展，许多事物开始进入孩子的视野，孩子用眼睛探索世界的活动也就由此开始了。5 岁以前是培养孩子视觉能力和观察能力的关键期，此时期若对孩子进行适当的视觉训练，会促进孩子专注力和辨别能力的发展，避免造成视觉感不强和视觉专注力弱——经常多字少字，颠倒偏旁；丢三落四，抄错题；不专注写作业；阅读跳行，集中看书时间短；上课精力不集中，不看老师，爱做小动作；等等，这些对孩子的学习有非常大的不良影响。

那么我们如何协助孩子开发好视觉功能呢？

利用家庭中的一切物件和活动。比如：整理衣服，可以看到不同的色彩、样式、大小、长短；引导孩子看图书，欣赏书中的图画，欣赏绘画作品，孩子在感知色彩、线条、形状等的同时，获得艺术的熏陶；玩拼图游戏，训练孩子辨别事物的空间关系，锻炼孩子对形状的观察力和连接能力；玩迷宫游戏，锻炼孩子的综合识别能力；等等。另外，大自然也是不错的视觉训练场所：远近、高低、长短、大小、颜色、形状；天上飞的、水里游的、路上跑的……孩子都可以尽情地欣赏、观察和思考。孩子可看、可画、可写、可说、可比较、可玩耍、可探索……这些活动能充分锻炼孩子对色彩、形状、空间等的感知力，提高他们的描述、写作及语言能力，同时增强对大脑的刺激作用，更好地开发孩子的智力。

好奇、好探索是孩子的天性，越是原来不知道的事物越能引起他们的兴趣。父母应通过巧妙的引导，使孩子积极地参与到训练中去，通过注视、眼球追踪等活动获得良好的视觉专注能力。要注意训练活动应根据孩子的年龄、性别、喜好等情况合理设计，由简至繁、由小至大、循序渐进地进行，从孩子感兴趣的事物入手，逐渐扩展广度和深度，培养孩子的专注力和视觉观察能力！

听听那些声音

有时候我们经常遇到小孩子听不见别人说的话，丢三落四，也有孩子记不住老师布置的作业，听课老走神。许多家长往往误认为孩子不听话，调皮，贪玩儿，不好好学习。其实并不然，除了孩子专注投入自己的事情而忽略了其他这种情况以外，有相当多的孩子是因为听觉感不良才造成这种情况的。是孩子耳朵与大脑之间信息传输过程出现了障碍，使孩子在听觉、理解、记忆、行动方面出现了不协调，以致影响了学习效果。

耳朵是听觉器官，是用来听声音的。生活中有许多美妙的声音，当我们用心聆听的时候，是很美妙、很惬意的：小雨“沙沙沙”、小鸟“啾啾啾”、青蛙“呱呱呱”、风吹树叶“唰唰唰”、雷声“轰隆隆”、火车“呜呜呜”、小狗“汪汪汪”……让孩子聆听这些声音，就是刺激听觉感的最好方法。大自然和生活中还有数不清的声音，只要父母悉心引导，孩子一定会有一双灵敏的耳朵。

父母一定要记得，当你们发现孩子开始乱扔东西、乱敲打物品的时候，那是孩子听力锻炼的最好时期。父母应全力配合，利用家里一切能发出响声的物品，尽情地和孩子演奏一曲曲“锅碗瓢盆交响乐”，为孩子打好听力基础，相信孩子一定会乐在其中的。

用气味刺激孩子嗅觉器官的发展

鼻子是嗅觉器官，是用来嗅味道的，利用生活中的一些带有味道的东西，与孩子做分辨游戏，孩子的嗅觉会得到很好的锻炼，进而辅助大脑思维的全面发展。

抚触传递妈妈的爱

我的孩子从出生开始，每天洗澡和全身抚触就没有间断过。孩子非常享受这种感觉，尤其是在自己能自由活动后。若是他在床上调皮不睡，只要把他拽倒趴下，把手搭在他后背上开始按摩，小家伙准保乖乖地趴在那里，面带微笑，闭着眼睛，尽情地享受我的安抚，那种场景依然记忆犹新。

抚触是爱的传递，能给孩子充足的皮肤刺激和心灵抚慰。皮肤是人体接受外界刺激最大的感觉器官，是神经系统的外在感受器。抚触就是通过科学有序的手法对孩子的皮肤进行抚摸，让大量温和的刺激通过皮肤传到中枢神经系统，打通人体传递信息的通道。这是婴幼儿3岁之前脑发育关键期内给脑细胞和神经系统以适宜的刺激，促进婴幼儿神经系统发育、开发孩子智力的良好方法之一。医学界已广泛证明，给婴幼儿进行系统的抚触还有利于婴儿的生长发育，增强其免疫力；能促进肠胃蠕动，增强消化吸收功能；能减弱应激反应，减轻疼痛；能保障睡眠质量，抚慰平和孩子的情绪，提高情商的发育；能促进听觉、视觉的发育；能增加交流机会，营造温馨、愉悦的氛围，增进父母与孩子间的亲情，发展孩子对父母的信任感，增强孩子内心的安全感。抚触还是观察孩子身体的最好机会，能及时发现不良问题。

抚触要把握从内到外、从中心到四肢、从上到下、从前到后的原则，按从脸部、胸部、手臂、腹部、腿部到背部的顺序进行(如果小孩子好动或者是家庭环境不允许，可以不必太循规蹈矩，只要每个部位能够抚摸到就可以，根据孩子的具体情况灵活掌握)。注意动作要轻柔，在抚摸的同时一定要面带微笑，用温和的眼神注视孩子，用温柔的语言与孩子互动交流，增进彼此的情感。抚触要在两餐之间，在孩子情绪状态良好的情况下进行，室内温度保持在25摄氏度左右，时间掌握在30分钟左右。抚触的力度要适宜，最好放一些轻柔的背景音乐。抚触前要准备好孩子的使用物品。

肌肤抚触是妈妈送给小婴儿的一件最珍贵的成长礼物。它融入了妈妈对孩子无限温暖的爱，孩子从父母那里获得身心发展的充足的能量，得到它的孩子一定会健康快乐地成长，也一定会是幸福的，长大后的表现也会是自信、乐观、平和的。妈妈们，伸出你温暖的手抚触孩子吧，这是你最温柔、最贴心的爱，更是作为妈妈最需要具备的基本功，可千万不能敷衍啊！！！

小手小脚动起来

婴幼儿时期是孩子动作能力均衡发展的关键期，也是培养他们探索能力和创造能力的最好时机。孩子这些能力的发展离不开行动的促进和大脑的支持，而肢体的活动是促进大脑发育的最好方式。因此，这一时期对婴幼儿肢体运动能力的均衡锻炼是非常重要的，一定要给孩子充足的运动和锻炼的机会。

记得在胎儿时期，我的孩子每天都有活动的时间，当我抚摸肚子的时候，他会拳打脚踢地与我“交流”。由于我很瘦，肚皮很薄，在他活动的时候就会有一个个小小的凸起，假若你去碰触，他会加力地“反击”，很有情趣。孩子的爸爸就这样隔着肚皮，和孩子做了不少这样的“游戏”！后来他出生了，伸伸胳膊蹬蹬腿是他最愿意做的事情，这也许是他开始探索世界的第一步，为未来具有抓、拿、坐、立、走等活动能力在做准备。于是我们顺应他，给予他充足的肢体锻炼的机会，尤其是在他手指的锻炼上更是给予了充分关注。

俗话说：“心灵手巧。”这句话隐含着手与智力之间的某种必然关系。对于小婴儿的发展来说，这句话应该倒过来说，“手巧才能心灵”。手是人在生活中离不开的重要器官，尤其是手指，它的灵活性，不单单是为了灵活自如地拿取物品，更关乎孩子大脑的发育程度和智力的发展水平。应该在3岁之前给予孩子的手指足够的刺激和锻炼。

在深知其中的奥妙后，从孩子能够用手抓拿东西起，我就开始了对孩子的“折腾生涯”，孩子也在这样的日子中开心地成长着。孩子会抓握东西了，只要是安全的、干净的，我就放到孩子的手里；孩子会翻身了，我就把东西放到他能够拿到的地方；孩子会爬了，我就拿着东西吸引着他不停地爬；孩子会站了，会走了，自己能够拿到的东西更多了，玩法也更丰富了：玩积木、串珠子、分豆子，在户外踢球、跑步、“开汽车”、捉迷藏、走独木桥、在草地上打滚、上树、玩水、玩沙，择菜、包饺子、洗衣服、修拖把、拖地、运蔬菜、缝衣服、擦鞋，利用一些生活废品制作玩具……只要没有危险，只要是孩子能动的、喜欢的物品，只要是孩子乐意参与活动，包括家务活，我们都给他自由使用和参与的权利。这些活动带给孩子丰富的操作体验，孩子不仅乐在其中，四肢和手指也获得了充足的锻炼。参与各种类型的活动开阔了孩子的视野，丰富了他对世界的认知，在获得丰富的情感体验的同时，也促进了各个器官的和谐发育，为以后综合能力的发展奠定了扎实的基础！

生活总是能给予孩子无数的参与乐趣和创造机会，而大自然更是最好的成长训练场所，蕴含着无尽的养育能量和神奇的养育法宝，它是无所不能的、自然的、优秀的成长学校！

阳光雨露

6 岁之前是孩子发展的关键期，也是父母养育孩子的关键期。父母及早地通过外界的刺激对孩子的视觉、听觉、嗅觉、味觉、触觉等本体感觉进行科学系统的锻炼，是促进孩子神经系统发育和大脑智能拓展的最好手段，更是为孩子将来的学习、工作、生活奠定优秀发展基础的最好方法。让我们和孩子一起科学地“玩乐”童年，智慧地发展成长！

唤醒·悟

一个小小的身影，
飞奔在自然的怀抱中。
用脚步丈量着草地，
让空气充满了流动。
运动真给力，
生命多丰盈！

给孩子一个灵动的智慧头脑

“散步促进我的思想。我的身体必须不断运动，脑筋才会开动起来。”法国哲学家、教育家卢梭说过的这句话，我深有体会，特别是在我集中精力写书的时候，每当脑袋有些混沌，运动就成了最好的“清洗剂”，会让我在短时间内充满活力！这告诉我运动不仅能增强或调节体力，还可以提升智慧！尤其是对小孩子而言！

我国民间流传着一句话：“三岁看大，七岁看老。”意思是说，从孩子小时候的状态就能预见到长大后的样子。这是一句流传多年的老话，必有其道理，与我们现在倡导的科学的“优生优育”有异曲同工之妙。

现代医学证实，0～6 岁的小孩子，不管在学习能力或是在接受能力上都是非常强和快的。这时候(尤其是 3 岁前)孩子的大脑就像一个超大的磁场，不管是什么信息，不管是有意识还是无意识，只要在他吸收的范围内，都会直接地、不经选择地吸入到他的潜意识中，构成属于他的思维“代码”。这些“代码”在孩子成长过程中，会自动地对他的思维行动起指导作用。比如：有时候我们会纳闷孩子怎么“突然”知道这么多，我没有教过他啊？这是因为孩子在无意中感知到、学到的东西，在合适的时机大脑就会自动地运用上。6岁之前，孩子“无意储存”的很多知识并不会显现得特别明显，但在上小学以后就会逐渐显现。尤其是6岁前多读优秀文学作品的孩子、经常接受柔美音乐熏陶的孩子、经常到大自然中探索的孩子、经常参与劳动与体育活动的孩子，这种效果会更加明显。“近朱者赤，近墨者黑。”这一时期外界对孩子的影响最大。因此，为孩子提供良好的成长环境和优秀的成长引导，是父母最重要的事情。

现如今，有人把阻碍孩子发展的一些环境因素归罪于教育体制和社会影响。其实不然，它们只是影响孩子发展的部分因素，而最关键的影响因素是与孩子直接接触的、最亲密的父母。

有一个女孩，从小她妈妈就立志把她培养成最干净、最乖巧、最懂事听话、最优秀的好孩子，于是妈妈不允许她在地上爬、坐，不允许她随意去外边与小朋友玩耍，不允许她碰触任何妈妈认为不干净的东西，时刻要保持身上没有一点儿污迹。孩子就在这样的教导中成长着，她的活动天地只在家里、妈妈的怀抱中、婴儿车里或者沙发上。她过早学习算数、写字以及看小画书，失去了与小朋友一起玩耍交往和成长历练的机会。在上小学前，孩子是一个安静乖巧的小女生，被妈妈打扮得干净漂亮，人见人爱。上学了，为了学习好，妈妈更是要求孩子把精力全部投入到学习中，极少允许她参加户外活动。每次见到她，她总是有写不完的作业，除了老师布置的，更多的是妈妈给她布置的作业。孩子稍微休息一下，就会遭到妈妈的制止。

孩子如此的努力，妈妈如此的“关爱”，孩子最终的结果如何呢？事实给了一个不太满意的答案：孩子的学习成绩非常不理想，仅仅考上了一个专科大学。如今已是大二学生的她，却像一个长不大的“小孩子”那样娇弱，身体素质极其不佳，气温稍有变化就会感冒。她不爱运动，胆量小，不爱与人交往，思维反应极其慢，与人交流能力差，举止不大气，完全没有年轻人激昂澎湃的热情与活力。这位妈妈的“关爱”让孩子失去了生命灵动的魅力！

现如今的孩子更金贵，尤其是孩子上小学之前，本来应该他们自己做的事情被父母包办了：孩子吃饭有人喂，穿衣有人帮，书包有人背，学习有人陪，就连别人的问话，也有人快速地“抢答”；本来属于孩子必须经历的活动受到了无情的限制或替代：不能在地上爬、滚，不能碰触脏东西，不能与外面的“脏孩子”玩，不能到野外去，不能弄脏衣服……父母总担心孩子冷着、热着、伤着、饿着，总想尽一切办法为孩子“做点什么”。岂不知正是这样的关爱，限制了孩子的自我探索和发展，也正是这样的关爱，让孩子失去了独立成长锻炼的最好机会。**他们被包围在一个“爱”的真空里，有嘴不能辩，有眼不能看，有耳不能听，有腿不能跑，有手不能动，这样的孩子除了“听话”以外，长大会成什么“才”呢！**

著名的教育家陶行知先生曾经提出了“六大解放”：解放学生的头，使他能想；解放学生的手，使他能干；解放学生的眼，使他能看；解放学生的嘴，使他能谈；解放学生的空间，使他能够实践；解放学生的时间，使他能干自己想干的事情。陶行知先生提醒我们：要对孩子的行为少一些禁令和干预，多一些信任与尊重，多一些支持和鼓励！要解放孩子的头脑、双手、双脚、空间、时间，使得他们得到充分自由的生活，从自由的生活中受到真正的教育！

孩子是一个灵动的生命，从胎儿时期就用“动”来感知世界。生命也在于运动，“流水不腐，户枢不蠹”，一个灵动的生命当然需要有“动”起来的机会。

感受自然的美，感受灵动的魅力。

在上一节中，我们谈到了感官刺激，谈到了大自然是成长的最好训练场。那一山一水、一草一叶，都蕴含着无尽的生机，充满了无限的情趣。春天花朵的五颜六色、夏天雨滴的剔透晶莹、秋天枫叶的火红绚烂、冬天雪花的飘逸飞舞……身处在这样的景致里，人的心灵也会有别样的不同，同时思维也会随之成就一幅幅绝妙的盛景：会想到雨后彩虹桥上的秋千；会想到纯净露珠的后面别有洞天；会想到层林尽染的诗词豪情；会想到在大雪中与雪花舞动蹁跹……在自然中才会有灵感，在运动中才会有激情，一切事物都是在梦想中产生创造出来的，就像莱特兄弟的“飞翔梦”、加加林的“飞天梦”那样。

大自然是孩子最好的课堂，书本上的一切都能在这里找到渊源。不登山，不知天高；不临渊，不知地厚。孩子的探索、创造不是来自于父母悉心周到的关照，不是来自于手把手的教导，不是来自于课本上的死读，不是来自于自己"闭门造车"的苦思冥想，而是源自于那身临其境的感受，源自于那碰触心灵的启发，源自于自我感受后的领悟，更源自于自我探索后的创造。从一片绿叶中可以感受一片葱绿的绿洲，那是生命的力量，也可以联想到一片荒芜的沙漠里生命枯竭的模样；从一片红叶中可以赞叹秋天的丰收和温暖，也可以想到冬天的萧瑟和寒冷！

爱孩子，就让孩子投入到大自然的怀抱中去，参与到真正的生活中来，让孩子的感觉器官充分发挥它们的效能，让孩子的想象插上翅膀，在自己的天地里自由飞翔！

爱孩子，就给他好奇的头脑，鼓励他探索的欲望；

爱孩子，就给他自由的机会，赋予他自信的力量；

爱孩子，就给他信任的声音，给予他尊重的目光；

爱孩子，就给他优秀的影响，引导他行动的方向；

爱孩子，就给他足够的成长条件和时光！

行动能给生活增添力量，行动能给生命增添能量，动起来，让我们的孩子从这一刻充满希望！

一个杯子、一根筷子可以让孩子弹奏出美妙的音乐；

一堆积木可以演化为王子和公主美丽的城堡畅想；

一片树叶、一只蚂蚁可以成为小溪漂流记中的主角；

……

草地是智慧的训练场；

沙滩是创作的游乐园；

河流是发现的美天堂；

劳动显现无数的畅想；

……

——成就智慧就是这么简单！

妈妈给奶奶的关爱，爸爸对爷爷的体贴，妈妈爱爸爸，爸爸疼妈妈，这可以影响孩子学会感恩、分享。和睦的家庭给孩子安全的港湾，让孩子的成长充满正能量。

美味西瓜切一切，爷爷、奶奶、爸爸、妈妈各一块，然后是我，我们一起分享；

小画书，你一本，我一本，我是小狐狸，你是孙悟空，我们一起玩游戏；

你唱歌，我跳舞，爸爸弹琴，妈妈打鼓，爷爷、奶奶是观众，表演完了我给大家鞠个躬；

妈妈的微笑，爸爸的开心，我的快乐，爷爷、奶奶的幸福；

——这就是爱的展现与分享！

探索的激情来自于对事物的兴趣，父母要给予孩子身心的自由、尊重、信任、支持和鼓励。

一起去爬山，为什么山上有那么多不同的植物呢？

一起去下海，为什么海里有那么多不同的鱼呢？

一起去摘草莓，草莓为什么是锥形的呢？

一起去放风筝，纸风筝的翅膀不动为什么能飞翔呢？

……

——在参与中快乐地感受灵动的思维！

美国成功专家安东尼·罗宾说过："每个人身上都蕴藏着一份特殊的才能。那份才能犹如一位熟睡的巨人，等待着我们去唤醒他。"每个独特的生命都需要独特的发现与培养。父母不要太计较孩子小时候某些方面的"不足"，因为它不是影响孩子全面发展的因素，最关键的是父母有没有发现孩子的"独特"，然后给予他们合适的成长土壤，而不是依据父母自己的心愿，依从社会常规的方式来安排孩子的未来。

诺贝尔化学奖获得者瓦拉赫，在父母安排的文学、绘画上毫无天分，但却具有严谨、耐心、一丝不苟的品性，被化学老师成功点化；

世界首富比尔·盖茨，在妈妈的支持下，成为了微软的掌门；

科学巨匠牛顿，在舅舅和妈妈的支持下，不断阅读、钻研，成为了科学巨匠；

爱迪生，在母亲给予的爱的“自由”里，获得了属于他的巨大成就；

毕加索靠着父亲对自己的信任和关爱，成为一代艺术大师；

达尔文妈妈的爱心，给他幼小的心灵播下了探索自然的种子。

……

——父母成就孩子！

唤醒孩子心中的巨人，就是你我——孩子的父母！

阳光雨露

孩子的心灵是简单透明的，他们用明亮的眼睛，在自然里看到新事物，获得新认识，体验新感受，成为影响他们未来发展的重要因素。给孩子一个丰富多彩的环境，给孩子一个自由宽广的空间，让孩子舞动起来，获得一个灵动的智慧头脑。

唤醒·悟

我有一群好朋友：
我和爷爷、奶奶是好朋友，
我和爸爸、妈妈是好朋友，
我和小明、小兰是好朋友，
我和小猫、小狗是好朋友，
我和小草、树木也是好朋友。
你呢？

给孩子一生受益的性格

优秀的孩子不是天生优秀，而是在后天的生活点滴中，从父母那里获得了良好言行和生活技能的影响和引导后，日积月累形成了良好的品性行为。正如杰出思想家罗伯特·欧文所说的观点：“教育人就是要形成人的性格。”

美国著名心理学家威廉·詹姆士有一句话：“播下一个行动，收获一种习惯；播下一种习惯，收获一种性格；播下一种性格，收获一种命运。”许多人对这句话的熟悉程度就像对身边的空气一样，但许多人也将它像空气一样忽略掉了，觉得就是一句话而已，没有深思它的含义。那么在“习惯”“性格”“命运”这些字眼之间究竟隐含着什么样的深意？孩子的性格与他们的命运之间究竟有怎样的联系？父母对孩子的教育与孩子人格形成之间又有哪些关联呢？

我们的社会是人的社会，更是孩子成长历练的场所。回眸父辈们的人生，芸芸众生在同样的世界、相同的环境里，为什么有人春风得意，有人却无为一生？是智商不高？是机遇不行？还是运气不佳？这些都不是令人满意的答案。

决定人命运的因素是一个多维度、多层面的综合物，而性格是主要因素之一，从英国大文豪狄更斯"一种健全的性格比一百种智慧更有力量"的话中就能看出性格的重要意义。

什么是性格？为什么性格对人的命运如此重要？

"性格"一词在《辞海》中的解释是："性格是表现在人的态度和行为方面较稳定的心理特征，如果断、刚强、懦弱等，是个性的重要组成部分。性格是在一个人的生理素质的基础上，在社会实践活动中逐渐形成、发展和变化的。由于具体的生活道路不同，每个人的性格会呈现不同的特征。"

性格包含了许多社会道德内容，受人的价值观、人生观和世界观的影响，最能直接地反映出一个人的内心风貌。性格是由在后天环境中逐渐形成的稳固的习惯演变而来的，具有双面性，如腼腆与大方、暴躁与温和、豁达与狭隘、勇猛与懦弱等，与先天具有的本性气质有着本质的区别。"性相近，习相远。"本性气质是不容易改变的先天特质，它潜藏在人初生的身体内，通过后天人或环境的影响而逐渐被激发并形成各自的习性。"近朱者赤，近墨者黑。"父母用良好的环境影响孩子，就能促使孩子形成优秀的性格特征，为人处世时如鱼得水。**值得父母注意的是，孩子后天形成的主体性格特质一定是善德为上。"上善若水，厚德载物"才是孩子成就美好人生所需的胸怀与品性。对孩子最普遍、最重要的影响因素，就是父母日常生活中的言行举止及为人处世的态度。父母高尚品性的影响是孩子一生福祉的保障！**

一位妈妈曾对我这样说："有一天，文静温和的女儿（2岁半）突然跑到我面前，叉着腰，用手指着我说：'听到了没有，不按照我说的做，就把你的东西扔掉，给乞丐。'当时我蒙了，怎么回事啊？仔细想想，这是我以前曾对孩子说过的话，她今天用到我身上了。这件事对我触动很大，也让我懂得了一个道理：环境造就人，环境改变人。我们的环境，尤其是大人的言行，对孩子性情的影响是非常巨大的，它会让小孩子成为天使，也会让小孩子变成魔鬼。"

很高兴这位妈妈从孩子的表现中及时获得了自己的养育感悟。在这种感悟思维的支配下，这位负责的妈妈用良好的言行影响着孩子，从而使不到3岁的孩子能够懂得分享、懂得感恩、懂得照顾长辈、懂得自己看书学习……这一切来自于妈妈的学习和改变!

当父母对着孩子这面“镜子”的时候,一定会看到自己投射在上面的影子——孩子的言行就是父母养育的结果。影子的正与歪主要取决于父母自身的好坏。孩子会把从父母身上获得的影像印刻在自己身上,成为自己处世的一种“能力”,他们不管这种“能力”的优劣,都会照搬到日常生活当中。小孩子的这个影印过程是悄然的、不知不觉的,是养育者不容易觉察到的。所以,我们言行中的“无意之失”很可能对孩子造成不可磨灭的影响。虽然人世间好多事情无法做到完美,但只要养育者不断地自省,尽可能地完善自身的言行,就一定会有美好的结果。如果我们期待着孩子是早晨初升的太阳,那么我们就不要是漫漫黑夜;如果我们期待着孩子快乐上进,那么我们就不要消极低沉;如果想让孩子懂事,我们就要先明理。

法国作家让·克罗杜说:“从我们的幼年开始,每个人的身上就纺织了一件无形的外衣,它渗透于我们吃饭、走路以及接待人物的方式之中。这件外衣就是我们的性格。”我们在现实生活中常常被某个人的性格所吸引,尤其是那些积极向上的人,就像俄国文学家陀思妥耶夫斯基说的那样:**“唯独具有最高尚的和最快乐的性格的人才会有感染周围的人的快乐。”**这样的人内心是善良、阳光、充实的,他们有改变自己心境的能力,能通过自己的言行影响感染他人,这种向上的性格会使人生充满光明。

性格是一种生命的力量,凡是成功的人,在性格上都有很多相似的特质。培养孩子具备优秀的性格,是养育者重要的养育职责,也是孩子未来不畏艰难、充满活力、成就自己的良好基础。

性格具有两面性,积极的和消极的,它们都是影响孩子行为的重要因素。性格能调节孩子活动的方式方法,影响孩子学习生活的状态。在上一节中讲到的小女孩,在妈妈严格的管制下形成了“胆小、懦弱、呆滞”的性格,跟她交流就像面对着一个尚未成年的孩子,她总是唯唯诺诺的,没有年轻人应有的生命张力。她自己感觉很辛苦,如果不尽力改变,她今后的人生将会经历异常煎熬的心灵磨难。她告诉我，妈妈只关注她的学习和成绩，整天唠叨不停，因此一到考试，她的大脑就混沌一片，连平时会的题目也做不出来，自己焦虑得不行，却没有胆量去和妈妈交流这些，更没有勇气去做自己心中希望做的事情。而这位妈妈在“明白事理”后，却也于事无补，后悔不迭。可见，妈妈不当的养育行为给女儿的性格造成了不良影响，而消沉的性格必定给女儿的人生带来沉重的负担。

那么，我们该如何让孩子拥有受益一生的性格呢？

每个人都拥有不同的先天潜质，养育者要发现这些潜质，结合孩子身心发展的规律、特点，有计划、有目的地对孩子进行系统的引导培养。

1.注意关键期，把握时机，奠定早期发展基础

孔子说：“少成若天性，习惯成自然。”这句话告诉我们，孩子越小(6岁之前)，他们的感受性越强，可塑性也越强，在此时对他们进行行为和品性的训练，会给他们后期的发展打下坚实的基础，他们定会受益终生。这与西方心理学所主张的抓住孩子成长早期的关键期理论不谋而合！

“磨刀不误砍柴工。”良好的习性是孩子自我发展的最好的根基和动力源，是在任何课业中都得不到的宝贵能量，若在上小学之前使孩子具备了这些能力，小学阶段的课业学习对孩子来说也会是轻松自如的。

孩子3～6岁这一时期，通常被称为“潮湿的水泥”，是孩子塑造性格的最重要的阶段，孩子大部分的理想和生活方式也都是在这一阶段形成的。因此在这段时期，父母一定要遵循孩子成长发展的规律，给予孩子最需要、最适合的养育指导。中国有句俗话：“幼则束以礼让，长则教以诗书。”这是说孩子的早期教育是对其进行行为规范及品性的教育和训练，在良好习惯和品性的基础上去开发孩子的其他能力，以确保这些能力的正向性，也符合社会进步的规律要求。

2.科学的培养目标和养育思维

许多年轻父母在孩子一出生就寄予孩子许多“希望”，但这些希望不会因为父母美好的期待就会自动达成，而是需要用科学的养育方式培育来实现，需要父母步步为营，协助孩子夯实发展基础。那些对孩子的错误养育方式，会让养育者很辛苦，同时也会毁掉孩子的美好未来。

一个活泼可爱的小男孩，是父母的掌上明珠。自家的孩子自家爱，父母认为孩子很聪明，也看到许多孩子从小被逼迫在各种学习压力中，于是下决心一定要让孩子有一个自由、快乐的童年，只要身体健康、玩得快乐就行。在上学之前对孩子完全是自由散养的，没有进行任何习惯能力和行为的引导培养。当孩子走进学校后一切问题都显现了：孩子原来的“聪明劲儿”不见了，孩子没有学习能力，不能适应老师的讲课方式。因此，在得不到鼓励且没有信心的情况下，孩子对学校、学习产生了抵触情绪。妈妈焦虑万分，后悔莫及。

在学前，孩子是父母心中“聪明可爱”的好孩子，在孩子成长早期，父母也总是被“自我良好”的心态和孩子一些浅显的表现所蒙蔽，认为孩子会背“疑是银河落九天”、会算“1＋5－2＝4”、会说苹果是“apple”就是聪明！**然而，父母并没有察觉到这种“聪明”的真伪，不明白这仅仅是孩子的一种模仿记忆特性而已，不是绝对性的长远发展所需的基础能力。**因为许多人弄不明白“聪明”究竟是何物，是如何得来的。

“聪明”是天资高、感官灵敏、记忆和理解力强的统称，是内在心智成熟的综合体现，通过实践历练能获得提升。许多养育者由于对“聪明”的误解，让孩子失去了上学前最关键的奠定智力发展基础的好时机。

3.科学养育

新时代的孩子金贵，新时代的父母也有个性。妈妈们更是爱心满满，充满了创新养育孩子的激情。

在婴幼儿时期，孩子成为父母的“宝贝宠物”，在“快乐好玩”中，在精心呵护中，孩子不知不觉失去了许多锻炼基础能力的机会，而同时产生的是父母对孩子的“溺爱”问题。尽管大家都知道溺爱的坏处，但在孩子可爱身影的“魅惑”下，在孩子或撒娇或要挟的“伎俩”下，许多人还是不知不觉被牵制到了这个养育误区中。家长们应认真反思自己：我们是否该给孩子经风雨见世面的机会，让他们学会拼搏与顽强？我们是否要给孩子独立做事的机会，让他们能独立思考？我们是否应对孩子说“不”，让他们懂得珍惜？我们是否应该鼓励孩子跌倒了自己爬起来，这样他们才能坚强？我们是否要在他人面前给予孩子生命的尊重，这样孩子才会自信、自尊？……总之，应遵循孩子成长发展的规律要求，给予孩子必要的成长锻炼。

4. 良好的心灵交流渠道

沟通交流是人际交往中非常重要的能力，父母与孩子之间良好的交流，就是孩子最好的历练时机。

良好的沟通交流，是父母与孩子之间保持思想和心灵通畅的最好方式。父母可以通过交流将自己的关爱和思想传递给孩子，而孩子也可以通过交流将自己内心的需求和感悟传递给父母，以使父母对孩子有一个全面的了解，及时调整养育方式，保障孩子成长发展的顺畅，避免孩子因为父母养育行为不当形成不良的性格。

孩子成长早期，是许多性格特质奠定的关键时期，尤其需要父母对孩子进行细致渐进的、面对面的引导，与孩子进行良好的心灵沟通。不要认为小孩子还小，跟他们说他们也听不懂，更不能大意地姑息孩子显现出来的霸道、无理、懒惰、害羞等“小毛病”。正因为孩子小，所以与孩子的交流需要根据情况制定特定的方式方法，迎合孩子年龄特性的特殊需要。

5. 注意保护孩子的“初心”

教育家陶行知先生曾说过：“儿童学者告诉我们，凡人生所需之重要习惯、倾向、态度多半可以在 6 岁以前培养成功。”由于幼儿时期是孩子性格品质形成的重要时期，可塑性极强，因此父母要特别注意孩子某种行为养成的“第一次”，一定要给予孩子正向的引导。很多行为的“第一次”做得好，以后就会很顺畅；“第一次”做错了，改正的过程不仅要花费父母巨大的时间、精力和金钱，而且也会令孩子付出难以想象的辛苦。许多现实事例告诫我们，很多人即使知道自己对孩子做出了错误的养育行为，因为改变起来很艰难，最后只好无奈地叹息一声——放弃！

俞敏洪先生面对上述现状发出这样的感慨：现在的父母通常只做两件事情——一件事是在孩子 1～8 岁的时候把孩子当宠物养。这个阶段是孩子形成行为习惯、思维习惯的时期，但是，很多家长不注重孩子良好习惯的养成，只顾自己好玩。结果，到 8 岁以后再做第二件事——不停地纠正孩子，但是却发现已经非常困难了。如果能用前十年时间帮助孩子走上正道，这个孩子一辈子基本上就不会出事，也会有所成就。

阳光雨露

事实告诉我们，孩子优良品性的培养不是几个词汇就能诠释的，也不是靠几个教育方法就能培养好的，它是一个综合的养育体系，是连贯施教的结果，既要关注整体，更要注重走好每一步。只要单个行为素养培育得扎实有效，按规律坚持下去，孩子最后的成长就会圆满。因此，养育者只有顺从孩子发展的规律，顺从人性发展的特点，顺从科学的养育法则，才能保障孩子的各种素质协调均衡、全面持续地发展。

唤醒·悟

第四章

影响——漫步前行，润物无声

好雨知时节，当春乃发生。

随风潜入夜，润物细无声。

这是我非常喜爱的杜甫的诗词《春夜喜雨》。它带给我无限的遐想：冬去春来，在禾苗即将苏醒过来的春天的夜晚，雨滴随着春风悄悄地飘落而下，柔和地、不知不觉地润泽了大地万物，使它们焕发生机。这多么像小婴儿需要的“天使妈妈”的爱——柔美无私、润泽无声！

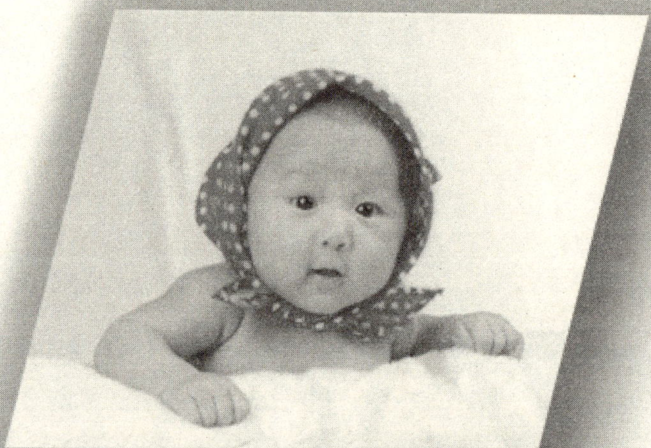

妈咪！妈咪！

陪伴·等待·希望

——养育孩子三要素

每当立春节气到来的时候，新的一年又要开始了。我的心中又充满了期待：期待着春风吻上我的脸颊，期待着垂柳冒出嫩绿的枝芽，期待着小燕子的声声呢喃，期待着夏花烂漫，更期待着秋天硕果挂满枝头……期待给了我们激情、活力与希望，那是多么美的一种情怀！365天，我们就在期待中慢慢地前行着。正如法国作家大仲马所说的："人类所有的智慧可以归结为两个词——等待和希望。"

就像我期待春天的到来一样，面对初生的小婴儿，我相信每一对父母的心中一定充满了更加美好的憧憬和期待：期待着他快乐、健康、优秀、完美；期待着他聪明、有智慧；期待着他能考上好大学，有份好工作；期待着他生活幸福，美满如意……美好的期待装满了我们的胸膛！

对孩子的期待总归是想象的结果，它不会像春天那样不请自来，需要我们用自身的能量协助那个什么也不懂的小家伙自己去体验，去思考，学会独立，直至长大成人，这就是父母养育孩子的艺术，它是人类所有活动中最值得付出精力和时间的地方。就像德国哲学家康德说的那样："人类之发明中有两件事最为困难，一为政治的艺术，一为教育的艺术。"父母对孩子的养育是人生中必须经历的过程，既短暂又漫长，既简单又复杂，充满了挑战性，它被哲学家上升到了一个艺术的层面，被教育者称为"事业"。

但现实似乎总愿意和我们开玩笑，这么重要的事情却被"简单无意识的迷雾"遮盖住了本来面目，许多人误以为自己的婚姻和对孩子的教育就是一种顺势而为的人生过程——自己到年龄了找对象，结婚，生孩子，然后给孩子吃喝穿戴，送孩子上学……我们基本是参照周围人的行动而进行的，尤其是对孩子的养育，如果问孩子怎么才能养育得更好，恐怕许多人是很难有条理地回答出来的。在漫长的成长过程中，没有人告诉过我们自己是如何成长的，我们也不知晓自己是怎样长大的。大多数人没有进入一个自我体验感知的状态和境界，也就不知道如何回忆和审视自己的成长过程。那么，借鉴我们成长的过程来养育好孩子就更无从谈起，这对于一个生命的成长来说是很不幸的。不知就会无畏，不思就会无为！

孩子的成长是一个漫长的、持续的过程，它需要真实生活的滋养。父母在家庭生活中对孩子实施的动态的自然影响和引导、父母自身的生活姿态是对孩子品性及能力发展的最好的教育。

《第56号教室奇迹》的作者雷夫老师（美国）讲过一个真实的故事：他的班里有一个父母关系非常不好的孩子，受到父母的影响，他在潜移默化中形成了扭曲的家庭观念：家就是父母打架的地方，他讨厌家，一辈子都不愿意结婚！

如果我们遇到这样的孩子怎么办？可能会是话语关心、物质帮助或心理疏导……这样的方式对孩子的帮助也仅仅是暂时的，起到的作用微乎其微！而雷夫老师的做法却非常温暖，充满人情味。他郑重地邀请孩子去他家里住上一段时间。在孩子接受后，雷夫老师仅仅与孩子约法三章：必须按时起床，必须按时休息，必须收拾自己房间的卫生，孩子一一答应。在这期间，雷夫老师没有刻意地安排教育活动，只是把自己家庭最真实、最自然美好的一面呈现给孩子：夫妻彼此恩爱，彼此尊重；孩子之间亲密无间，家庭氛围和睦温馨。大家相互理解，相互尊重，通过平等的讨论处理不同的意见。一段时间后，当孩子即将离开雷夫家的时候，他感动地说："我知道了，家是很温暖的，将来我也要有这样的一个家！"

雷夫老师说："我不会强迫孩子改变，我没有这个权利。我的责任是让孩子自己观察和体验，然后自己得出结论。孩子一直看着你，他们以你为榜样，你要求他们做到的事情，自己先要做到。我还要做到的就是随时为孩子们挺起可靠的肩膀，建立起与孩子之间的信任。我们不需要长篇大论地谈自己有多担当，而是让他们自己把信任放在我的肩上。我在教室里很少说话，教室里连讲桌都没有，我只是在角落里站着，给孩子更多的讲话机会！”

雷夫老师的话让我想到了北京十一学校校长李希贵的事迹：他欣然同意在周末陪同几位学生去天津考察，期间同雷夫一样没有作任何的教育指导，更多的是陪伴与倾听。后来一位参与的学生对他说了这样一句话：“校长啊，上次去天津，您让我们很受教育！”孩子从李校长身上看到了他对学生的尊重、信任、支持与鼓励，这让孩子们倍感亲切与温暖。这种无声的陪伴就是教育，一种高尚的教育——用高尚人格魅力的影响让孩子发自内心地接受教育。这样的教育悄无声息，如春雨般柔和，了无痕迹地直抵人的心灵，浸润着孩子的生命！

教育无小事，教育无大事；教育有法依，教育亦无法依。它就在自然中，它就在生活里。给我们自己一个思考的空间，去掉世俗的欲求，屏蔽从众的影响，抛开行动的盲目，放下心中的焦虑，让我们慢慢地陪着孩子走，你会发现原来一切就是——等待、陪伴、希望、未来！

春雨悠然落，
润泽众物鲜。
成就栋梁材，
寓教细无言。

润物细无声
——教育的最高境界

我曾经遇到过这样一件事情：

一位年轻的妈妈领着一个大约3岁的小男孩在花园里玩耍。花园的小路是用各色小鹅卵石镶嵌而成的，摆成了各种图案，既生动好看，踩在上面，又能锻炼身体。母子俩在上面尽情地奔跑着，玩耍着，嬉闹着。忽然，一些松动的鹅卵石引起了小男孩的注意，他顺手从地上拿起来在手中把玩，一副饶有兴致的样子。

我曾经问过不少朋友："假如你是小男孩的妈妈，你会怎么做？"

有人说："我会告诉他这样做不对，路是大家走的，你不能破坏。"

有人说："我会转移孩子的注意力，用别的事情转移孩子的兴趣，然后把石头放回去。"

也有人说："不就是几块石头嘛，让孩子拿着玩就是了。"

更有人说："跟孩子讲道理，严厉地批评他，并把石子抢回来，放回去。"

那位妈妈是怎样做的呢？

她假装没有看见孩子手里的鹅卵石，然后慢慢地走到缺损的通道前，惊讶地说："哎呀，不好了，我们不能再跑着玩了，这里的路坏了，我们会因此受伤的。其他人走到这里也容易摔倒，怎么办呢？谁能想办法修一修呢？"

然后妈妈对孩子说："你是聪明的孩子，你能帮助大家把路修好吗？"

听到妈妈的话，孩子停止了玩耍，呆呆地停了一会儿，慢慢地走到妈妈身边，把手伸了出来，把小石子轻轻地放在了路上。

"啊，我家翔翔用一只小手就把道路修好了，真了不起！我们的小路又完好无损啦，大家再也不用担心摔倒受伤了，我为翔翔自豪，妈妈相信我的翔翔以后会更加爱护它们的，会做得更好，是不是？"

妈妈拥抱了小男孩，然后母子俩相视着会心一笑，牵着手继续向前跑去……

这就是这位妈妈智慧的教育，她在"无声"中教育了孩子，纠正了孩子的"无意之错"，让孩子愉快地明白了做事的准则。最为关键的是，妈妈的做法最大限度地保护了孩子心灵成长的根基——尊严。解决方式的改变，对孩子的教育结果一定会有所不同。

这真是一位了不起的母亲！

达·芬奇曾经说："母亲，同一个心灵支配着两个身体，母亲的身体状况和饮食营养直接影响着孩子的生理健康；母亲的愿望也不断影响着腹中胎儿，其意志、愿望、恐惧和精神上的痛苦对胎儿的严重影响已远远超过对其自身的影响！"达·芬奇从科学的角度揭示了母亲对孩子影响的实质。

一个生命的孕育和诞生充满着奇幻的色彩。当一个小生命经过千难万险终于安全降生的那一刻，他就是主宰自己命运的主人。他是带着许多潜能力来到这个世界上的，但这些潜能力暂时处于休眠状态，不能直接发挥效能，它们需要被唤醒、被激发，这是小婴孩成长发展的必要过程。这个唤醒、激发潜能的历史性任务必然落到了父母的肩上。父母的责任和使命就是在养育孩子的过程中发现、激发这些潜能力，然后协助孩子将其发展成为自身需要的生存能力。那么我们该怎样去发现孩子的潜能力？怎样做才能更好地成就孩子呢？马克思的话给了我们最好的回答："为了孩子，我的举动必须非常温和而慎重。"

"好雨知时节，当春乃发生。随风潜入夜，润物细无声。"这是杜甫的诗《春夜喜雨》的前四句，抒发了诗人对春夜雨景的美妙情感，该诗对春雨的特点和品性的描写十分细腻、准确。第四句"润物细无声"描写了深夜春雨悄悄滋润着万物的美好景致。

"悄悄地滋润"，让孩子在不知不觉中受到影响和启迪，这就是我认为的在养育孩子过程中最优秀的教育手段。运用恰当的方式方法，让孩子在未感知到压力的情况下，接受潜移默化的引导和教育。回忆自己孩子的成长过程，大部分时间我都是运用了这种方法——悄无声息地使孩子在很自然的情况下接受了我的教育，他没有感受到压力和约束，轻松自如地成长发展。例如：我在新浪博客《计划未来》《在变化中看待以往的语言》《孩子——父母的影子》等文章中提到了孩子读书的故事以及孩子对学习、运动、书法、音乐、象棋等的喜爱，都是在我们悄悄设计与引导下顺其自然得到的结果，尤其是孩子对写作的热爱。记得那是在孩子上五年级的时候，我每天晚上都要坐在桌子前，构思我的纪实小说《母亲的天空》，孩子看到我在写小说后对我说："我也能写，光是我们班级的故事就能写一二百篇，是校园版的小说。"

我说："好啊，那你就开始写吧，我也想看看你们的校园故事。相信一定会很好玩、很有趣、很精彩。我好期待啊！"

说干就干，当晚孩子就把小说的大体框架和其中的人物设计好了，而且非常具有幽默色彩。下面就是他的校园小说《皮小子歪传》中的一段：

诅咒风波

早自习，东方乐义（绰号"小猪"）被冤枉了。

"今天早上早自习又要干什么？"寒假后的第一天，李童一问道。

"除了对寒假作业还有别的事吗？"东方乐义回答道。

冬去春来，寒假后的第一个上学日是快乐的，因为又见到了同学，可以亲切地问一下春节过得怎么样。而寒假的快乐时光也画上了句号。

严肃的孔老师夹着一大摞成绩单走进了教室。这时，只听见教室后面有人大喊道:“呜呜呜……今天回家肯定会屁屁开花了。”

“东方乐义别那么悲观,去年你三科全优。”孔老师的突然开口,吓了全班同学一激灵,“你至少比胡秉精(绰号“狐狸精”)考得好,她去年英语是良好。”胡秉精是我们班的学习委员,她英语考了“良”让我们大吃一惊。这时底下又有人变了声地大喊道:“狐狸精今天回家会被混合双打了! Yes!”

胡秉精是老师最喜欢的学生,一听到有人骂她,老师的情绪立马转了180度,用“狮吼功”吼道:“谁骂的? 站出来!”

教室里立刻鸦雀无声。

“谁骂的? 站出来!”老师又大喊了一遍。

“是东方乐义,他和狐狸精一向不合。”又是那个变了声的声音。

“东方乐义,给我站起来!”

“老师,不是我。”

“不是你,是谁?”

“老师,是我喊的怎么样? 不是我喊的又怎么样?”东方乐义想了想,突然问道。

“如果是你,那你就把上学期的考试重新再考一遍,把第一课抄十遍。如果不是你,那就找出那个人来。”

天哪,十遍,小猪,也就是东方乐义就怕老班的这种惩罚,简直就是酷刑啊!

“我去找那个人!!!”他坚定地说道。

老班走了,小猪马上大闹起来! 这时,从走廊里传来了老师的“狮吼功”:“不想不及格就快找!!!”

这就是我对孩子悄然的影响和引导过程。在这一过程中,我没有对孩子下命令、给指示,而是用自我行动在日常生活中对孩子进行长期的影响,使孩子不知不觉中熟知了我的行为,通过模仿最终将看到的东西演变成他自己的行为举止。尽管随着班级的更换和兴趣的转移,这部小说没有写完,但我对孩子这方面的影响已经形成。孩子在其中不仅锻炼了写作能力,同时也获得了成就感、自信以及敢想敢干的勇气，这对孩子在学校的学习起到了良好的作用。

也许有朋友会说："是否要求孩子做的每件事情，父母都要亲力亲为呢？我们哪有那么多时间和精力，这样不就没有属于自己的时间和空间了吗？再说了，养育孩子也不是一个人生活的全部吧。有了孩子后生活繁杂，事情也多。特别是人到中年，哪还有静下心来学习的心情和精力啊！"

一点儿也没有错，养育孩子不是一个人生活和追求的全部，每个人还要担当起他在社会生活中其他角色的责任和义务，因此需要妥善地解决诸多事务间的矛盾。

就孩子的养育来说，孩子的成长过程存在一种规律，即他的年龄与父母对他教育的时间是成反比的，也就是说孩子的年龄越大，父母对他亲为施教的时间应该越少，孩子自我管理的时间和机会应该越多，直至孩子逐渐走出父母的视野，完全独立。

这个规律要求父母在孩子成长初期，一定要协助孩子奠定好人生自我发展的"第一基石"。尤其是6岁之前，这是培养孩子身心发展以及各种能力的关键时刻，只要父母在短短的6年内根据规律引导孩子正确发展，在孩子上小学后，不但他们的自我发展会快乐顺畅，父母的日子也会过得轻松自如，有更多的时间去做自己的事情。

然而事实不容乐观，在现实生活中，这段时期对孩子心智和综合能力的培养很容易被父母所忽视，父母也很容易出现教育失误。它给孩子所带来的直接后果就是出现学习吃力、自理能力差、交往障碍等状况，而家长则被烦恼、恐慌、焦虑所困扰。一旦出现这种不良状况，父母不但要应对孩子新阶段发展事务的需求，还要拿出更多时间来帮助孩子改掉以前养成的不良习性，许多事情交织在一起，稍有不慎就会让事态更加难以改变，此时最容易令人失去养育心力和耐性，也是作为养育者最艰难的时刻。要知道父母在前期没有打好养育基础，后期养育水准的提升及改变难度是倍增的。而孩子的最终发展结果也没有定数。

在成长过程中，孩子的眼睛无时无刻不在观察着这个世界，特别是自己身边的人，他们的一举一动都会影响孩子的思维观念和行为，孩子们也在不知不觉中不断地模仿着。不知道朋友们是否还记得在2006年春节晚会上牛群等人表演的小品《打工幼儿园》中的情节。孩子们在给牛主任亮绝活的时候所表演的就是自己父母的职业：卖菜人的孩子会算买卖大白菜的账；唱戏人家的孩子会唱梆子腔；习武人家的孩子会翻筋斗……这无不折射出父母自身特点对孩子的影响力。

在中国，老祖宗留下了一句话："龙生龙，凤生凤，老鼠的孩子会打洞。"这句话并非单纯告诉大家有关"遗传"的问题，它更揭示了"孩子是父母的影子"的深刻含义。父母是孩子在成长过程中模仿和学习的第一直接对象，父母的意识言行在很大程度上潜移默化地影响着孩子的一切。

我曾在一部电视剧中看到这样一组镜头：一个快上断头台的"贼恶人"面对众人说出了他的心里话："我爹当了一辈子的贼，我还能干什么？!"巧合的是，我在现实中也接触到了一个真实的例子：一户人家有四个孩子，他们在"贼爹"的影响下，个个是"贼"，个个是出入派出所、监狱的"常客"。这些事例告诉我们：**父母自身的形象、行为，就是孩子人生课本中最重要的"知识点"，这个知识点的好坏直接影响到孩子树立的世界观、人生观、价值观正确与否。**

我曾在新闻中看到一个故事，说的是一个小孩子在玩滑板的过程中，把他人停在路边的一排车划伤了。妈妈知道此事后，带着孩子向车主一一坦诚道歉，送上孩子和自己特制的纸船礼物，并承担了修车费用。车主们不但原谅了孩子，还给了孩子赞许的笑容，有些甚至和孩子成为了"忘年交"。妈妈对儿子说："叔叔、阿姨很宽容，原谅了你。但是你要记住，千万不要把别人的宽容当成自己犯错的借口，要勇于担当，要明白什么叫责任，要懂得感恩！"这位妈妈是有担当的——勇于承担起自己养育孩子的过错；她是负责任的——能够及时以理服人，让孩子认识到自己的错误行为并找到了圆满解决的办法；她是睿智的——用自己的爱心，让孩子形成了受益一生的良好品性和人生观。这位妈妈影响的不仅仅是自己的孩子，众多车主和关注此事的人也经历了一次灵魂的净涤过程。一位当事车主过后说："孩子的妈妈这么做，我很佩服。说句实话，遇到这样的事情，不是每个家长都能处理得这么圆满的。这位妈妈勇于承担，非常了不起。”是啊，这位妈妈相当了不起，她用自己的言行诠释了做人最伟大的本质，是孩子最好的养育者和领路人。

父母的情绪、举止对孩子的发展有着深远的影响，你乐观，孩子就会乐观；你有事业，孩子就会有“事业”；你精神百倍，孩子就会情绪激昂；你的世界变了，孩子的世界自然会改变，不管是好还是坏……

父母是孩子最先接触的人，也是最早走进他们心灵深处和头脑意识中的人。父母的一举一动都会在孩子的心里留下深刻永久的烙印，影响着孩子对生活的态度。说到对孩子的影响，我印象最深的一幕是，我的孩子在填写所有表格的时候，在兴趣一栏中均填写“读书”。这与我们夫妻俩从小给孩子创造的读书氛围不无关系。自从孩子出生，我就有意识地在家里创造读书的氛围。在他眼里，父母一直在读书、买书、送书、写书，家里处处有书，处处能看到书。在他不识字的时候，我们给他讲书；两三岁时他自己“看书”；5岁多的时候，他就能借助字典读成人看的中长篇小说，且不觉得枯燥。每读完一本书他都会记在一个专用的笔记本上，写上书名、书页、读书的起止日期，重复读的也要再记一次。书店、图书馆、车上、床上，处处都能看到他读书的影子。我们给他的礼物是书，他自己想要得到的奖励也是书。到如今他书架上的书籍已经远远超过了我们的，且种类繁多：工具书、课业书、古典名著、文学名著、侦探小说、饮食烹饪书、旅游地图，内容涉及历史、地理、哲学、健康保健、经济，应有尽有。当然也有时下流行的小说、动漫及游戏书籍。他在读过这些书籍后，会在他感兴趣的时候，再反复地读。因为他知道书每读一遍就有一遍的收获，在不同时期、不同状态下会产生不一样的感受。他也知道，读书会使人终生受益，书是人类永远的朋友。在我们的影响下，孩子养成了比较稳定的读书习惯，对他后来的学习、做事和生活带来了不凡的良好效果。

对于孩子来说，父母对他们的影响一旦形成，即使不在他们身边，这种影响依然是存在和延续的，会默默地沉淀为孩子的性格品性。如何让孩子更容易接受父母的引导和影响呢？在与孩子建立了畅通的交流渠道的基础上，其实很简单：**其一，从小婴儿时期开始协助孩子开发好智力，养成优秀的习惯和品性，为**

孩子今后的独立成长奠定基础；其二，努力克制自己的情感和行为，不要在孩子耳边过多地提醒和警告，而是要综合分析孩子身上出现的问题，在恰当的时机用适宜的方法传递给孩子，避免不必要的冲突；其三，要给孩子一定的自我成长空间，随着孩子的成长，逐渐减少对孩子的直接指导，而转为幕后的关注和引导，给予孩子充分的信任、理解和尊重；其四，加强父母自身优秀言行对孩子的影响力；其五，协助孩子获得自己从生理到心理全面成长变化的知识，及时协助孩子处理遇到的困惑、难题，协助他们分析现状、明确因果，和孩子一起探讨学习、生活计划，认真倾听孩子的打算并阐明自己的观点，在与孩子达成共识的情况下，当好孩子践行的"督导员"。

我相信，只要父母真诚相待，孩子在这样良好的养育氛围中一定会健康优秀地成长、发展。因为不管处在什么时候，孩子的内心总是渴望自己是一个被他人认可的好孩子。

阳光雨露

在人类社会这个大家庭里，父母都希望自己的孩子有所成就，都用心呵护养育着孩子，并把自己对人生的理解和诠释作为养育孩子的教材。时至今日，我们最需要斟酌思考的是：我们该如何编写好这本影响孩子一生的"教材"？我们还需要些什么样的编写素材？

润泽·春雨

我张开一双翅膀，飞过那丛林山岗。

我看到山川在微笑，听到大地在歌唱，

嗅到泥土的芬芳……

这是我的向往。

让生命在自然中畅快飞旋

——探索自然教育法

美国教育家杜威说：**“儿童能力初期萌芽是尤其可贵的，我们引导儿童初期自然趋向的途径能固定儿童的基本习惯，能确定后来能力的趋向。”**我国伟大的教育家孔子也说：“少年若天成，习惯成自然。”那么，我们应该用何种方法在关键的儿童初期为孩子奠定好后续发展的基础呢？

周国平先生曾经提出评价一个教育方式是否成功的标准，是看它是否损害了孩子的求知欲。因为求知欲是一切学习和进步的活的动力。周国平先生深刻地道出了对孩子的施教方式及过程中最值得注意的应是施教结果。

孩子的教育永远是一个主流话题，只要想听，随时有新闻，处处有故事。从择校、租房到迁户口、买房，都是为了能和名校为邻，好把孩子送进名校上学，足可以看出家长对孩子教育的重视。这种信奉“名校出才子”的风气显现出部分不理性家长的观念，有人为此不惜破费万金，认为只要孩子能从幼儿园到小学、初中、高中、大学，都上名牌学校，孩子将来一定会前途无量，认为考状元、上名校就是孩子就业成才的保障。因此，家长不遗余力地将时间、精力和财力用在孩子的升学考试上，研究孩子的升学考试知识、应对技巧，孩子也非常努力，力求获得良好的考试成绩。**其实,优秀的应考素质仅仅是孩子在某时期的特定能力,属于综合素养中的一个单方面内容,并非是良好发展的决定性因素。虽然高考成绩结果对人生有特定的影响,但一个高考是不可能决定一个人将来拥有什么样的能力、取得什么样的成就的。走出"高考主义"怪圈,为孩子奠定真正的成才基础是家长和学生都要明确的概念!**

著名教育家陶行知在《育才学校教育纲要草案》中说:"知、情、意的教育是整个的、统一的。知的教育不是灌输儿童死的知识,而是同时引起儿童的社会兴趣与行动的意志。情育不是培养儿童脆弱的感情,而是调节并启发儿童应有的感情,主要是追求真理的感情;在感情之调节与启发中使儿童了解其意义与方法,便同时是知的教育;使孩子养成追求真理的感情并能努力与奉行,便同时是意志教育。意志教育不是发扬个人盲目的意志,而是培养合于社会及历史发展的意志。合理的意志之培养和正确的知识教育不能分开,坚强的意志之获得和一定情况下的情绪激发与冷却无从割裂。现在我们要求在统一的教育中培养儿童的知、情、意,启发其自觉,使其人格获得完备的发展。"

陶行知先生的这段言论很好地诠释了卢梭的一句话:"教育就是生长。"从知到情感再到意志力的能力生长,教育的目的是生长,而不是现实社会中人们常常强调的"考大学""找好工作""适应社会"等狭义说。

孩子的天性是好奇心强、好玩、好探索,这是一种本性表现,是孩子自然发展潜能的最好方式,也是养育者发现孩子天性潜能的最好窗口,还是养育者有意识地培养孩子综合素养或独特素养的基本渠道。目前存在的现象显示,我们的一些教育方式还存在着缺陷,其常规做法压制了孩子的天性,阻碍了孩子的发展。**有成就的人并非都是名校毕业,他们所具有的更多的是创新的能力。因此,养育者在孩子初期能力能承受的范围之内,应极大丰富其生活体验和感受,在激发孩子兴趣的前提下,运用不分学科、不讲系统、不管深浅、不求甚解、不求一次完成的原则,对孩子的成长进行引导,逐步培养孩子良好的基本素养,即:健康的身体、快乐的心境、聪慧的大脑、优秀的品性、广泛的情趣。**

在此我用一个例子阐述一下上面的论断。比如:你把经济学、航空动力学、哲学、法律、历史等方面的书籍拿给刚会认字的孩子看，内容他可能不懂，但其中有他认识的字，最起码他在看的过程中复习了这些字。他知道了这些书中有他认识的字，随着不断重复地看，随着知识的不断积累，他慢慢懂得了这些书籍的内容，说不定还会从中发现自己的兴趣点，为未来的发展奠定基础。

在前面的章节中，我曾提到大自然是成长最好的训练场。那一山一水、一草一叶，都蕴含着无尽的内涵，都充满了无限的情趣。牛顿小时候无拘无束地飞奔在大自然中，接触并热爱大自然，从苹果落地的现象中发现了万有引力；达尔文在自然中认识了昆虫，产生兴趣，最终成为伟大的生物学家。爱孩子，就让孩子投入到大自然的怀抱中去，参与到真实生活的五味中来吧！放开他们的手脚，让孩子的感官充分发挥它们的效能，让孩子们的想象插上翅膀，在自己的天地里自由飞翔。

阳光雨露

经验固然重要，然而生搬硬套也会成为孩子发展的桎梏。教育的一切手段都要遵循孩子成长的规律，遵循孩子生命发展的需要！教室不是孩子生命发展的最佳场所，成绩单不是孩子人生考验的通行证，他还需要接受自然的洗礼与社会的考验——这些都是我们耳熟能详的道理。然而，真正能做到的有几人呢？

润泽·春雨

石猴神圣孙悟空，
一个筋斗云上行。
此番俺也抖一下，
敢叫悟空不敢冲。

“游戏”人生

——在游戏中建造人生根基

相声泰斗马三立先生说了一辈子相声，给世人留下了三个字：“逗你玩。”他老人家用自己一生的辛劳，为民众送去了“听相声的玩”的乐趣。玩，是人人都需要的身心调节剂，尤其是对孩童来说，玩就是一切：玩是快乐，玩是学习，玩是能力，玩是成长，玩是发展！

从小婴孩时期开始，孩子就会借助听觉、视觉、味觉、触觉等感官来熟悉环境，了解事物，探索世界，这一切他们都是在玩中实现的。尤其是 6 岁之前，在各种感官不同的敏感期内，孩子的积极探索行动能对五官及皮肤等起到强劲的刺激作用，促进孩子的智力发展，为孩子将来的学习和人生奠定良好基础。玩是孩子未来完美人生的开始。

央视 2014 年 12 月的一期《青年中国说》栏目中有这样一段画面：一个叫薛来的 22 岁青年这样自我介绍：“宇宙中有一颗以的我名字命名的行星，它叫作 No. 25580xuelai，虽然我 1992 年才来到地球，但是我已经开始着手改变这个星球的未来。”

薛来何许人也？一家横跨三国的科技公司的创始人。他们公司最新发明的产品是一种3D体感追踪器。当年，还在念高中的薛来和同学从电影《钢铁侠》中获取灵感，三个高中生花了一年时间，彻夜在图书馆查资料，研究设计了这款无需触碰、通过手势就可以控制画面的高科技产品。

薛来说："我之所以做发明，就是因为我觉得它们很酷，我要用我的发明把世界变得更酷，希望有一天我能改变这个世界。"

"酷"是当代年轻人最感兴趣的、一种充满个性的自我表现形式。而薛来的这种"酷"就是在从小的玩耍当中成就的。薛来自小体弱多病，妈妈觉得只要他能够生存下来，就心满意足了，所以并没有限制他成长的自由，尤其体现在学业上。正是这种宽松的成长氛围，使薛来能够自由地玩耍，身心轻松，头脑中一直充满了奇思妙想，才能够在《钢铁侠》中获得灵感，在探索中寻找思路，自由地动手搞科研，最终成就了自己。对于薛来来说，这项科研工作是一种快乐的游戏，充满了挑战和乐趣。因此，他乐此不疲地走了下去。

薛来在"玩"中成就了自己很酷的人生事业，他是大孩子的"玩"法。那么对于学前儿童来说，怎样"玩"才能玩出花样和智慧，"玩"出父母的期待呢？

作为成年人，我们永远无法理解玩与孩子成长之间密不可分的关系，永远无法理解玩对孩子成长的重要作用。尤其在如今，孩子与大自然的接触被人为地隔断，他们对自由玩耍的渴望更加强烈。有些孩子对我说的话非常具有代表性："我们就像是一只被装在笼子里的小鸟一样，只能从窗户里看看楼下。""如果我想玩没有被批准或玩得不痛快，即使我坐在那里学习也会心不在焉，一点儿学习的劲头都没有，心里老痒痒。""心里老痒痒"，没错，欲望没达成，心里一定不会安定下来。心不安定，什么事情也做不好。我们成年人不也如此吗？

"游戏是儿童的工作。"英国剧作家、诗人莎士比亚这样说。玩是孩子的天性，是孩子最喜欢的行动，是孩子认识、了解世界及学习的渠道。如果一个孩子在成年之前，没有得到充分的玩的机会，他的人生是很不幸且充满遗憾的。**许多研究发现，有较多机会自由玩耍的孩子，智力更高，身体更灵活，内心更健康，人际交往更顺畅，解决问题的能力更强。这主要是因为他们在游戏中获得了充**

分的感官刺激、情绪体验和思想的碰撞与交流，智力得到提升，思维得到发展，意志力得以养成。孩子在属于自己的玩的世界里获得了自我价值的体现，充分感受到了自我的能力，并因此提升了自信心。

婴幼儿时期最重要的事情就是游戏，在游戏中可以锻炼孩子手、眼、耳、鼻、舌、肢体等的功能，协调各器官与大脑神经之间的信息传递，孩子获得不同的情感体验，德、智、体、美、劳各方面均得到发展。游戏中蕴藏着无尽的奥妙，能唤起孩子极大的兴趣和积极的探索热情，并在探索中获得进一步发展的欲望和动力。德国诗人席勒说过："儿童游戏中常寓有深刻的思想。"许多伟人在玩耍中成就了自己。

当孩子出生后，他们的游戏是吃手指——我要吃。会爬的时候，他们会吃所有在爬行中拿到的东西——这东西能吃吗？会坐了，他们喜欢撕纸、撕东西——这些东西怎么不一样？会走了，他们东瞧瞧，西看看，喜欢掏洞洞——里面藏了什么呀？当年龄再大一点儿，他们喜欢扔东西，喜欢捡拾、把玩任何见到的自己感兴趣的小物件——这是什么啊？怎么跟以前的不一样？……孩子自己就这样参与到了学习中，就这样逐渐地认识了事物，形成了自己的世界观。这期间孩子并不知道这是在学习，只知道乐此不疲地"玩"。因此，在对孩子的早期教育中，养育者最好的教育思维就是正视孩子自然的"玩"，按照自然规律，根据时代的特点，结合孩子所处的年龄和成长期的特点，设计一套现实生活中能寓教于"玩"的游戏，并与孩子同乐其中，这会使孩子顺畅发展，度过一个快乐的童年。

今天"网络游戏"充斥着我们的电脑屏幕，这是孩子们无比热衷的活动，也是商家最乐意投资的项目，但也恰恰是父母们内心深处的痛，有些人甚至为此心力交瘁。

游戏究竟是好还是坏？

加拿大思想家马歇尔·麦克卢汉说："谁要试图给教育和娱乐划个分界线，谁就既不懂教育，也不懂娱乐。"麦克卢汉先生20世纪说过的这句话，给今天处在信息时代的养育者敲响了警钟——**是该正视已经发生巨大变化的今日世界**

了。我们应该重新思考养育孩子的方式，必须进行一个重大的变革，这个变革不是推翻昨天，而是正视过往，总结规律，发现变化——在玩中、在游戏中奠定孩子发展的基础，让孩子在自然的“玩乐”中获得情感体验与满足，获得发展的方向，最终成就自己的人生。

当孩子在成长中获得了充分的情感体验和满足后，孩子就会专注于自己感兴趣的发展方向，就不会贪恋于无聊的、毫无意义的“网络游戏”了。

当今世界已然进入了一个游戏时代。成长在其中的孩子，必定是从游戏中学习长大，而这也符合自然发展的规律。需要注意的一点是：商业游戏与自然游戏有着本质的区别，它们有不同的内容、形式及作用，需要家长针对孩子的情况有选择地引导。选择使用的时候需要把握以下基本原则：

首先，选择能开发智力、提供体能锻炼、满足探索欲望、富有情趣、安全无危险、能多人参与的游戏；其次，不管是最传统的、最自然的、最朴实的、最简单的游戏形式，还是今天时尚的、高大上的网络游戏，只要符合第一条规则，能够顺应孩子的成长规律，使孩子成长达到最佳的状态，就是最好的成长培育。否则，不管它头上有什么样的光环，有多大的宣传效果，有多少人在跟风传扬，都不能采用。

玩不是人生的全部，课业知识也不是。其实两者之间并不矛盾，玩是学习的另一种形式，学习也是玩的另一种形式。玩还是实践课业知识的一种方式，只要合理地规划和引导，孩子一定能顺畅地处理好两者之间的关系。

我曾采访过一些被保送至北京大学、清华大学、香港大学的优秀高中生，他们自由玩耍的时间都非常充足，大多数人没有把自己禁锢在题海中，有些甚至在高考即将来临时，还会请假参加自己喜欢的活动。这在大多数人眼里是不可思议的事情，而在他们的感觉中却是再正常不过的。这个现象值得我们养育者思考。懂得玩和游戏的真正内涵，一切问题都不再是问题！

阳光雨露

为了应对全球化的竞争和压力，父母用无奈的姿态把孩子禁锢在所谓的课业、才艺能力的学习比拼上，剥夺了孩子玩乐和游戏的时间。但我们应该理性地想一想：孩子被剥夺的恰恰是参与竞争最重要的自然体验活动与过程——“玩”。俗话说：“玩成师，苦成匠。”“玩”可以培养出大师，“苦”却只能产生匠才。因此，会“玩”的孩子一定会学，就像过去的爱迪生、达·芬奇，还有今天的薛来一样。

润泽·春雨

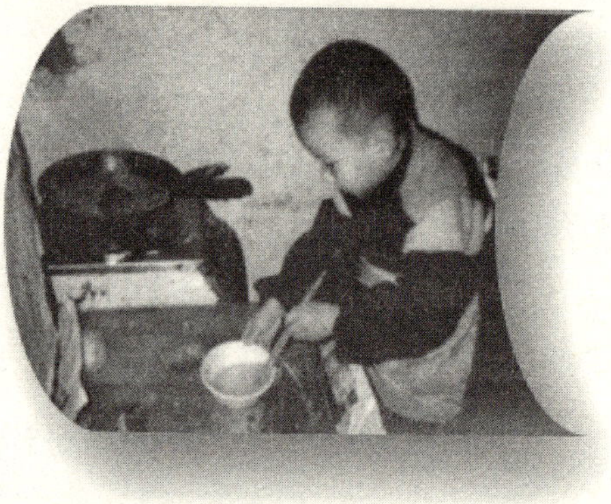

趁着爸妈不在家，
来个煎炒加烹炸。
扎好围裙挽起袖，
做顿晚饭孝敬他。

乐在生活小事中

——生活即教育

我们一切的努力都是为了生活幸福，幸福源于生活，终将回归生活。如果一个人认为家庭生活中的琐事不值得去做的话，那他的日子一定过得不顺畅、不舒心；如果一个人不能从与家人的“闲扯”中感受到温馨甜蜜的话，那他的人生一定不会是幸福的，因为他是个有家有亲人的“孤独者”。

看似平淡无奇的生活其实处处充满了奥妙和学问，如果不用心学习，日子一定不会太好过。比如：如果不懂得做饭，就吃不上可口的饭菜，饿肚子就成了“家常便饭”；如果不会使用工具，不能及时处理好漏水的水管，那可就要“水漫金山”了；如果自己不懂得和家人交流，家庭就不会和睦温馨，自己就很容易成为身心疲惫的“流浪者”……

家居生活就是一个人最好的人生演练场。我们可以用柴米油盐酱醋茶调配出世间数不尽的美味；可以在吃喝穿戴行中变幻出无数的世间风景；可以在煎炒烹炸中发现无穷的奥秘；可以在清扫洗涮中获得无尽的欢愉……这些都是一个人可以在生活中感受到的东西，也是我们成长过程中向生活学习的内容。

陶行知先生认为生活即教育。他说："是生活就是教育，不是生活就不是教育；是好生活就是好教育，是坏生活就是坏教育；是认真的生活，就是认真的教育，是马虎的生活，就是马虎的教育；是合理的生活，就是合理的教育，是不合理的生活，就是不合理的教育；不是生活，就不是教育；所谓之生活，未必是生活，就未必是教育。"他还说："是康健的生活，就是康健的教育，是不健康的生活，就是不健康的教育；是劳动的生活，就是劳动的教育，是不劳动的生活，就是不劳动的教育；是科学的生活，就是科学的教育，是不科学的生活，就是不科学的教育；是艺术的生活，就是艺术的教育，是不艺术的生活，就是不艺术的教育；是改造社会的生活，就是改造社会的教育，是不改造社会的生活，就是不改造社会的教育。"陶行知先生用他自己的话道出了生活教育的实质。

家务家事，虽平常但不平凡，虽重复但有乐趣，看似简单，实则蕴含着深刻的奥妙。它不仅教会孩子生存的基本技能，也能影响他们的人格性情。歌德曾经说过："天才形成于平静中，性格来自于生活的激流。"我们在家庭中得到启蒙，在家庭中获得初生的信息，在家庭中接受生存初始的能力。周围的人都可以成为自己的老师，事事处处都是我们学习的好机会、好场所，时时刻刻都是我们学习的好时机。生活中的点滴信手拈来都是学问，通过实践和思考都能转化成自己生存的本领。

生活教育具有超强的生命力特性，它永远会随着生活的发展而发生变化，同时它还有另外一个更重要的特性：它是绝对不能重复和效仿的，需要每个人都有自己独创的生活准则和发展状态。我们的孩子就是要在生活中学到如何拥有自己独特的未来发展能力。

家是一个人最初生活、生长的地方，没有人否认自己身心发展的基础都是在家庭中奠定的。"龙生龙，凤生凤，老鼠的孩子会打洞。"每个家庭不同的环境氛围，造就不同的人文风气，影响着子孙后代形成不同的人性品格。家庭生活氛围的优劣，家人生活方式的好坏，狭义地说会影响婴幼儿发展的好坏，广义地说会影响整个民族的强弱。这也是我们国家非常关注新时代家庭教育问题的根源所在。2015 年 2 月 17 日，在春节团拜会上，习近平总书记在《关于家庭建设重要讲话》中用“三个注重”全面地明确了家庭建设的责任。第一个：注重家庭；第二个：注重家教；第三个：注重家风。著名家庭教育专家赵忠心教授感慨地说：“我从事家庭教育工作实践30年了，咱们国家领导人在春节团拜会这样一个很正式的场合谈家庭教育、谈家庭建设还是第一次。习总书记把家庭教育提到一个前所未有的高度，令我们家庭教育工作者十分激动，备受鼓舞。”

让我们真正担负起养育孩子的责任，给他们创造一个生命发展最自然、最廉价、最实用、最美好的天空——“书香门第府，高德和睦家”！

附文：

家风如春雨，润物细无声（节选）

阳　光

家风是一个家族盛衰的砝码，在几千年中华文明的发展中，起到了不可低估的作用。

家风的好与坏都会影响到晚辈后代。成长在具有良好家风的家庭中的人，能在家风熏陶下，自然地继承并弘扬祖辈的风采，他们是幸运的。据说，美国康涅狄格州有个叫嘉纳塞·爱德华的人，他创立了讲究道德、注重修养的家风，使得他的家族在长达200年的时间里，出了包括一名副总统在内的许多知名人物，八代人中没有一个被关、被捕、被判刑。而同一时期，在纽约州马克思·朱安的家族里，由于家风败坏，100年时间里的八代人中，竟有300多人成了乞丐，400多人酗酒死亡，63人被判刑，其中7人被判死刑。总之，没有一个有出息的人。可见家风对家族成员的人生起到了重要的决定性影响。因此，为养育好孩子，建设良好的家风是父母必须承担的责任。

家风教育是一种润物无声的教育方式，对孩子的影响却是全方位的。孩子的生活习惯、性格特征、举止行为、为人处世、道德品质、人生观、世界观等各个方面都会打上家风的烙印。所以，长者的首要任务就是要修身，形成优秀的家庭风气，给后者一个良好的生存发展空间。

蔡氏家风

蔡姓出自姬姓，以国名为氏。为周文王第五子蔡叔度之后裔。蔡氏宗亲有两大分支，有世界宗亲总会、中国总会，几乎每个省都有蔡氏宗亲分会。2012年世界蔡氏宗亲总会的宗旨是：坚持热爱祖国，热爱民族以及维护祖国和平统一的原则，秉承中华民族的传统美德，构建和谐社会，弘扬蔡氏文化，传承蔡氏文明，团结蔡氏宗亲，振兴蔡氏经济，整合蔡氏资源，服务蔡氏宗亲，举办公益慈善教育事业。

蔡氏后人不管生活在哪个地方，都要承继蔡氏家族良好的家风，耕读为业，诗书济世，忠厚传家，子孙繁衍，一脉相承，绵绵不息，自强发展。

蔡氏家训

积善之家　庆必有余　为善最乐　福寿双至

为人良善　天必佑之　知错责己　天心相之

仁义礼智　时刻注意　处世从善　安分守己

勿参赌博　坚定不移　勿贪财色　才免忧虑

不事诉讼　和睦乡里　奸雄之人　交之不利

发家致富　多方考虑　勿违法规　财物皆聚

勤奋立业　坚定心志　青壮有为　光耀门楣

富贵分定　各自有时　观其德行　切勿嫌迟

百尺高楼　由地而起　华丽可观　经营伊始

行程万里　跬步开始　年少志大　奋斗及时

欲图家计　各安生意　势在必行　勿失良机

父母恩情　当报才是　人不孝顺　神人责备

尊敬长上　才是合宜　时刻做到　事事有利

教训子孙　攻读诗书　功成名就　流芳百世

家族团结　外侮消除　安居乐业　万民喜气

奉劝子孙　且依本谕　戒哉勿忘　神人共喜

阳光雨露

家是心灵的港湾，爱是滋润心灵的养分；孩子承载着家人的希望，父母是孩子的人生导师，而家庭教育是成就梦想的阶梯。让我们成就自己好父母的身份，创造一个和谐的环境，建设一个美好的家风，和孩子一起成长，给孩子一个美好的未来！

润泽·春雨

我是宝宝小淘气，整天满脸笑嘻嘻。
活泼好动爱游戏，摸爬滚打一身泥。
世界为我变美妙，我把自己变神奇。

敏感关键期孩子完美发展的关键

大自然是神奇的，生存在其中的人类也充满了无限的神秘色彩。有谁能够圆满地说出一个生命的奥秘呢？一个孩子的生命历程充斥着一个个紧密相连的、妙不可言的、神奇的、令人费解的阶段——发展敏感期。处于发展敏感期的孩子，其表现或活泼可爱让人心生爱怜，或童言无忌令人忍俊不禁，有时却又令人忍无可忍地想揍他一顿。总之，此阶段孩子的行为特点是无常态表现！

敏感期也叫"成长关键期"，是指孩子在成长过程的某个时间段内，会对某一项事物特别感兴趣，表现出对该事物的无比热衷。在此期间，他一般不会对其他事物感兴趣。对感兴趣的事情会不厌其烦地重复，直到出现某个新的兴趣为止，这就是孩子的敏感期！

让我们先来欣赏一个处在自我意识敏感期的"小可爱"的故事。

主人公是阳光、雨妈及女儿涵涵。

雨妈说："涵涵，你把手机给我好吗？"

涵涵说："就不！"

“给我吧，我给姥姥打电话用。”妈妈柔声劝说。

“就不!”涵涵倔强地答道。

……

前几天，雨妈与我正在交流家教感悟，涵涵跑过来拿走了雨妈的手机。雨妈用柔和的口气跟她商量把手机还回来，而涵涵则用坚定的语气拒绝。母女俩就这样你来我往折腾了半天，我在一旁忍不住笑出声来。

过后我跟雨妈说：“你说的话，除了第一句给孩子传递了一个信息以外，后面的话就是几个毫无意义的字音而已，你的态度对她无关痛痒。因为孩子在这一过程中，自始至终是坚定地否定你，她的态度很坚定。这样下去会有两个结果：一种是你心情好，不和她计较，不了了之。这么僵持下去，最后你可能被这样的场景逗笑，你传递的信息没有权威性了，你在孩子眼里也没有了威信，会给孩子一个‘妈妈的话可以不听’的潜意识。另一种是你心情不好，演变成‘武斗’，你用呵斥等强硬手段拿回手机。这两种结果都不好，想解决的问题解决不了，反而给孩子带来负面的身心影响。”

雨妈说：“我也发现这段时间她非常自我，说话都是‘我怎么着’‘我不’……她把自己的东西看得特别紧。昨晚，我坐在沙发上有点冷，拿了她的小被子盖了盖，她看到后跑过来说：‘我的小被子，给我!’‘妈妈有点冷，盖一下好吗?’‘不行，这是我的!’前天晚上也是，她奶奶盖了盖她的外套，她跑过去拿下来，放在自己旁边。这让人很纳闷，她前一段时间还不这样呢。”

在现实生活中，3岁左右孩子的身上经常出现这种情况，常常被大人误解为“小气、不乖了”，涵涵也正处在这一时期。这一时期的孩子开始逐渐把自己作为主体从客体中区分出来，心理学上称这种意识为“自我意识”。孩子从知道自己的名字过渡到能掌握“我”这个代名词，也就是说把“涵涵”(名字)、“我”和真实身体三者归一了，知道这三个是一回事了。知道了“我”就是她自己，“涵涵”就是她自己，她自己就是“我”“涵涵”。所以也就知道了涵涵的衣服和被子是涵涵用的。在这个场景中，孩子的表现绝对不是大人认为的“小气”，而是孩子在行使对自己物品的拥有权。大人“不遵守规矩”的随意行为，让孩子感到不解——你们怎么用我的东西呢？这是我用的，你们应该用自己的东西。此时的孩子正处在物权意识确认关键期，加之她的思维还是定向和窄小的，还不知道“互助”“互用”“公用”等概念，不知道彼此之间可以互借这些物件以表达关心和亲情。

所以，不要给孩子戴上“小气”的帽子，更不要力图说服或用武力让孩子屈服，否则在这样的熏陶下，久而久之孩子就真的会形成“小气”“自私”或“粗暴”“易妥协”的性格了。

其实雨妈可以这样引导，当涵涵拿走小被子的时候，雨妈可以这样说：“对不起，妈妈没有经过你同意就用你的东西，我现在还给你。但是你拿走了它，妈妈会很冷，涵涵看怎么办？你帮妈妈想想办法。”然后引导着她去找别的替代品，如妈妈的衣服或被子等。即使孩子把你床上的大被子拖出来，你也不要责备她，要感谢，要真心地感受并表露幸福的感觉。但过后，要告诉孩子大被子是在床上用的，这样在地上拖拽会弄脏的，如果想拿给妈妈，可以找人帮忙。也可以引导孩子去拿小一些的替代品。另外，还可以事先准备一些小物品供孩子使用。

这样做有几点好处：

1. 尊重了孩子的行为，孩子会更信任父母，也会更加拥有安全感。孩子全身心地关注属于自己的物品，只有自己的物品完全属于自己，才有安全感。这也是孩子3岁左右处于“缺乏安全感”这一敏感期的表现——对自己物品的绝对拥有权。**在此时期，“占用”孩子的物品，或说“你要是这样，我就不要你啦”“再不听话，就把你送人”等吓唬孩子的话，都会给孩子建立安全感造成阻碍和伤害。尤其是“不要你”这几个字，一定要坚决杜绝，特别是对于性格内向、胆小的孩子来说，这几个字令他们伤心、害怕，让他们生活在自卑、无助、恐慌的心理状态中。因此大人千万不要用这样的话来换得孩子暂时的安稳或听话，更不能拿这样的话来“挑逗”孩子，这是拿孩子的良好心态作代价，是严重不负责任的行为。**

2.让孩子学会管理自己的物品,养成自己的事情自己负责的习惯。

3.让孩子学会帮助、关心别人。

4.让孩子从父母的行为中学会尊重他人、平等协商的处世原则。

5.让孩子学会想办法、思考和求助。尤其是学会求助,这点非常重要。很多人不会也不愿意去寻求帮助,感觉不好意思或不想欠人情,这是良好人际交往的大忌,更是事业发展的大忌。

6.让孩子体验做"好"事后的自信和自豪,相信"我能"!

7.让孩子和家人一起享受日常生活琐碎事务的快乐!

生活处处皆学问,孩子的成长处处有奥秘。孩子这样一个小小的举动背后就隐含这么多的内涵,确实值得养育者高度关注。

当孩子有了自我意识后,他们的言行会发生很大的变化,是许多父母认为非常不好带的时期。而这恰恰证实孩子是聪慧的,发展是正常的。父母绝对要认真、科学地对待。

孩子这一时期意识到自己的存在,产生了强烈的要摆脱大人保护、按照自己的想法行动的心态,这是孩子建立自我意识、自尊及自信的第一步。他们的表现就是喜欢说"不",不肯再听从大人的摆布,对成人的指挥和安排表现出越来越大的抗拒性。其实孩子和大人"唱反调"并不是要固执地坚持什么,而是以此来尝试"自我表现",证明自己的存在和能力,是在利用反抗来建立自我存在感——我能做了,不需要你们了,你们不要再来支配我。

孩子出现这些情况是非常正常的。2～3岁左右是孩子第一个"心理反抗"时期,是孩子形成个性的初期关键期,父母一定要认真对待,处理好孩子在这一时期出现的每一件"小事情"。操作过程中除了特殊的问题(尤其是关乎生命的问题)需要及时处理外,其余的事情可以待孩子情绪平和时再处理,要宽严相济,张弛有度。如果父母太严了,用禁止或镇压的方式会让孩子产生反抗行为(或变得消沉);太松了,迎合或妥协会让孩子得寸进尺,学会"拿捏"父母的伎俩。要和谐处理与孩子之间的关系,尽量减少与孩子发生正面对抗,尽量给孩子提供更多发挥其独立性的机会，保护他们的自我意识。比如：他想去雨中玩，就给他穿上雨衣、雨靴，让他去玩；他要炒菜，就在爆锅放上菜后，让他去翻炒；他要自己上楼，你就站在孩子身旁，让他自己上；他要自己拿东西，就让他拿（当然，要注意安全原则）……不要去关注他们当下结果的优劣，哪怕他们把地越扫越脏，东西越整理越乱。**我们注重的是孩子在行动背后体验到的快乐与实践经验的积累，关注的是孩子通过活动获得的感官刺激和智力发展，关注的是在得到父母充分尊重后孩子良好秉性的形成。**

在我和雨妈的交流之后，她对孩子的表现及所处的成长敏感关键期有了新的认识。

敏感关键期是指孩子对某一方面最敏感的关键时期，在适宜的环境影响下，行为获得特别容易，发展特别迅速。每个敏感关键期都是一个时间区域，在这个时间区域内孩子受到内在生命力的驱使，积极用行动探索着世界，他们的自我意识得到发展，表现就是热衷于某个特定的对象，反复不断地探索，乐此不疲，直至完成这个特殊时期既定的目标之后，才会对关注的对象失去兴趣。就像我们常听到有些妈妈说："这孩子最近不喜欢'乱翻东西'了，又爱'摔打东西'了。"就是这个道理。

如果孩子在敏感关键期内拥有自由的环境氛围，兴趣得到充分发挥，就会表现出极强的专注力和旺盛的生命力。他不仅能在探索中认知世界、完善身体机能，还能学会做事，积累经验，磨炼生存能力。当孩子顺利通过这一个个敏感关键期的时候，他的身体机能和心智水平就会从一个层面上升到更高的层面；假如父母因为不理解他的探索行为而强行阻止，孩子会因不被尊重而产生抵抗情绪，或哭闹、发脾气、焦躁不安，或沉默、不理人、冷对抗等，这些情绪会影响孩子身心的正常发展，严重的甚至会出现精神萎靡、情感扭曲等。更可怕的是，孩子的某种天赋本能可能就此被损害，孩子将会错失关键的发展机会，一生受其影响。如果孩子在敏感关键期内的行为被强势阻止，孩子这一时期的发展也会被迫延迟或滞后。虽然在 6 岁之前可通过弥补挽回一些，但在 6 岁之后，某些关键期已经错过了，再补偿难度就相当大了。年龄越大，改善越不易，孩子成长越艰难，父母养育越辛苦。比如：孩子没经历过爬行就直接学走路容易造成感统失调，引起的后续问题就是孩子上学时坐不住、记忆力差、不专注、晕车晕船、恐高等。因此，父母一定要特别关注孩子0～6岁的成长养育。这是奠定孩子各种能力和人性品质基础的最关键时期，切记切记！

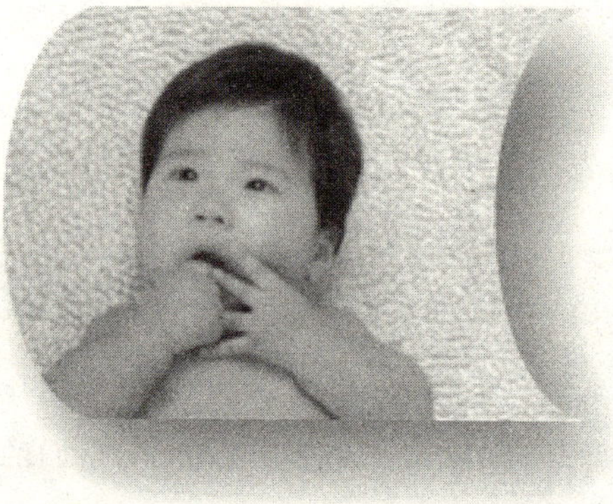

根据意大利幼儿教育家蒙特梭利对婴幼儿敏感期的观察与研究，我们可以将孩子不同时段的发展归结为以下九个方面。

一、语言敏感关键期(0～6岁)

当小婴儿关注大人说话的嘴型、表情，开始牙牙学语时，他就开始了语言发展的历练过程。这是一个从单字到单个词语再到多词语、从简单句到复杂句、从简单模仿到自由发挥以表达自己思想的过程。语言表达水平是随着心智的发展不断提升的，充分的语言锻炼能为孩子今后的人际交往奠定良好的基础。值得关注的是，在语言敏感期内一定要注意从多方面对孩子进行与语言有关的感官的刺激。比如：充分的口唇刺激锻炼咀嚼能力；经常跟孩子说话，给他讲故事；多让孩子听各种声音；多带孩子接触、观察新鲜事物；鼓励孩子多表达自己的想法，引导孩子自己看书、说故事。

二、秩序敏感关键期(2～4岁)

孩子将来一定要生活在集体中，只有尽快适应环境、遵守一定的秩序才能与他人更好地和谐相处。在秩序敏感关键期内，孩子要养成良好的生活习惯，了解一定的交往规则，懂得事物之间的关系。因此，父母一定要给孩子提供一个有秩序的、和谐的环境，以便作为孩子感知各种事物之间关系的基础环境。当孩子在良好的环境中逐步建立起内在秩序时，他的智力也会逐渐发展构建，开始动脑子。一定要注意：**在孩子的秩序关键期内，父母的"指令"一定要精确、果断、有秩序，不能随性地朝令夕改或不遵守制定的规矩，原则一定要坚持。孩子已形成的良好习惯一定要鼓励其保持。在3岁以后，孩子的秩序敏感期会演变为执拗敏感期，如果没有形成良好的秩序感和习惯，孩子容易在此期间形成执拗、任性、倔强的性格。**

今年春节我就见识了一个没有顺利度过执拗敏感期的4岁小女孩的"表演"，真的令人无奈和烦恼。而她的家人却还浑然不知地埋怨说："这孩子太倔强任性了，真没办法。"据了解，孩子的行为一方面来自于部分家人的溺爱顺从，另一方面源自于其他家人不恰当的严厉管教，一严控、一溺爱，孩子生活在"冰火两重天"里，也真是难为这个小小的生命了。

三、感官敏感关键期（0～6岁）

自从孩子出生开始，他就借助眼、耳、口、鼻、舌、皮肤等感觉器官来探索世界，了解事物，促进自我发展。3岁前既是孩子大脑发育的关键时期，也是大脑吸收信息和知识的关键时期。这时候的大脑是一个吸纳、储存信息的"无底洞"，任何进入它感知范围内的信息都会被无选择地吸收进去并储存在深层记忆中，一个特定的时期后就会在不知不觉中释放出来，成为孩子能力的一部分。因此，在感官敏感关键期内给孩子的各种感官施以充足的良好刺激至关重要。

父母应多给孩子提供听、看、说、拿、捏、敲、扯、摔、钻、爬、跳、旋转、摇摆、搭垒等运动探索的机会，以促进孩子躯体各部位与大脑的综合协调能力。

四、对细微事物感兴趣敏感关键期（1.5～4岁）

孩子的心思是非常纯洁和缜密的，因此他们常常会发现一些成年人看不到的微小变化，并专注于对它们进行研究与探索。**我们经常会看到孩子拿着一片树叶乐此不疲地欣赏半天，或者蹲在地上长时间地观看蚂蚁搬家，这时孩子就进入了对细小事物感兴趣的关键期。这一时期的引导关乎着孩子将来对事物的观察力、专注力与分析判断力的好坏。**

对细微事物感兴趣敏感关键期是孩子开始感受微观世界、对极小事物感兴趣的时期，一根头发丝、一张小纸片、一颗小石子、一个小昆虫等都是他们乐此不疲观察探讨的对象。在此期间，父母要给予孩子充足的时间，让他们充分地去体验和感受，要充分尊重孩子的行为，和孩子一起欣赏他捡回来的任何“宝贝”，如小瓦片、小树枝、小石头，等等。陪伴、欣赏与等待是这时期父母最好的养育方式。

五、动作敏感关键期(0～6岁)

“三翻，六坐，七滚，八爬，周会走。”这是常见的孩子动作发展的基本顺序，是一个四肢、躯体和大脑整体发展的综合协调过程。孩子发展的一般规律是从整体到局部、从上部到下部、从中心到四肢、从大动作到精细动作、从无意识动作到有意识动作。每一步的发展都与大脑的发育和智力的开发有密切的关联。这些发展是按照一定规律进行的，孩子不能跨越生长，父母更不能有越级培养的行为。不管是父母有意还是无知的越级培养，都会使孩子错过某个敏感期的发展，还会给下一步的发展造成困难和阻碍。

孩子从早些时期的大动作逐渐发展为精细动作，尤其是手指的良好训练，是奠定孩子聪慧大脑的关键所在。手巧方能心灵，通过对手指的不断刺激，能刺激大脑神经元突触的发展，从而促进更多的神经元之间建立联系，打通更多的信息传递通道。所以，此期间要根据孩子的年龄特点，多开展针对孩子手指精细动作的游戏和活动，如穿珠子、搭积木、捡豆子、掏洞，等等，锻炼手指的灵活性；多引导孩子进行爬行(上下坡、爬楼梯)、跑跳、摇摆、旋转、荡秋千、走平衡木等活动，或者多去大自然中活动。让运动带给孩子一个健康的身体、聪慧的大脑，为未来奠定好的发展基础。

六、社会规范敏感关键期(2.5～6岁)

从2岁半左右开始，孩子已经拥有了较明确的自我意识，下一步的发展就是从依赖父母、以自我为中心逐渐转移到喜欢结交朋友、参与群体活动，这就是孩子社会规范敏感期的开始。孩子开始在自己结交的群体中学习社会规则、生活规范、生活礼节及交往法则等，这有利于孩子形成自律的行为规则，有利于他将来得到顺畅的社会生活及自身发展。

这一时期孩子的对外交往进入了一个新的阶段，与小伙伴之间的关系有了长足的发展，对一些具有社会规则性的东西比较感兴趣，并乐于模仿。父母需要做的就是：**在日常生活、工作中，自觉遵守社会规范，用自己优秀的言行引导和影响孩子，将一些规则融入到游戏当中，让孩子在友好自如的活动中获得启迪和感化。**

比如：当孩子协助家人做家务、给家人分配水果、整理自己的物品、和小朋友一起玩游戏时，父母尽量不要干预，要在保障孩子安全的基础上，让孩子亲自体验，自我调整，自我构建社会性经验。如果孩子出现一些违背原则的问题，父母一定要温和而坚定地加以更正，切忌动武或斥责，防止使孩子产生或强化"胆怯、粗暴、不遵守规则"的负面行为。

就像雨妈说的那样："今天中午涵涵自己脱了衣服非要穿秋天穿的保暖衣，不给穿就大哭。哭就哭，哭也没给她穿。过了一会儿，她的情绪稳定了，我告诉她，一年分春、夏、秋、冬四季，每个季节都要穿适合的衣服，现在是冬天，要穿棉袄，这样做是为了保护我们的身体健康。听我这样说她就不哭了。小小丫头，其实挺懂事的。"**没错，孩子本来就是很懂事的，只是被不懂他们的养育者误解了！当孩子发现父母态度很温和但又很坚定的时候，她就会明白这是原则性的事情，是规矩，是不能破坏的，自然就会很懂事地配合了。**

父母建立规则并坚定地执行，可以避免孩子出现任性、自私、依赖、不遵守规矩等问题。在关键期打好基础，孩子越大，父母就越省心，孩子也越优秀、快乐，这尤其体现在他们以后的学校生活中。

七、书写敏感关键期(3.5～4.5岁)

我不太赞同在孩子手指功能还没有发育好的情况下就开始学习写字，那样会使孩子形成不良的书写姿势。因为手指功能没有发育完好，孩子动作不协调，书写速度及效果就会不好，这容易使孩子产生自卑和焦躁情绪，进而影响以后的学习热情。"磨刀不误砍柴工。"当我们的孩子在语言、感官、肢体动作等敏感关键期内得到充足的锻炼和发展后，孩子的书写能力会自然形成，且发展迅速。在此关键期内，可以让孩子进行画画、画线条、涂抹色彩等练习，锻炼并强化他们书写能力的基础特性。注意一定不能强迫孩子写字、写好字！

八、阅读敏感关键期（4.5～5.5岁）

孩子的阅读训练可以从很早（甚至胎儿时期）时就开始，但那时候孩子的阅读其实是一种游戏，是为了让孩子奠定一种概念，养成一种行为习惯，孩子并不知道这是一种优秀的、终生受益的学习方式。随着孩子自我意识的提高及外部交往的频繁，随着孩子言语的发展及思维的开阔，孩子会逐渐对阅读产生兴趣。这需要父母构建一个良好的阅读氛围，以身作则地用自己勤奋阅读的行为来影响孩子。小孩子在接触文字的时候，是以抽象符号的形态来记忆的，因此父母一定要将文字与实物相匹配，让孩子将抽象符号和实物结合起来，以便于他们记忆。注意：阅读是一个广泛的概念，尤其对小孩子来说，阅读不仅仅是书本与文字，还有自然界的万物。

九、文化敏感关键期（6～9岁）

如果前期引导得好，在3岁左右，孩子就会对书籍产生浓厚的兴趣。随着身心和思维的不断发展，6岁以后孩子就会出现更强烈的探索外部世界、研究各种事物的欲望。在6～9岁的文化敏感关键期内，父母应为孩子提供各种知识信息，为孩子创造各种适宜的锻炼环境和机会，引导孩子奠定好本土文化的根基，然后向外扩展，吸取众家之长。

父母要注意，在各敏感关键期内，一定要保护好孩子的探索研究精神、想象力以及学习兴趣，奠定未来综合发展的能力基础。因此，采用的施教方法一定要能够吸引孩子，不能成为阻挡孩子自由运动、快乐情绪、满足好奇的障碍！一定要把握一个原则：让孩子见到的一切都是自然的、顺畅的。而要做到这一点，养育者必须有意为之——寓教于玩之中！

在这些大的关键期内还有许多小关键期，这将在阳光家庭教育实践指导内部书籍《用行动托起孩子成长的“基石”》中详细探讨。

阳光雨露

在孩子生命的前6年里，他们在积极地探索，寻找着属于自己内心世界的东西，这是很隐秘的。孩子自己没法表述，成人也看不透。因此，许多人常误认为小孩子什么也不懂，从而忽略了对他们人格的尊重和培养。更令人伤感的是，在孩子6岁前，许多促使孩子能力发展的行为，也被养育者误认为是不良的行为而加以制止，以致错过了培养孩子某项能力的关键敏感期。比如：6个月左右的孩子为什么喜欢撕纸？一是为了锻炼手指的精细动作，为以后开发各项与手有关的能力做准备；二是促进大脑发育。孩子为什么喜欢摔东西？因为孩子要听响声，要锻炼自己的手及手臂的功能，要知道这个东西掉在地上会发生什么变化。孩子为什么听不见大人的话？因为孩子专注于自己的世界，要尝试着找到自我，证明自己的能力……因此，父母要了解孩子的成长规律，尊重并满足孩子每一次自然流露的成长需求。

润泽·春雨

点燃一盏香灯，激荡起诱人的芬芳；
放上一曲音乐，诉说着音符的情长；
沏好一杯茗茶，沁润着思绪的灵动；
打开一本好书，带着你的心灵徜徉。

阅读开启心灵智慧之门

当我们把自己看成是一个大人的时候，我们周围的世界就是现实中的样子；但当我们把自己看成是一部书中某个角色的时候，我们的世界就成了一本包罗万象、精彩绝伦的书了。这不正像我们的小婴孩吗？他们眼中的一切事物都是活的，都是他们的朋友，他们用心灵去感受、读懂它们，从中获得最初的感知、感觉与感情。同时这也是小婴孩在告诉我们该如何读懂他们这本“书”！

对那些孩子还没有上学的父母朋友来说，当看到这篇文章题目的时候，也许不会太关注。因为他们的孩子还小，充其量是看看小人书，读读童话，有关阅读的问题好像是大孩子的事情。更何况在现实中，许多孩子的小人书都在“睡觉”！

是啊，没错，孩子还小，他们当然只会翻翻图画书，看看小动物。**但一定要记住，这就是他们的阅读。正是从这样看似简单的“阅读”开始，孩子才会逐渐有所作为，才会拥有将来翻动世界的能量——这一点儿都不虚夸！**

看看雷夫老师说过的这段话，您一定会有同感：“我要我的学生喜爱阅读。

阅读不是一门科目，它是生活的基石，是所有和世界接轨的人们乐此不疲的一项活动。从重要性来考虑，这样的努力是值得的。要让孩子在长大后成为与众不同的人——能思考、考虑他人的观点、心胸开放、拥有和他人讨论伟大思想的能力——热爱阅读是一个必要的基础。”

有一个词叫“阅历”，意思是只有经历过才会有深刻的体会，否则是很难感受事物中的真滋味的。在教孩子读书方面也是如此。**读书是需要长期坚持的、厚积薄发的活动，它的过程是缓慢的，它的结果是不集中的，它的能量作用及显现方式是不明显的（在处理具体事务中顺势显现），是很难一下子就看到结果的。**

更何况许多为人父母者自己本就不是爱读书的人，就更不能体会读书之“三味”，也感受不到读书究竟会给孩子的未来带来什么样巨大的好处了！

就让我们借鉴一些读书的事例，来感受读书的魅力吧！

说到读书，我们不得不提到一个国家——德国。德国可以算得上是一个非常富裕的国家，其民众自觉遵守规则的优秀品质国际闻名，尤其是在二战问题上，他们所展现出来的民族气节，令世人称颂。这个民族的优秀品质，是每个人良好品质的堆积。在今天，令我欣赏的是他们对知识及阅读的尊重与重视。

许多德国人认为通过读书可以掌握更多的学习技巧，锻炼理解能力、独立思考能力，提高解决问题的能力，而他们主动或终生学习的想法，使他们喜欢书籍，不断地去阅读，这形成了一种良性循环。他们认为，那些有价值、有深度、值得思考的文学作品，能使身心达到宁静致远的境界，是他们最喜欢阅读的。

德国人究竟多么重视阅读？让我们来看一组数据：德国有70%的人喜欢读书；只有8000多万人的德国，书籍年销售总额约96亿欧元；德国拥有7700多家书店、1.4万个图书馆，还有流动图书馆、二手书免费书报亭等；德国几乎家家都有书架，人均藏书100多册。他们说，一个没有书籍的家庭，就像房子没有窗户一样。他们的孩子也是从出生起就开始了阅读之旅，父母给孩子最珍贵的礼物就是书籍。这就是德国人的阅读世界，也正是这种正确的阅读，造就了一个优秀的德意志民族。这表现在他们的人性品质和生活姿态上，还有他们所生产的产品上。

“书籍是人类进步的阶梯。”这是高尔基的名言，似乎所有人都懂，也都认可。不过在我们周边，真正能将其延伸到行动上的人恐怕不多。中国先圣们在几千年前发明了纸张，改变了世界文化传播、传承的方式，为人类做出了重大贡献。但是今天，在这样一个文明优秀的国度里，喜欢阅读的人数与很多国家相比却相差甚远。就普通家庭而言，美国儿童平均读书量是中国儿童的6倍。

人们都在说：“改变，从阅读开始。”许多家长为此给孩子购买了不少儿童读物，期待着孩子能够喜爱上阅读。问题是我们要如何“操作”才能让书籍不再蒙尘，让书籍为孩子所用，让孩子真正从阅读中获得乐趣和力量，这才是我们给孩子购买书籍最重要的目的。

只靠期待是绝对不会让孩子喜欢上读书的，没有方法孩子也一定不会懂得书籍字里行间包含的意义。尤其是在电子书泛滥的今天，本来就不太喜爱读书的人们，对纸制书籍的青睐就更少了，大家似乎习惯了快餐式的阅读，尤其喜欢短小的文字。尽管看似增加了阅读量，但阅读的深度和广度却得不到保障，这非常影响孩子思维发展的广度、深度，这也是目前许多家长担忧和感到束手无策的事情。

那么，我们应该如何引导孩子从小喜欢上阅读呢？

朱熹老先生曾经说过：“读书有三到，谓心到、眼到、口到。”“读书之法，在循序而渐进，熟读而精思。”相信大家都能从中感受到朱熹老先生对读书方法的解读。他还说：“读书之法无他，惟是笃志虚心，反复详玩，为有功耳。”这句话告诉我们，阅读是一个积累的过程，要宁静致远，反复阅读，久之就会有成就。其中讲到了一个“玩”字，这真是一种巧妙的思维方式。拿到今天的社会同样是真理妙为，我们一定要懂得如何带着孩子们“玩阅读”。

犹太人为了让孩子喜欢读书，在书上刷上蜂蜜让孩子舔。我们权且不管这个故事的真假，但犹太人喜爱读书是不争的事实，他们会想尽一切办法让孩子爱上读书。因此犹太人在世界各行业中能人辈出，成绩惊人。犹太人和德国人一样，对孩子阅读的引导和影响从孩子出生时就开始了，这与我对孩子的阅读影响教育不谋而合。我和孩子的阅读生活，是在孩子刚刚有生命特征（胎动）的时候就开始了。那时我每天坚持听胎教音乐与朗诵，并和胎儿用抚触及语言进行交流，告诉他我看到的一切景物。我想这应该算是最早的“阅读”吧！

孩子出生了，当孩子平静地度过了新生儿期开始活动的时候，我伴着胎教音乐，和他一起开始“阅读”。每天当小婴孩睡醒的时候，我就会放一些儿歌或是童谣给他听。每天睡觉前，我的任务就是和孩子一起阅读“睡前小故事”，欣赏大图片、字少的图画书，并用讲故事的方式引导孩子去观察画面。孩子1岁多了，我们开始拿着图画书、故事书，用手指着书中的字一字一句慢慢地读，表情和语调也会随着内容的变化而变化。不久以后，突然有一天，孩子也会照着我的样子给我们讲故事了：“从前，有一只小蜜蜂叫玛雅……”**听着孩子那稚嫩的声音，看着他丰富的表情和一板一眼的样子，我内心充满了喜悦和激动，心情也豁然开朗——原来孩子已经“认识”这些字了，科学地说，是记住这些符号了，孩子在“有感情、分角色”的阅读中，明白了这些语句包含的表情和情绪。**

于是我们继续着这种学习方式，每当孩子能够顺畅地指读小故事书中的内容时，我就会再换一本新的故事书。孩子也会饶有兴致地指出书中认识的字来。就这样，当孩子3岁左右的时候，他就轻松地、不知不觉地认识了很多字。当孩子5岁左右的时候，他就会借助字典，看普通的文学作品了。在小学四年级以前，少儿图书馆里他喜欢的书籍几乎都看遍了，有的甚至反复借阅多次，孩子在这样的阅读中积累了大量的信息。随着他年龄的成长、经历的丰富，思想也得到不断的升华。孩子每天饶有兴致地沉醉在书籍的世界里，他随身带着书，在公交车上、在公园里、在等待中，随时拿出来翻看，自始至终没有觉得这是一种负担。随着时间的推移，孩子阅读的广度和深度逐渐增加，现在孩子已经懂得了去哲学思想中寻找自己需要的东西，这将为他今后的人生奠定非常坚实的思想基础。书成为了他生活中不可或缺的朋友，读书成为了他生活中不可缺少的事情。

在引导小孩子读书的过程中，一定要注意几点原则：

1. 阅读方式的灵活性。任何规定都需要灵活掌握和运用。在物质生活极为丰富的今天，在书籍方面也有不少新的形式出现，人们接受事物的思维和方式也都在发生着变化，所以在我们决定做一件事情之前，一定要动态地、综合地考虑所接收到的信息，才能够获得做好事情的最好对策。读书也是如此！

2.充分利用书籍的功能。根据书籍的不同题材和形式，充分利用好其主要功能。多重题材和形式的书籍都有多重功能，尽量都要接触和使用，不要用此抵彼，那样会失去一些对孩子同样重要的东西。比如：今天的绘本有些不同于以往的图画书，它适合小一些的孩子阅读，不仅能促进孩子的认知、观察、想象、创造等能力的发展，更能促进孩子情绪情感的丰富和深化，会令孩子从精美的图画中获得身心的愉悦，这是值得肯定的优点。但是，孩子不可能仅仅需要这些，随着孩子的成长，文字还是孩子认知世界和表达思想的最好工具，所以也需要提供给孩子有字的图画书籍，而“指读”是孩子逐渐认识“字”的最好方式。不能以为孩子认字了，就失去想象力了，思想就被框住了，这样的想法是非常狭隘和错误的。

3.合理选择阅读书籍。根据孩子的年龄和状态，引导孩子自己选择适合的书籍。最关键的原则是孩子喜欢，当然父母正确巧妙的引导和影响也必不可少。

4.循序渐进的引导方法。由简单到复杂，由无字图画到有字图书，从短篇到长篇。从父母给孩子讲，到慢慢让孩子参与，再到孩子讲给父母听，直到孩子能独立阅读。父母要注意一定不要代替孩子选择书籍，更不能始终陪伴孩子阅读。

5.持之以恒，坚持不懈。书籍是一份精神大餐，需要天天坚持阅读，才能产生厚积薄发的效果。

6.父母自身阅读的影响力。父母自身喜爱读书并经常阅读比任何说辞都有效力。父母阅读的程度就是孩子未来阅读的结果。当上辈们没有留给我们足够的精神文化财富的时候，我们就力争从自己开始，为孩子及后代子孙创造一个“书香门第府，高德和睦家”吧！相信美好的家族文化会因我们而生、而传，会因子孙的优秀而继承发扬光大！

阳光雨露

孩童的内心世界是纯净的，是为获取各种知识、培养各种能力准备的。当幼小的孩子在妈妈的引导下，用小手拿起图画书，像模像样地“读”书的时候，孩子就已经用这种信息语言表达出了他喜爱读书的愿望，希望养育者以极大的热情去关注孩子在书中探寻世界的兴趣和能力。

润泽 · 春雨

第五章

养育的错觉

——妈妈我不需要

太阳每天都是新的，可当面对早晨初升的太阳的时候，我们看不出它与昨日有什么不同；孩子每天都在成长，我们也很难发现他细微的变化，常常有一种“不变”的虚假感觉。直到有一天，我们突然间就发现孩子长大了，这就是一种习惯性的静态感觉，人们常常会被它所蒙蔽，从而做出有悖于自己情感本意的判断和行为！

我就是不服！

改变·发展

有一则《偷饼贼》的故事，作者是美国作家瓦洛尔·克克斯，故事的大体内容是这样的：某晚，有位女士在机场候机，在起飞之前她还有好几个小时的时间。她便在机场商店里买了一本书和一袋甜饼之后找了个地方坐下来。她沉浸在书里，却无意中发现，那个坐在她旁边的男人竟然如此无耻，他从他们中间的袋子里抓起一两块甜饼放在嘴里。她试着回避这件事，避免大发脾气。她读着书，使劲嚼着甜饼，看着钟点，时间一分一分过去。当那个"偷饼贼"继续吃她的甜饼的时候，她越来越气愤，她想："如果我不是这样宽容，我一定打得他鼻青脸肿！"她每拿一块甜饼，他也跟着拿一块。当只剩一块时，她猜测他会怎么做。他的脸上浮现出笑意，并且略带拘谨，他抓起了最后那块甜饼，把它分成了两半。他递给她半块，自己吃了另一半。她从他手中抢过半块饼，想道："天哪，这个家伙还真有点紧张，但却很无礼，他为什么连感谢的话都不说一句？"她没有意识到她已经变得十分刻薄，当她的航班通知登机时，她如释重负地松了口气，她收拾起自己的物品走向门口，拒绝回头再看一眼那个"偷窃而且忘恩负义的人"。她登上飞机，坐到自己的座位上，然后找寻她那本已经快看完了的书。当她把手伸进行李包时，她因意外而紧张得透不过气来。在她手上的是她那一袋甜饼！"如果这是我的，"她绝望地说道，"那么另一包就是他的，而他却尽力与我分享！"太迟了，已经无法道歉了。她是那样难过，那个无礼、忘恩负义的偷饼贼，恰恰是自己！

这是一个流传很广的小故事，描述了由一个小误会引起的一系列心理变化。故事中的这位女士被自己单方面获知的几个表象条件所迷惑，作出了令自己尴尬的判断，进而做出了显得十分刻薄的行为。

看完这个故事后，我陷入了深深的思索：**有时候，在养育孩子的过程中，我们是否也有许多这样想当然的思维和行为？想当然地“为孩子好”的背后，究竟存在着多少有损孩子生命成长的人为因素呢？**孩子在慢慢地成长，每个阶段都有不同的特点。我们的养育思维和行为也应随孩子的成长而增多、而改变。然而，现实中许多父母却没有感知到养育孩子的奥秘：“我不懂，不知道怎么教孩子。”“孩子把我弄得晕头转向了，没法教育了。”……**好多父母就在这样的状态下，继续养育着孩子，想必丝毫没有考虑过用“不懂”的行为会把孩子引向何方！**

就像一位朋友在给我的留言中说的那样：“我刚刚对孩子发火了，真想抽自己。”真想抽自己——这样做对已经发生的事情还有用吗？今后能改吗？现实养育中，两位妈妈的话就是很有代表性的回答：一是，“孩子很黏我，我经常跟她发脾气。”二是，“有时候很累，控制不住自己，发火了也很后悔，但改不了。”

父母关爱孩子、关心孩子未来发展的那颗心毋庸置疑，可是延伸到行动上，我们需要对自身的养育能力进行反思和评判。静静地看看我们的养育行为有没有给孩子造成“成长的困惑”、有没有给自己造成“养育的难题”、孩子成没成为父母眼中的“问题孩子”、父母心目中对孩子还有哪些期待，最关键的是孩子对自己的未来还有没有信心、还有没有积极的生命成长热情！

美国著名短篇小说家欧·亨利曾写过一个小说，名叫《最后一片叶子》，给我的印象非常深刻。故事的内容大体是这样的：一个叫乔安娜的女孩儿生命垂危，医生告诉她的朋友，药物对她已经没有作用了，需要乔安娜自己坚定信念。她的信念越坚定，生存下去的希望就越大。但是乔安娜却把自己的生命和常春藤叶子联系起来，她为窗外一棵常春藤的叶子随着秋风一片片地飘落下来而伤感。随着叶子的减少，她的身体也每况愈下。当还剩下最后一片叶子的时候，她说：“当树叶全部落光的时候，我也要死啦！”为了让乔安娜重新拥有活下去的信念，老画家贝尔曼在最后一片叶子飘落的夜晚冒雨用画笔在墙上画上了一片永不凋落的常春藤叶子，就是因为这片始终没有掉落下来的“叶子”，乔安娜竟然奇迹般地活了下来。

一片小小的叶子挽救了一条生命。这是一片拥有神奇力量的叶子，它改变了女主人公的心态，她的生命也随之充满了活力；这是一片充满希望的叶子，激发起推动一个生命勇敢前行的巨大内在力。人生可以没有许多东西，唯独不能没有信心和希望。这是父母在养育孩子过程中最应该谨记的养育哲理！

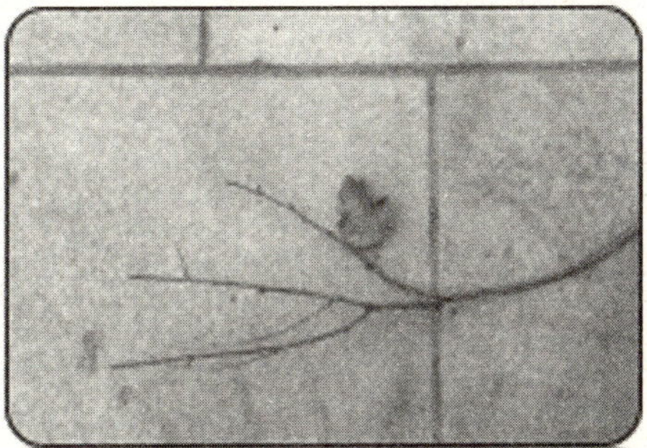

我穿越了一个洞，我纯美恬静；

我穿越了一个洞，我开心好动；

我穿越了一个洞，我好奇懵懂；

我穿越了一个洞，我澎湃激情；

一片红色，一片黄色，一片蓝色……

片片精彩，演绎人生！

养育孩子，父母态度变化三部曲

我们都有这样的体会，每天和小孩子在一起，很难看出他们的一些细微变化。而好久不见的孩子，却总是会惊讶地发现他们长这么高啦、这么会说啦、知道的东西这么多啦。和孩子在一起而看不出他们的变化，大有些“不识庐山真面目，只缘身在此山中”“当局者迷”的感觉。但这种“当局者迷”不是迷在孩子，而是迷在养育者自身。

就像孩子的变化一样，我们养育孩子的思维和言行也在不知不觉中改变着，我们自己也很难察觉。直到有一天，我们从孩子身上反馈回来的结果中才蓦然发现：怎么会是这样？

近几年，我接触的高中学生及学生家长多一些，许多父母与孩子之间或多或少地显现出关系不和谐的问题，有的甚至到了“剑拔弩张”的地步。许多家长辛辛苦苦养育孩子十几年，非但没有获得自己希冀的结果，反而让自己和孩子的关系出现了不可弥补的裂痕。这些不良的关系成为孩子身心成长的障碍，有些甚至严重影响到了孩子的生命。我心疼这些当父母的，他们的全部心思几乎都在孩子身上，比一般人更操劳、更辛苦。**我更心疼这些孩子，他们很无辜，他们的生命生长本不应是这样的，是不恰当的养育方式和不良的影响把他们伤害了。而这种结果的制造者竟然还毫不知晓，依然我行我素，甚至将孩子不良成长结果的责任全部推到孩子身上——“唉，没办法，谁叫咱摊上这么个不争气的孩子。”**

家长辛苦地为了孩子操劳，为什么会出现这样不愿意看到的结果？这是许多父母最想弄明白的问题。“我们很努力了，到底是孩子不好还是我们做错了？真不知道该怎么办了。”这是他们最大的苦恼。感受着这些信息，我陷入了深深的思考……

在工作中经常面对这些问题，我的内心非常不平静，心中充斥着一个又一个大大的问号——怎么办？怎么做才能帮这些孩子重燃生命成长的热情？怎样去帮助这些孩子回归正常的生长轨道？怎样才能让更多的孩子生活在平静愉快的成长氛围里？最关键的是如何帮助父母拥有恰当的养育思维？作为养育者的父母，如果没有这种改变，孩子的生命发展依然会存在许多成长的阻力！特别是在孩子生命初始的前6年关键期里，起到非凡作用的妈妈应该培养起自己优秀的养育思维和能力，**即在整个养育过程中明事理、懂规律、知进退，不要再“无意识”地成为孩子发展的阻碍、做伤害孩子的“好事”。**

在我所接触的许多有困惑（特别是处在青春期）的孩子中，他们的烦恼和困惑多数来自母亲“过度的关爱与关心式的约束”。

著名德裔美籍心理学家埃利希·弗洛姆说过一句话：“母爱的真正体现似乎并不在于母亲对初生婴儿的爱，而是在于以后成长中对孩子的爱。”婴幼儿时期的孩子，需要母亲将爱直接且具体地表现出来，而到孩子成长后期，他们更需要妈妈像“后勤部长”一样默默无闻地关爱他们，这是一个伟大母亲优秀的能力作为。妈妈爱的主旨不变，但是传递方式一定是要灵活多变的！

当一个小生命呱呱坠地的时候，初为父母的人都会被幸福包围着，心中充满了对孩子美好未来的憧憬和期待，许下“一定要养育好孩子”的诺言。

理想很丰满，现实很残酷！当父母真正去面对日常繁杂、枯燥、重复的养育事务时，就不会感觉像想象的那么富有诗意般的美好了。尤其是随着孩子的成长，需要面对和解决的问题越来越多，很多人的耐心受到挑战，有太多的问题不知道该如何应对。就像一些妈妈告诉我的那样："真不知道如何去应对孩子的问题，他们小小的脑袋里装满了鬼主意，我都应付不了了。"是啊，"应付不了"是因为我们不知道孩子为什么会那么聪明，也因为我们还没有能力去应对他们，而他们却懂得如何"对付"我们，因为聪明的孩子已经窥探出了父母在养育能力上的欠缺。

那么，此时养育者最需要做到什么呢？

答案是要理性、细致地对孩子的生命特征作一次完整、系统的预习和了解：孩子前6年是怎么样的？到了青春期是怎么样的？到了高中又会是什么样？上了大学呢？养育者还要了解每一时段孩子的成长状况及孩子所应具有的能力习惯。我们之所以要了解这些，是因为这些是养育孩子所需要的共性的、普遍性的规律内容，对它们梳理及思考的过程既是父母自我成长，懂得学什么、什么时候学、如何学的过程，更是养育思维深化、养育模式逐渐清晰明朗化的过程。一旦形成这种养育思维，就会对孩子的成长养育起到非凡的指导效果！

在现实生活中，为什么孩子在各个阶段会出现如此多的问题和困惑？究竟是孩子成长之过，还是父母养育之失？原因何在？

"万丈高楼平地起。"只有拥有坚实的根基，高楼才能稳固；而那些轰然倒塌的"豆腐渣工程"，就是因为基础没有打好。孩子的成长就像是高楼大厦的建造过程，需要从一开始就奠定稳固牢靠的根基，打好早期教育这"第一基石"。

从孩子出生开始，他们就在岁月的脚步声中，按照自己的发展规律一步步地成长着，不管是婴幼儿期、儿童期，还是青少年期，每一个阶段他们的身心都不断发展变化着，极易受到周围环境尤其是父母的影响，并因影响的优劣程度表现出不同的状态。而随着孩子的变化，父母对孩子的养育方式和态度也应进行调整，以适应孩子不同时段的不同特点。

一部曲　学前阶段——可爱的童年宝贝

父母怀抱着小婴儿，满目的慈爱，满脸的笑意，孩子的每一点儿变化，都让父母产生不亚于一颗原子弹爆炸引起的惊讶。

“哎呀，他对我笑啦！”

“他会翻身了。”

“他会叫爸爸（妈妈）了。”

“他会迈步了。”

“他会说一句完整的话了。”

“他居然画出了一张画。”

……

总之，在孩子两三岁之前，孩子的每一次变化，哪怕是学会了一个词语，都会使大人们惊喜不已，为此感慨许久。一有机会就会将这些好消息与亲朋好友诉说一番。对孩子的热爱之情从此更加深厚，对孩子的呵护更加精心，恨不得将自己的心掏给孩子。此时父母最优秀的品质行为就是对孩子拥有超强的宽容之心，能接受孩子的一切行为，能容忍孩子所犯的一切错误。因此，小婴儿会在父母、亲人赏识的目光中，在和乐、鼓励的氛围里，快乐健康地成长……

到3岁左右，孩子上幼儿园了，每天家长刚把孩子接回来就迫不及待地想知道他们在幼儿园里的表现，孩子也非常愿意把自己所长的见识展示给家人。这时，欢乐、欣赏和鼓励，依然是父母给予孩子最好的成长礼物。三年的幼儿园生活，父母用他们的爱心和耐心，默默地为孩子做着他们认为该做的一切事情：把孩子的画整理成册；给孩子拍照留念；自豪地向别人诉说孩子的成长故事；忙着在孩子的吃喝穿戴上做文章，把孩子打扮得漂亮可爱！在这一时期，孩子尽管会出现一些令人头疼的“小问题”，但转眼就会在父母的脑海中消失，不会引起父母过多的重视。孩子在父母眼里依然是聪明、乖巧、可爱的。只要孩子高兴，只要孩子听话，只要孩子按照自己的安排去做，那些“小毛病”都不是事儿。

即使孩子犯了比较严重的错误，许多人也会以“孩子还小，等大一点儿就好了”“孩子这么小，那些大道理说了他也不懂”之类的言辞和理由搪塞过去或无原则地不了了之。

孩子美好的童年时期就这样不知不觉地过去了，很多人忙于关注对孩子外在行为的培养情况，比如：认识多少字了，会背多少首唐诗了，会多少英语单词了，舞蹈、美术考到几级了，等等。把让孩子学习掌握某些具体内容当成是对他们智力的开发，把儿童时期的孩子都具有的记忆能力误认为是孩子智力方面的优秀。**为使孩子赢在起跑线上，父母带着他们参加各种学习班和赛事活动，唯独忽略了那些看不见的、需要孩子长大才能显现出的、是他们一生成长发展所必需的基础能力的培养，如逻辑思维、独立学习能力、探索创新能力、人际交往能力、知书达理、专注、阅读能力、坚强、机智能力等，从而错过了孩子优秀心智及良好品性培养发展的关键时期。**

心理学和医学研究认为，孩子 6 岁之前的时段存在着许多成长敏感期，是父母为孩子身心成长奠定良好基础的关键时期。这个时期是容不得养育者疏忽大意的，一旦错过了就很难再弥补。即使能弥补一些，这个过程孩子和父母所付出的艰辛也是难以想象的，其结果并不理想。

从情感方面来说，孩子 6 岁之前还是父母对孩子呵护有加的时期。尤其是独生子女的父母和家人，很容易过度关爱和呵护孩子的生活，形成溺爱的氛围。加上周围环境的影响，很容易使孩子养成“懒惰、依赖、享受、任性、强势、无理、孤僻”等不良习性，这些不良习性将严重影响孩子未来对社会生活的适应能力，影响孩子的未来发展。另外，在对孩子过度关爱和呵护的同时，父母自身也很容易形成一种不良的养育行为和精神状态，即对孩子的“关爱依赖症”。就是这种状态给孩子青春期后的成长带来许多阻碍和困惑，这在我所接触的高中阶段的学生案例中，是具有典型代表性的问题，值得年轻家长引以为戒！

孩子上小学之前的时期，是奠定他们各种成长能力基础的最佳时机。孩子的早期养育具有不可逆性。孩子一生的优秀基础得以奠定的关键就在于父母学习科学养育知识、成就自身养育素养和能力后，在家庭生活中对孩子进行影响与引导。“父母是孩子的第一任老师。”这种说法一点儿都不虚夸，这就是家庭养育的实质，是父母养育的责任。

二部曲　小学阶段——懵懂读书郎

转眼孩子到了上学的年龄，背上书包，充满希望，快乐地走进学校，开始了学习生活。他们好奇地审视着周围的一切，心里充满了美好的憧憬，眼睛流露出聪慧的光芒，脸上展现出灿烂的笑容，他们期待着在这个陌生的世界里实现自己心中的梦想。此时，他们心中和父母一样，都装满了美好的东西——新希望、新期待！这是我在儿子刚刚上学的时候，在他们班里看到的情景，60 双眼睛就像天空中璀璨的星星，晶莹剔透得令人心动，这个景致是那么美好、难忘。

孩子走进学校，获得了“少年”的称号。他们要去行使学生的权利，担当学生的责任和义务，去做这一时期应该做的事情，这主要体现在课业学习上。在小学阶段，孩子们不但要学好国家规定的基础课业知识，而且还要培养将来能深化学习的能力及好习惯，继续稳固和发展前期养成的各种习性，夯实人生发展的根基。

孩子身份的变化，对父母的养育素养也提出新的要求，需要父母把养育重点放在培养孩子适应小学阶段的综合能力上，尤其是对孩子独立能力的培养。父母要做的就是多引领孩子去长见识，让他们通过各种渠道感知更广博的知识，以辅助学校教育，提高孩子学习的兴趣和信心。

现阶段孩子在小学的状况如何呢？让我们来一起看看现实中家长的言行：“把孩子交给学校，我们就清心了。”“孩子只要学习好就行，别的什么也不用管。”“上学了，教育是学校和老师的事。”……这些话相信我们都不陌生，有这种思维的家长不在少数。当许多人认为孩子上学后自己可以松口气的时候，接送孩子、辅导孩子学习、参加家长会、接听学校老师的电话、担忧孩子的考试成绩等一系列接踵而来的事情，又使他们刚刚放松的心情变得焦躁不安起来。

孩子的每一件事情都牵扯着父母的神经。尤其是在孩子学习成绩不理想的情况下，父母在初期还有耐心辅导孩子，随着时间的推移，如果孩子的学习成绩还不能发生大的变化，多数人就会失去耐心，对孩子的态度和言辞也会随着孩子成绩和自己心情的好坏而变化：孩子成绩好，就是好“宝贝”，父母眉开眼笑；孩子成绩不好，轻则埋怨指责，重则谩骂责打。加之在小学初期，孩子活泼好动，好奇爱问，在父母心情不好或者无言以对的时候，各种具有负面影响的言辞也会脱口而出：“你怎么那么多问题？”“你真让我丢人。”“你就是笨蛋！”“你这孩子越来越难管了。”“我怎么生了你这样一个让人不省心的孩子？”“你怎么就是比不过人家！”“你怎么就这么贪玩？”……孩子在这样的环境里日复一日地成长着，时间久了就真的会在内心认同“我真的不行”“我是个笨蛋”“父母不喜欢我，只喜欢我的成绩”。也会因此表现出情绪低落、害怕考试、不愿意和父母沟通、害怕回家等现象，严重者甚至会产生厌学、逃学、自暴自弃等行为。**若这种情况持续下去，一方面孩子的自信心会在这样的氛围里消耗殆尽，另一方面父母的养育热情也会逐渐消失。孩子自然就会关闭与父母交流的心门，他们与父母之间的感情鸿沟也会越来越深，这将给孩子以后青春期时的生活埋下障碍隐患。**

小学是孩子集体生活的开始。小学一年级上学期，是孩子奠定学习自信心的基础阶段，一年级下学期是调整阶段，大多数孩子在二年级时就基本实现了小学时期的定位。“万事开头难。”在他们思想意识懵懂和求知欲望不断膨胀的阶段，不管在生理上还是心理上，孩子都需要父母的理解和关爱，他们迫切需要父母悉心的引导，带领他们打开一个个陌生而好奇的大门，协助他们解开一个个解决不了的难题。家长尤其要帮助孩子解决好他们在课业上遇到的学习障碍，这是孩子建立一切信心的保障。**在父母帮助孩子解决课业障碍的过程中，孩子感受到的不仅仅是问题得以解决的欣慰，更感受到来自父母的理解、支持和关爱。孩子心中会涌现出一股坚实的支撑力量，这股力量支撑着幼小的孩子敢于大胆地往前走，在学校的集体生活里历练自己。**

现实中，多数孩子还是生活在传统养育模式或“从众跟风”的养育模式中。孩子这一时期的主要任务还是锁定在课本、作业、考试中，业余生活还是围绕课业学习展开，忙于参加各种“辅导班”“兴趣课”。真正满足孩子心智成长、品性养成的课外阅读、探索研究、交流探讨活动以及参与真正生活劳动、真实社会活动的机会少之又少。孩子原本是一个充满活力的小精灵，经过六年“规矩”的学习生活，多数孩子眼神中的希望之光黯淡了，个性里的纯真和棱角不见了，对生命的热情降温了，这一切都缘于他们身上的负担太重了。我身边不乏这样的例子：多年来，一个佝偻着小小身子的影子一直萦绕在我的脑海里，他是我儿子班里的一个同学。我一直还记得开学初始，他眼睛里充满期待和希望的光芒，记得他那甜美的笑脸和清脆的呼唤：“阿姨好！”时过境迁，小学毕业前，一次偶然的机会，我又见到了这个孩子，他蜷缩在自己的课桌前，目光呆滞，表情木讷。从儿子那里得知，这个孩子的学习成绩一直在班级垫底，老师、同学和他的妈妈都不喜欢他了。现在不知那个孩子近况如何，我依然默默地牵挂着他，在此祝愿他后面的人生是顺畅、美好的！

随着社会的变革、人们知识水平的提高和信息时代的迅速发展，许多人已经开始了新的养育生涯。**不过现实告诉我们，尽管不少人已经意识到了这一点，也在积极地改变，但是想真正拥有良好的、适合孩子成长的养育能力还任重道远，要求养育者不仅拥有科学的养育知识，还要能将其转化成自我养育能力，并付诸行动。这不但需要自我提升的勇气，还需要持久坚持的毅力、理性睿智的思考和耐心细致的实践。这种学习养育知识、培养养育能力的过程，让许多人“望而却步”或“退避三舍”，最终另寻他法（如让孩子上学习辅导班等）。**

家长实在做不到，就得过且过了。就像许多父母对我感慨的那样：“道理我都懂，就是做不到！”“我知道为了养育孩子，父母要学习，但是我就是学不下去！”“我知道要孩子改变，父母要先改变，但我就是改不了！”“我学过不少知识，放到实践中就做不到了！”“唉，先这样吧，过过再说吧！”“我是无能为力了，什么法都用了，顺其自然吧！”

事实告诉我们，拥有这种心态的人是很难审视思考下列问题的：孩子在二年级前，适应环境的能力、集体生活的能力和学习的信心培养得如何？孩子在三年级前，课业学习习惯养成得怎么样？学习方法是否正确？孩子在四年级前，他的课业基础达到了什么样的程度？孩子在六年级时是否拥有了升入中学后需要的独立学习能力和更成熟的适应新环境的能力？这都是为孩子升入初中后学习更高层面的知识应做的准备，也是孩子成长到这一阶段应具备的能力素养。若此阶段没有培养起这些能力，孩子在下一阶段的发展就会遇到意想不到的成长困惑和难题。最为明显的就是，孩子小学成绩非常好，升入初中后成绩落后。

日子在父母的感叹中一天天消失了，孩子六年的小学生活转眼也过去了，就像歌曲《童年》中唱的那样："一天又一天，一年又一年，迷迷糊糊的童年。"许多孩子稀里糊涂地上完了小学，父母也稀里糊涂地当完了小学学生的家长。面对孩子在小学阶段失去的良好培育机会，面对孩子不甚理想的成长结果，许多父母的心思并没有放到养育反思和改变上，而是转向了对新学校的期待中。

这种情况在生活中随处可见。前车之鉴，不得不引起父母的深思！日子还在继续，孩子还在成长，父母何去何从呢？

三部曲　中学阶段——读书张狂少年郎

小学阶段的学习结束，孩子到了十二三岁的年龄，"青春期"来到了。孩子从身体到心理再到思维都发生着质的变化。他们已有了自己的思想和做事原则，心中有了更多属于自己的秘密，不希望他人过多地干预自己的事情。但事实上，此阶段孩子的身体与心理发展水平是失衡的，自身实际的处世能力远远落后于他们的心气程度，由此他们产生了一些有悖于生活准则的言行。这是此时期的正常现象，也是孩子尝试用自己的思维与他人进行交流的历练过程。不管结果如何，都是孩子在成长发展的显现，这应该是值得家长们高兴的事情。

然而事与愿违，面对这时期的孩子，许多父母有点儿不知所措，内心充满无奈和苦涩："孩子太难管了，说理不听，强制不行。""现在孩子不像以前了，说不得，打不得，动不动就和你论理。""孩子身上像长了刺一样。""孩子像火药一样，一点就着。"……这是家长的感慨，他们很无助，进入了养育的"盲区"。而和父母一样，当进入青春期的孩子面对人生第一个大转折点的时候，他们身心发生的一系列变化也令他们感到恐慌、迷茫、焦虑，极易处在一种不合乎常规的情绪状态中。他们也有一肚子的委屈："爸妈不理解我。""爸妈不尊重我，不给我一点儿私人空间。""我的什么事情他们都要过问，真烦人。""整天就知道催促我学啊学的，都烦死啦！""一天的学习很辛苦，但是回到家被父母监督更辛苦，所以还不如不回家好。"……这是孩子们的牢骚，他们也很无奈。家长和孩子各有各的委屈和不满，都感觉自己很无辜。虽然青春期是人类自身发展必经的阶段，青春期的反常言行也并非是孩子有意为之，但对于一些家长来说，他们很难理解和接受孩子的变化。这也是处在青春期的孩子与父母关系出现问题的主要原因。

初中阶段的孩子不仅仅面临着青春期的困扰，在课业上也面临重大的转折。课业数量和难度剧增，学习时间紧张，令很多孩子产生不适应感。加上学校的变动、学习环境的变化、同学人数的增加，可能会使孩子在升学初期出现成绩快速下降的现象。这其实是正常的阶段性波动，是很自然的事情，但却令不少父母如临大"敌"——因为"成绩是容不得半点闪失的"。于是，许多父母采用自己认为正确的手段，给孩子安排一切能够改善成绩的活动，却不知孩子已不似以前那样听从安排了，父母和孩子之间出现了矛盾和不和谐因素，有的甚至"大动干戈"。

初中是为高考奠定基础的重要起始阶段，尤其是数学、物理、化学等具有连贯性的课程，奠定好的基础非常重要。孩子需要被理解、被懂得、被尊重。懂得他们的学习内容发生了变化；懂得初中学习的课业量剧增；懂得孩子需要在短期内适应新的学习环境和老师的教学风格，还要重新梳理和老师、同学的关系；懂得他们的身体和心智正在快速发展，这些发展使他们产生自我意识高涨、爱表现、爱幻想、桀骜不驯、气焰张狂、易冲动、易与人对立、对异性感兴趣等特点，这些变化也使他们自身难以适应；懂得他们更需要父母强有力的支持，需要父母的信任和鼓励，而不是不悦的话语和冰冷的面孔，更不是失望的表情和焦虑的眼神。为人父母，应当懂得这些道理，这是父母与孩子关系融洽的关键，更是父母养育此阶段的孩子应具备的重要养育能力。如果父母不懂这些，彼此之间交流的机会就会越来越少，话语会越来越简单，甚至许久不讲话，一讲话就有“战争”。就像许多高中家长跟我说的那样：“我和孩子没法交流，一开口就是吵架。”“孩子一回到家就躲进自己的房间里不出来，想和他说句话太不容易了。”“说不听，更说不通。”“孩子跟吃了火药似的，一说就开炸。”

这就是许多家长和青春期孩子的生活情景。对于处在早教阶段的父母来说，它似乎很遥远，但是如果我们再不学会“懂孩子”，这些情景眨眼间就会来到大家的面前。

当孩子容易激动、桀骜不驯的初中三年过去后，他们就迎来了沉静思考、自我感悟的“青春后期”。升入高中了，短短一个暑假，孩子就被父母冠上了“都长这么大了”的“青年”头衔。父母无论暗示还是明说“孩子你长大了，该懂事了”，都会让孩子非常不适应——短短两个月的暑假时间，我怎么就一下子长大了呢？就像一个高中女孩回敬自己爸爸时说的那样：“俺才年方二八，怎么就快成了20岁的人了呢？我怎么就不能再玩以前的那些小玩意呢？”有些孩子因为接受不了父母这种急速转变的思维带来的压制，往往会出现一些不合常规的怪异行为，严重地影响他们自身的正常生活及学习。因此，父母必须特别注意并处理好这个问题。

升入高中后，孩子不再那么张狂和躁动了，取而代之的是沉静、敏感、忧虑、烦恼，他们处在许多新的矛盾之中，产生了一些新的迷茫和困惑。他们在不断地思考诸如学业的发展、人生未来、身心的新感受、与父母亲人关系的变化、对异性的情感等问题。他们非常需要父母的指导，但又不希望自己的心思被父母看穿；想获得父母的指点，又不愿意低头向父母请教。他们既需要父母的理解、支持和鼓励，又需要父母给予自己充足的自由和发展空间，真是矛盾重重啊！

孩子的青春期是父母最不容易了解孩子心思的时期，也是孩子和父母之间的关系最敏感和最脆弱的时期。许多父母常挂在嘴边的话就是“真不知道这孩子整天在想什么”。而孩子在此时说的最多的话就是“你们不理解我”。父母和子女之间的矛盾体现在如下几个方面：

第一，“早恋”问题。在孩子高中时期，父母对他们男女同学之间的交流很敏感，很容易给孩子戴上“早恋”的帽子。一旦发现所谓的苗头，便如临大敌，恨不得自己的孩子与异性同学连话都不说一句才好呢，这令孩子很难堪。

第二，课业学习问题。越到高中后期，父母越关注孩子的学习。孩子考试成绩的任何小波动都会令父母心惊胆战，都会给孩子上一次“政治课”，算一笔“情感付出账”。尽管有些父母自以为做得很巧妙，但对于感觉灵敏的孩子来说，他们一定会察觉到父母的这种“伎俩”，太小儿科了。这是孩子最不愿意父母掺和的事情，自然就会产生抵触情绪。

第三，关爱限制问题。高中时期，孩子需要更多自主行动的自由和空间，但许多父母却因长时期对孩子的呵护而形成一种行为惯性，时常会对孩子的事情直接进行干涉。尤其是在说话方面，尽管是无心的，尽管有些话的出发点是好的，但表达方式却让孩子难以接受。就像一位妈妈说的那样：“因为是自己的孩子，所以觉得对她说话没必要绕圈子，总是会不假思索地直来直去，没想到会这么伤害孩子。现在我明白了，我慢慢地尝试着改变，孩子和我的关系也融洽了很多。”

第四，父母言行失当问题。父母有自己独有的性格秉性和行事习惯，加上对孩子的言行欠缺思量，有些家长在脾气上来的时候，不问青红皂白就发火，等爆发完了，情绪平复了又后悔，后悔完了再忏悔，向孩子道歉。但下一次孩子出现问题时，父母依然重复前面的过程，使孩子长久地生活在不被父母理解和尊重的困苦当中。

不同时期的孩子有着不同的成长特点和成长需求，也就需要不同的成长影响和引导。这要求父母一定要顺应孩子的成长需求，不断对自己的养育思维和方式进行调整，保障其适应孩子的发展。懵懂的孩童们带着满眼的美好、纯洁和好奇，带着对知识的渴求走进学校的大门，经过时间的锤炼后，产生的结果却千差万别。有人说是国家政策造成的，有人说是学校体制、老师教育的问题。但是我想说的是，对孩子成长起决定性作用的一定是孩子的父母！

我们的孩子不是不聪明，不是不上进，只是需要真正的人生导师，需要细心呵护他们身心健康的好园丁。这个人也一定是孩子的父母！

当我们在孩子六年纯美的儿童期时光里，把孩子当成“宠物”养育的时候，我们就放弃了为孩子打好生命基石的最佳时机；当我们在孩子最充满热情、活力的小学六年的时光里，将精力放在教室、作业、辅导班、成绩上的时候，我们就失去了让孩子形成探索与发展能力的机会；当我们在孩子最需要自我发展、自我展示的中学六年的时光里，将孩子压制在爱的翅膀下的时候，我们就限制了孩子积极向上、自我发展的成长热情和活力！

教育三部曲，是孩子生命成长的三步台阶。每一步的迈出与落地是否坚实，就要看父母为孩子搭建台阶的能力高低了。这种能力就是科学的养育理论、理性的养育思维以及熟练的操作技巧的综合体现。

教育三部曲，就像演绎一部关于人生的电影故事，让我们感知未来，思考今日！

阳光雨露

在养育孩子的过程中，养育形式没有好坏之分，只有适合与否！这需要我们静心思考，斟酌选择。当想好了，认定了，就坚定地去做。如果在做的过程中发现更好、更适合的路子，我们要再想一想。一旦认定了，就要朝着更好的路走下去。我的养育之路是曲折的，但它是我自己选择的路——我的路，既成长了自己，又养育了孩子。不管是路漫漫兮还是坎坷如斯，只要自己心向光明，定能抵达成功的彼岸！

改变·希望

我是小小厨师长，本领实在强。
跟着爹来学修锅，炒菜跟着娘。
我是小小厨师长，工作特别忙。
油盐酱醋烹美味，与你来分享。
呜——芹菜烫老啦！

小孩不小

小孩子不小，他们与父母“斗智斗勇”的招数足以令有经验的成年人心虚。我们永远不知道他们下一刻会做什么，但孩子却永远都知道如何来“对付”我们。他们能做出许多令我们吃惊的事情。在接受我们对他们的影响和引导的同时，他们也在用纯美的心灵影响教育着我们。“三人行，必有我师焉。”——小孩子不小，让我们自然愉悦地接受孩子的教育吧，相信这才是最伟大的父母的作为！

人民教育家陶行知先生曾写过一首《小孩不小歌》，让我们一起来欣赏一下吧！

人人都说小孩小，
谁知人小心不小。
你若小看小孩子，
便比小孩还要小。

这首《小孩不小歌》仅有短短 28 个字，却彰显出陶行知先生对儿童心理及教育规律的深刻认知，也充分体现了他了解孩子、理解孩子、尊重孩子、相信孩子、真爱孩子的教育理念。这是养育孩子应该遵循的规律，也是每一位合格的父母最应该拥有的起码的知识！

每一个孩子都是独立自主的，他们拥有绝对属于他自己的生命。不管处于哪个年龄段，孩子是“我本善良”的；不管他们的行为结果有多么糟糕，他们初始的行为动机都是单纯和美好的！在孩子身上，我们能看到善良和纯美；在孩子身上，我们能感受到感动与真诚；在孩子身上，我们能看到智慧的光芒；在孩子身上，我们更能感受到前进的活力和希望！

在著名表演艺术家刘兰芳老师的评书《杨家将》中有这样一段故事。

> 12 岁的小将呼延丕显下边庭捉拿潘仁美，其中讨圣旨的过程是这样描述的：呼延丕显在“贤士阁”讨旨意，替父下边庭、捉拿潘仁美。别看他才 12 岁，面见皇上时毫无惧色，问一答十，把皇上赵光义和八王乐得不得了，当时准旨封呼延丕显为“靠山王”。哪知道，还没等他谢恩呢，八王就着急了，忙问：“怎么，娃娃，封你‘靠山王’，为何不谢恩？难道你还想要两个王位不成吗？”呼延丕显多聪明啊，他一听两个王位，忙说：“谢主隆恩。”八王一见，愣住了！赵光义和他对对眼，心想：“好哇，赖上了！我看你怎么办？”八王摇摇头：“丕显哪！我那个王不算，不是封你的。”
>
> 呼延丕显不乐意了：“嘿嘿，王家千岁，您一人之下万人之上，金口玉言，出口为旨，难道说话不算数？”八王一抖搂手，心想：“我叫个小孩子给绕里边了！”“皇上，你看怎么办呢？刚才我的话已说出口，还能叫我收回来吗？”皇上眼珠一转，说：“呼延丕显，朕可以再封你个王位，不过，你得把潘仁美抓住，若抓不住潘仁美，可就不封了。”呼延丕显一乐：“那是当然，抓不住潘仁美，我也就死在边庭了，还要什么王位呢！”“好！既然如此，孤封你为‘靠山王’‘敬山王’，双王之职。”“谢主隆恩。”这才引出一段双王呼延丕显下边庭、设巧计、捉拿潘仁美的故事！

这个故事在开播之初，可是传遍我国的大江南北，呼延丕显浩然正气、聪慧机灵的形象深入人心。老奸巨猾、横行天下的当朝宰相、国丈潘仁美却在一个小阴沟里翻了船，被一个“乳臭未干的小崽子”给活捉，可谓荣誉扫地、颜面尽失！

自古英雄出少年！

战国时期，楚国人甘罗，官拜上卿（相当于宰相），从小聪明过人，12 岁已经凭借自己的智慧周旋于王侯之间，并且不费一兵一卒使秦国得到 16 个城池，留下了无数典故佳话。

少年英雄还有人尽皆知的 7 岁的智砸水缸救同伴的司马光和抗日英雄王二小。而最令人称奇的是项橐，据史书记载，春秋时期的项橐是一位神童，出生在圣公山下一个普通的农家。他长得眉清目秀，自小就喜欢观察事物，遇事好打破砂锅问到底，提出的问题令好多大人都难以回答。就连被称为“圣人”的孔子也因为没有回答出他提的问题而感叹“后生可畏”。项橐无师自通，虽然只有 7 岁，孔夫子却把他当作老师一般请教。后世尊项橐为“圣公”。

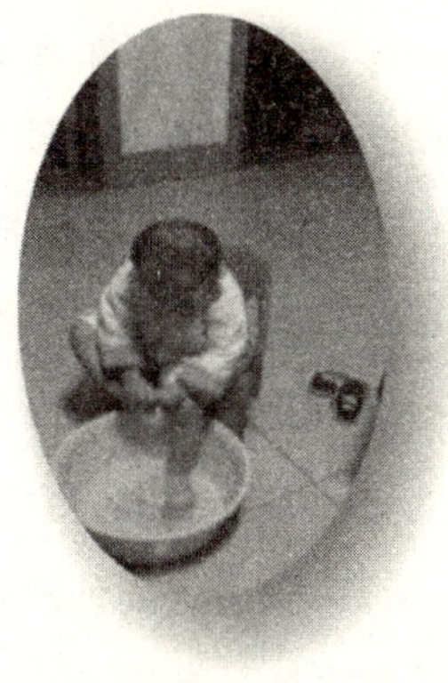

“小圣人三难孔子”的故事，妇孺皆知，《三字经》上也有“昔仲尼，师项橐，古圣贤，尚勤学”的记述。《三字经》这几句话给了我们这样的警示：**像孔子这样有大学问的圣人都要虚心向一个 7 岁的孩子学习，我们还有什么理由不努力？像孔子这种身份的人都能不在乎身份、地位和名声而不耻下问，面对自己的孩子，我们还有什么放不下的架子和抹不开的面子呢？**

也许会有人说：“这也太不可思议了吧，孩子哪像你说的那样？上面的那些小孩子是一些特殊的天才，大多数孩子还是很普通的，哪有那些能力？”

没错，尽管上述例子中的小孩是一些特殊的孩子，但他们的故事却告诉我们一个真理：不管哪个小孩子，他们都不容小觑。他们天生所拥有的能量，是许多成人现在所没有的，他们自身寻求发展的能力也是成人当下所不能企及的。只是他们年龄小，这些能量潜伏在他们身体里，还需要等待些许时日才能显现，因而没有被我们世俗静态的眼睛发现。睿智、优秀的父母所应做的就是随着孩子的成长频率，有节奏地推动他们对自我能力的发掘和发展。

假如有时间，不妨去网上搜搜婴儿的照片。那刚刚出生才几个小时的婴儿，就能用他有力的双手紧紧地抓住成人的手指。你能相信吗？他正在用自己的力量保护自己的生命安全，向世人宣告——我能！也顺便去欣赏一下小婴儿优美的泳姿吧！他表现得那样灵活自如和欢快，就像一只美丽的小海豚快活地在水里畅游。

当孩子长到会翻身的时期，他会想尽一切办法拿到自己够得着的东西，还要“吃”出味道来；

当孩子会爬的时候，他会努力地去获得更多尝试和探索的机会；

当孩子会走的时候，家里的空间太小了，他会走出去，跑起来，像小鸟一样“飞”起来，多美啊；

当孩子……

他们不知疲倦地跑、跳、玩、乐于山水草木之间，与小树叶、小蚂蚁、小昆虫交朋友。只要是进入他们感觉范围之内的物体，只要是他们能够拿得着的东西，只要是他们能够去得了的地方，都成了他们学习历练的道具和演练场。他们就这样在玩耍中不断地成长着，度过了一个又一个成长敏感期。在每一个关键期和转折点上，孩子都会将自己的潜能发挥到极致，为下一个发展关键期提供充足的能量。**他们会利用一切能够利用的机会，促进自己各种感觉器官的发展、成熟，再利用各种器官已具有的功能，促进潜能的再开发，如此循环往复，由低级向高级来发展自己，武装自己。其中也包含了孩子抵御来自各方面不良因素干扰的能力，尤其要消化来自父母不良养育方式的影响，他们力争将这种不良影响对自己的伤害降到最低。**

当然，孩子本身的这种能力相对于成年人来说还是比较弱的，如果父母的养育方式不当，孩子往往会无力抵御，最终成为“问题孩子”。随着时光的推移，孩子与父母之间的关系就会出现波动，双方之间出现隔阂，孩子的成长发展也会遇到障碍，而父母对孩子的养育也会出现更大的困难，这究竟是什么原因呢？

这是因为在我们一般人的眼里，小孩子就是小孩子，他们自身是没有能力长大的。他们日常所有的大事小情都需要大人的呵护和关照，他们的成长发展更需要大人的教育和管理。自从孩子出生开始，父母就毫不客气、毫不犹豫地挑起了养育孩子的担子，并引以为自豪。从衣食住行到吃喝穿戴，样样关照，件件操心，生怕因为自己的疏忽亏待了孩子。父母尽自己最大的努力、用自己认为最好的方式忙活着，心中期望着孩子能够理解自己的良苦用心，能顺应自己的意志，好好成长。然而孩子是一个独立的生命，他不可能完全按照父母的意愿成长。现在父母养育一个孩子所花费的时间、金钱和精力要比20世纪多得多，对孩子的态度和做法也相对优秀些。但父母却感觉今天的孩子更加难养，更加骄纵和难以捉摸，孩子的成长也出现了更多的困惑和阻碍。许多父母心中感慨："小儿难养。"这究竟是为什么？让我们从一些父母常见的行为中去寻找答案吧！

镜头一　把孩子看成是长不大的小孩子

父母以爱的名义，时时把孩子独立的生命圈在自己的双翼下，让孩子失去了自由活动、自我体验、自我发展的机会。因此，孩子最缺失的是生活中对独立生存能力的历练机会。很多人的理念是只要孩子好好念书，其他的都不是事儿！

镜头二　把孩子当作家庭生活的中心

"你知道用什么方法一定可以使你的孩子成为不幸的人吗？这个方法就是对他百依百顺。"卢梭这样说。如今，多数孩子成为一家人心中的"王子""公主"，是一家人忙碌的中心，这样导致很多孩子失去了"长幼有序、尊卑有别"的准则，滋生了"无视他人、自私享受"的不良品性。有一则顺口溜是这样说的："先当'爷爷'——有孙子啦；再当'爸爸'——代替儿子伺候孙子吃喝拉撒；后当'孙子'——孙子叫你干什么就干什么！"

最终的结果究竟算是"疼爱"，还是"残害"?!

镜头三　孩子失去幸福的味道

许多人认为，如今物质充裕，孩子真是好幸福。在孩子少、大人多、物质生活丰富的社会里，孩子真的什么都不缺吗？不，孩子最缺自我成长的天空和自由的心灵空间，孩子内心缺少了纯真的欢乐以及自然顺畅的成长过程。他们拥有的只是物质生活得以满足的单方面的快乐。然而这种幸福是很短暂的。孩子生命的主旋律应该是独立自在、自由快乐、无忧无虑的！他们是独立的生命体，不是依附在父母身上的"寄生物"。他们需要有"玩得快乐"的幸福记忆，而不仅仅是"吃得好"的味觉享受。

镜头四　家长养育误区使孩子从小失去了自我意识

很多父母分不清自己对孩子的养育行为的优劣——他们为孩子所做的一切，究竟是疼爱有加，还是拔苗助长，抑或是给孩子戴上了沉重的枷锁？在"为孩子好"的家长行为背后，是很多孩子对心灵自由的苦苦渴求。许多孩子生活在没有自我的氛围里，连爱都是被动接受的，何谈幸福快乐！

很久以前曾兴起过一股钢琴热，在学钢琴的孩子身上发生了许多不该发生的事情。有一个小女孩，在被妈妈逼迫学习钢琴 4 个小时后，因为没有达到妈妈的要求挨了打，用菜刀把自己的手指剁了下来。这是怎样的一种"愤怒"，不惜伤害自己的身体来反抗妈妈的"爱的压迫"！

镜头五　发现孩子的天赋，才能创造奇迹

事情有因有果，当一个纯美的生命在担忧、焦虑、指责、阻碍、拒绝以及无尽的物质满足中成长时，他的生命之树会长满不良的枝杈！比如：许多父母想把孩子培养成钢琴艺术家，结果绝大多数人没有实现。不是孩子不聪明，而是孩

子可能没有音乐天赋;不是父母不努力,而是父母没有成为真正的伯乐,更重要的是没有触动孩子心灵的音乐旋律。父母应该具备的优秀做法不是按自己的意愿带孩子去钢琴培训班学习,而是先要知道孩子是否喜欢音乐。真要培养孩子成为优秀的音乐人,首先要让孩子从小就欣赏各种好听的音乐,从心底里喜欢上音乐,开发出热爱音乐的潜能,树立做音乐艺术家的志向。发现孩子的天赋,由此培养孩子的兴趣,并按此方向进行培养,孩子定能创造奇迹!

镜头六　父母比孩子小

父母经常犯的一个错误是在某些问题上与孩子争个你死我活,你长我短。比如:“我就不信整治不了你!”“我就不信拧不过来你!”……**一个大人,被孩子激怒成这样了,还不认输呢,有意思吗?许多父母与孩子几乎是一对冤家,父母缺少起码的忍耐风度。执拗的父母,被一个小孩子的“伎俩”惹得怒发冲冠,冷静不下来。此时父母不但不思悔改,反而变本加厉地想“整治一下孩子,让他消停”,却没有思考该如何“整治”一下出错的自己。**

父母与孩子在这样的状态下相互掐住对方,很是纠结。

记得一个朋友带着 1 岁半的女儿去医院打针,当孩子上车的时候,朋友没有告诉她是去医院。当孩子发现爸爸开车转向医院的路时,她没有说话,等到快到医院的时候,她突然说要尿尿。下车后,孩子没有尿尿,却喊出了“我不去打针”,然后就再也不上车了。

奇迹是什么?不是让这个世界上再多个神童,而是让孩子成长为真正的自己;不是父母把孩子养育成自己心中的那个影像,而是孩子在正确的影响和引导下,成为一个能够掌控自己命运的人!**如果父母忽略了孩子生命成长的自主性,孩子一定会用与父母背道而驰的行为来给父母上一堂深刻的生命教育课。**

我们要时刻准备着应对“鬼点子”层出不穷的小孩子。小孩不小,千万不要小瞧他们。

阳光雨露

小孩不小，他们生下来就隐藏着潜在的能力。小孩不小，他们知道自己需要什么。小孩不小，他们懂得如何去做——他们有腿脚，可以到处游走，带自己去想去的地方；他们有胳膊有手，可以去接触自己想感受的东西；他们有眼睛，可以观察自己感兴趣的东西；他们有耳朵，可以聆听大自然的各种声音；他们有嘴巴，可以尝尽世间的各种食物，也可以说出自己的各种想法；他们有鼻子，可以嗅闻各种味道……总之，他们有足够的让自己成长起来的潜在能力，只需要给孩子提供一个可以自由接受各种优良信息的环境，这是父母养育孩子最需要付出的努力。

改变·希望

我是一只小蜗牛，
内心率真无瑕。
常常地，不经意间，直接说出
自己想说的话。
转过弯来，看到难为情的妈妈——
天哪，我没想让妈妈尴尬！

牵着蜗牛去散步

——我要慢慢长

记得很小的时候听过一个哲理故事，说的是一位挑着一担橘子的农夫急匆匆地要赶在关城门前进城，一位智者告诫他："不要慌乱，要慢慢地走，一定会在关门之前赶到。"当时这位农夫不以为然，心中想："我匆匆忙忙都不一定赶到，还让我慢慢走，这怎么可能？"结果匆忙中他被石头绊倒了，在他捡拾散落的橘子的时候，城门关闭了。

时间是一个最洒脱、最公正、最有风度的"智者"，他从不会强迫任何人顺从他的安排，只是在给予每个人合适的机会后，平静地等待着奇迹的到来，因为他坚信：当"一路风景一路歌"的时候，终点也将会有别样的美好。匆忙而焦灼的人是无法倾听自己心灵深处的声音，更无意欣赏生命旅途中的风景的！

台湾作家张文亮先生曾写过一首诗歌，名叫《牵一只蜗牛去散步》，我们一起来欣赏一下。

牵一只蜗牛去散步

上帝给我一个任务，
叫我牵一只蜗牛去散步。
我不能走太快，
蜗牛已经尽力爬，为何每次总是那么一点点？
我催它，我唬它，我责备它，
蜗牛用抱歉的眼光看着我，
仿佛说："人家已经尽力了嘛！"

我拉它，我扯它，我甚至想踢它，
蜗牛受了伤，它流着汗，
喘着气，往前爬……
真奇怪，为什么上帝叫我牵一只蜗牛去散步？
"上帝啊！为什么？"
天上一片安静。
"唉！也许上帝抓蜗牛去了！"
好吧！松手了！反正上帝不管了，我还管什么？
让蜗牛往前爬，我在后面生闷气。

咦？我闻到花香，原来这边还有个花园，
我感到微风，原来夜里的微风这么温柔。
慢着！我听到鸟叫，我听到虫鸣。
我看到满天的星斗多亮丽！
咦？我以前怎么没有这般细腻的体会？
我忽然想起来了，莫非我错了？
是上帝叫一只蜗牛牵我去散步。

这首美妙的诗歌描绘了我与蜗牛一起慢慢去散步的情景，它隐喻了父母养育和孩子成长之间的相互关联，父母要陪伴着孩子一起慢慢地成长……

孩子的成长是一个漫长的过程。这个过程是有规律的，是不可逆转的。从出生开始，他们的生命就要经历许多不同的时期：胎儿期、新生儿期、婴儿期、幼儿期、童年期、少年期等，这期间他们的心理成长是随着生理状态的发展而变化的，他们的身心成长都带有顺序性、连续性、阶段性、不可逆转性、不平衡性、个体差异性等特点。孩子的身心按照规律自然地成长着，在外界的影响和引导下，将在体验中的点滴感受积累成属于自己的人生经验。这个过程是不以人的意志为转移的，绝对不能操之过急，越过某个成长阶段，必须循序渐进。养育孩子就要拥有"牵一只蜗牛去散步"那样的情怀和心境，慢慢地陪着孩子走人生！

在日常生活中，在看似平静舒缓的养育表象下，父母的养育、孩子的成长总是会遇到许多意想不到的阻碍与困惑，让许多父母措手不及，心生烦恼，甚至因失去耐心与信念而沮丧。然而，智慧的时间老人不会因为我们的沮丧而让孩子改变成长的频率，他们依然迈着适合自己的步伐坚定地前行。当我们的养育行为给孩子的生命成长带来阻碍的时候，孩子自然会拿出应对我们的"策略"，反过来给我们"真正的教育"。当我们依然没有觉察或不接受孩子的"教育"的时候，孩子甚至会拿自己的生命来唤醒执迷不悟的我们——看看新闻中那些自杀的孩子就了解了！孩子是率真的、纯粹的，也是宽容的，睿智的，当成人的生命里失去了许多珍贵的品质和感受的时候，孩子就会用自己的行为来影响我们，帮我们找回失去的最美好的东西：带着我们去品尝童真快乐的味道；领着我们欣赏自然的风貌；陪着我们感受天伦的温馨；牵着我们享受生命的纯粹之美。在他们眼里，珍珠、宝石与石子、沙子没有区别，动物、植物与人一样，都是有生命的，都是他们的朋友。孩子给予我们的何止是父母的头衔和责任，更多的是一个人对纯美生命的渴望、对幸福生活的畅想和对美好未来的期待与追求。正像诗中所写的那样："我忽然想起来了，莫非我错了？是上帝叫一只蜗牛牵我去散步。"**其实，是孩子牵着我们的手，陪着我们慢慢地一路走，他们是那样认真、执着、有耐性——孩子也是我们的人生导师！**

从孩子身上，我们能够品味到什么呢？他们会让被世俗麻痹的心灵溅起怎样的涟漪呢？顺着《牵一只蜗牛去散步》这首诗词的意境，我写下了这样的心灵感悟：

让我们一起像蜗牛一样慢慢地爬

我是一只小蜗牛，
跟着妈妈慢慢地爬。
有时候，我很兴奋，踉跄着，爬上高高的葡萄架。
回过头来看，看到焦虑的妈妈——
对不起，安全，我忘记啦！

我是一只小蜗牛，
经常听不懂妈妈的话。
偶尔地，我很专注，沉醉着，在自己的世界里遨游。
醒悟过来，看到生气的妈妈——
哦，妈妈，我不是故意的啦！

我是一只小蜗牛，
内心率真无瑕。
常常地，不经意间，直接说出自己想说的话。
转过弯来，看到难为情的妈妈——
天哪，我没想让妈妈尴尬！

我是一只小蜗牛，
经常趁着妈妈不在家，
很好动，时不时把手伸进洞洞里。
经常地，去发现、寻觅，

去探索、勘察。

妈妈，我在慢慢地长大，

我懂得了许多大人的话。

我想长大，但不想失去我最美好的快乐年华。

我不想让世俗的焦灼与嘈杂，遮住我纯美的想法。

我期待着您慢慢地陪我长大

……

孩子，你可以慢慢地长大。

我懂得了，明白了你成长的规律和帮助你的方法。

妈妈不再自以为是，

不再将自己的期待，强加在你的生命里。

孩子，你可以慢慢地长大。

我学会了，像一只蜗牛一样陪着你慢慢地爬。

妈妈还给你生命的权利，

让你的心灵安定，有一个自己的家。

孩子，你可以自由地长大。

上帝早就给予你美丽的生命之花。

你能，你行，这是你自己的生命，

一切由你做主，自己掌握它。

孩子，你是一个奇迹。

在成就自己的路途上，越过万道沟崖，

勇敢地迎接世间的繁杂，

成就着心中不变的信念与想法。

孩子,你是一个刚强的教育家。
你明白了时光老人的话,慢慢地长大。
你不屈服于任何人的催促和恐吓,
更不怕他人的责备与扯拉。
你不退缩,用你生命的告白教育了妈妈。
——孩子,你要陪着妈妈慢慢地长大,
时刻提醒我,不要再有有悖规律的做法!

我曾看过一则有关蝴蝶破茧的故事:一天,有一个人刚好看到一只茧上裂开了一个小口子,他一直在观察着,蝴蝶艰难地将身体从那个小口中一点点地挣扎出来。几个小时过去了,蝴蝶没有任何进展,它已经筋疲力尽,再也不能前进一步了。这个人实在不忍心,决定助蝴蝶一臂之力。于是他用剪刀小心翼翼地将茧剪开,蝴蝶终于挣脱了出来,但它的身体很萎缩、很小,翅膀紧紧地贴着身体。他接着观察,期待着蝴蝶的翅膀会慢慢伸展开来,成为一只美丽的蝴蝶。然而奇迹并没有出现,这只蝴蝶拖着萎缩的身子和瘪塌的翅膀,只能在地上爬行,它再也没能飞起来!

这位好心人并不知道,蝴蝶从茧上的小口挣扎而出,是要通过这一挤压过程将体液从身体挤压到翅膀,这样它才能在脱茧而出后展翅飞翔……

大自然的神奇之处就在于它赋予万物生长的规律。顺应了规律,生命一定会盛开出美丽之花;违背了规律,生命的成长就会失去应有的活力!那些因受到违背养育规律的养育而产生困惑的孩子,就像那只飞不起来的蝴蝶,在他人善良而无知的帮助下,失去了在阳光下慢慢破茧的机会,失去了自己飞翔的权利,有的甚至失去了生命的活力。

作为父母,我们应该让孩子自己慢慢地“破茧”而出!让我们像陪着蜗牛去散步那样,陪着他们漫步人生之路吧!

阳光雨露

孩子的成长要经历若干个“敏感关键期”，这是自然赋予孩子的生命特质，是指孩子某一种能力养成的重要时机。这些敏感关键期分布在孩子成长过程的各个阶段里。如果在敏感关键期内孩子的内在需求受到漠视或阻碍而未得到满足，孩子就会失去某一项能力养成的最佳时机。尽管这项能力可以延后补救，但是要付出更大的心力和时间，结果也不可能太理想。因此父母必须顺应敏感关键期的要求，及时捕捉时机，引导孩子广泛深刻地体验和感受。就像农民种庄稼，要一边耕种打理，一边耐心等待收获的季节，提前或错过时节都不可能获得丰硕的果实。父母在孩子教育上操之过急或缓慢滞后，都是养育孩子过程中易犯的低级错误。我们不要做“好心”的破茧者！更不能做“拔苗助长”的无知农夫。交警说：“慢就是快！”思想家说：“顺其自然！”

改变·希望

我喜欢舞蹈，

尤其是被称为“冰上芭蕾”的花样滑冰。

每当看到舞台上那些优美飘逸的舞者，

心中就充满了无尽的羡慕之情，

恨不得那个人就是我！

教育不是独舞

——家长切忌自我表演

在上一节中，我提到，当父母的养育行为给孩子的生命成长带来阻碍时，孩子自然会用“策略”反过来给予父母“真正的教育”。有人曾问过我：“孩子会教育家长吗？他们懂得怎么做吗？”

答案是肯定的。

记得儿子上初二的时候，有一天，我去孩子的学校办事，在学校门口看到一对提前离校的母子，孩子是儿子小学时期的同学。几年不见，这个男孩长得比妈妈高出了一头，让我没有想到的是，妈妈依然像以前一样，将孩子的书包背在自己身上，而那高高大大的男孩就像做错了事一样，低着头，面无表情，胳膊甚至都不甩地慢慢跟在妈妈的后面。他们母子和小学时留给我的印象完全一样，一高一矮、一胖一瘦、一前一后。这个镜头始终萦绕在我的脑海中，令我内心非常沉重。我不知道别人怎样看待这一幕，也不知道孩子内心的想法，但我能深深地感觉到这个男孩的生命成长得不太顺利，他就像一只被妈妈呵护在翅膀下的柔弱小鹰，失去了历练自己的天空！

这位妈妈对孩子的关爱非常深厚，她把自己对小孩子的做法惯性地延续了下来，生怕自己少做一点儿，就不足以表达自己的情感。如果不这样做，妈妈似乎就感受不到自己存在的价值；除了这样做，妈妈也不知道再用什么样的方式去表达自己对孩子的爱。而且妈妈非常享受对孩子的“付出”，却没意识到自己延续的对待孩童的养育方式已经对已成为初中生的儿子构成了成长的阻碍，懒惰、依赖、麻木等问题会接踵而至。简单机械地延续小学时期对孩童的关爱行为，就有可能成为中学生孩子发展的桎梏！

我曾在一篇文章中写过这样几段话：

“我曾给一位高中生和他的家长作过咨询，当时孩子哀怨无奈，抑郁成疾，甚至因为父母的不恰当言行，几次做出要寻短的行为，父母因此焦虑万分。我很心疼，担心这样下去孩子的生命会就此枯萎。

“窗外雨在不停地下着，我站在窗前向外望去，平静的世界背后还有多少‘不平静’，看似平和的窗口后面还有多少父母与孩子的伤感故事？在孩子进入青春期后，许多父母与孩子的心灵连接出现断裂，伤痛折磨着每个人，摧残着每个人的内心，心中的阳光一点点地遭到蚕食。笑容没有了，快乐没有了，剩下的是父母与孩子间的一片沉默。就像影片《地球上的星星》中那个沉默的小孩伊夏——这是他的生命成长被无知的养育者无情压制后所表现出来的一种无奈与麻木——他的生命无光了！

“虽然说‘听雨读书静’，可此时此刻的我却‘腹内有蛟龙’，内心不能平静。忍不住又给孩子的妈妈打了个电话，听到孩子这两天已有较大的变化，此时的妈妈也从内心深处意识到了自己的问题，我的心才稍安。要知道，这只是众多“问题孩子”中的一个。还有多少孩子生活在“水深火热的家庭教育漩涡”之中啊！在父母给我的留言中、信件里、亲自找我咨询的案例中以及媒体报道中，这样的故事多得令人胆战心惊。”

孩子的成长牵动着社会上每个人的心弦，教育机构的广告一条条地发；学校的教育口号一句句地喊；家庭教育的手段一招招地使。从孩子出生就“不要让孩子输在起跑线上”的父母，我们的孩子成功了吗？面对满天飞的教育培训信息，我们家长能耐得住寂寞吗？就像许多父母说的那样：“看到别人都在做，明知可能不会有效果，但也沉不住气地效仿跟风！”——就怕孩子输在起跑线上。在教育资源丰富、养育知识信息众多的今天，仍然存在这样的现象，我内心的碰撞越来越激烈：家庭教育究竟走向何方？父母应该怎么做？孩子究竟怎样成长？那些在家庭教育中不顾孩子的沉默或反抗而自我活跃、忙碌的父母，究竟是帮助孩子成为塑造自己生命的“艺术家”呢，还是在养育过程中自我作为，独自“舞蹈”表现呢？

从一个小生命诞生开始，家长就开始了养育孩子的生涯。因为孩子幼小，不能独立生活，所以给了父母按照自己的意愿养育他们的机会。父母利用一切机会向孩子展示着自己的关爱，在孩子的吃喝穿用上细心周到，无微不至，生怕有遗漏和做得不足的地方。给孩子买最好的奶粉、最好的纸尿裤、最好的婴儿用具，只要他人有的，只要条件允许，一定要买给孩子。并根据自己的眼光打扮孩子。有的父母甚至提前或滞后生产，只为给孩子选一个吉祥生日，让孩子拥有个“好未来”。总之，父母就是希望自己的孩子能与众不同。父母尽情享受这种养育氛围，心中拥有一种良好的感觉——我对孩子好，我爱孩子，我对孩子的养育多么不同一般！

父母在为小孩童操劳的过程中，逐渐形成了一种按自我意志为养育标准的养育思维，行为上也逐渐形成一种替代式的养育模式——替代孩子做事情、作决定，这是典型的“自我意愿”行为。在这种思维的指导下，许多父母认识不到“育子成人”的真谛，只想按照自己的意愿，思考着如何把孩子培养成比自己、比别人都强的能人。在一个生命成长的过程中，养育者应该依据什么来培养？在养育孩子的舞台上，许多养育者沉醉在自我享受的“独舞”中，忽略了孩子的成长需求。殊不知，教育不是独舞，家长切忌自我表演。

舞蹈一 “无微不至”爱的独舞

“孩子将来会是什么样子呢？”这是许多父母在孩子出生伊始就开始思考的问题。面对着自己的孩子，父母心中装满了自己想象出来的关于孩子的画面、情景，期待孩子实现自己认定的目标——健康快乐、彬彬有礼、学习优秀、知识丰富、多才多艺……于是，父母就从给孩子提供富足的物质生活开始，对孩子进行无微不至的关怀。随着时光悄悄地流逝，家长为孩子忘我地忙碌着，为了达到心中理想的目标，乐此不疲地把孩子自然生命里轻松快乐的时间用在了让孩子去上兴趣班、辅导班当中，还美其名曰“开发智力，培养独特能力”。更有心急者，早早地就带孩子奔波在上早教课的大军中。一个3个月大孩子的新妈妈跟我说：“参加早教班，就是带孩子去那里玩，让孩子早点感受学习气氛。”而这位新妈妈学到的给孩子的抚触活动，每天都在“应付公事”——匆匆做完就万事大吉了！据我调查，这样的妈妈不在少数。时间过去了，精力付出了，金钱投入了，忙碌出什么结果呢？社会上有那么多孩子参加各种兴趣培训班，有那么多孩子参加课业辅导班，真正能实现父母心中目标的孩子又有几个呢？当许多孩子随着年龄的增长越来越偏离父母的臆想目标，表现得沉默寡言或急躁火爆的时候，父母也开始越来越焦虑，养育热情逐渐冷却，对孩子越来越失望！

一个孩子生命的成长需要“替代他做事”的行为吗？父母对孩子的担忧和焦虑能解决问题吗？父母究竟怎样养育孩子呢？

别着急，让我们静下心来看看周围的景象。

现实养育中，许多家长的养育行为就是给予孩子周全的呵护与关爱，这些爱太富足了，富足得偏离了正确的轨道。它的偏颇给孩子造成了负面的影响：

在“爱的笼罩”下，孩子失去了基本的抵御能力——不抗风寒，抵抗力极弱；怕人怕事，不敢、不会独自与人交往，等等。

在“爱的呵护”下，孩子丢失了生活的自理能力——考入清华大学因连鞋带都不会系而被退学的“娇子”；在高三还需要妈妈喂饭、17岁了还不知道冷暖添减衣服的研究生；不知道在当地就能买被子，而花费1000元打车回家去取被子的大学生；7岁了还不知道吃煮鸡蛋要剥蛋壳的女孩……

在“爱的约束”下，孩子不能在大自然里自由玩耍，失去了自由探索和思考的情趣与能力，也失去了自我历练成长的机会。比如：一个大学生去公交站点送朋友，因不知道回学校的路而在路边大哭，原因是从来没有单独外出过；一个研究生去参加活动，因不知道如何乘坐公交而随意上车，结果跑错了地方，原因是他以前外出从来都是妈妈陪伴左右。

在“爱的桎梏”下，孩子除了学习，其他的都不允许做。被困在书桌前的孩子，除了课业、成绩，就是辅导班、特长班，总之，他们负担沉重，压力巨大。没时间玩了，没心思笑了，内心的情感被压制住了——“爸妈，你知道我内心最需要什么吗？”相信父母的爱都是真的。如果断然地说父母是在伤害孩子，相信一定有人非常伤感和委屈：“我会伤害我的孩子吗？我为他付出了那么多！”委屈归委屈，结果还是要面对的，对孩子的养育还得继续。是该认真思考这些问题的时候了！

就像前面说的那样：孩子的成长需要父母通过自身的优秀言行进行恰当的影响和引导，协助孩子实现生命的发展。这些言行的背后，是父母通过学习而获得的科学养育孩子的知识和能力。

父母的教育就是用温和而慎重的爱对孩子进行影响。我们最爱孩子，但爱不是无原则的物质满足和付出，而是从身心两方面呵护孩子，尤其是要理解、支持、鼓励和鞭策孩子。教育孩子就要适时放手，给孩子顺畅宽松的自由空间；与孩子一起参与探索与发现；帮孩子解决他遇到的问题、困惑；给孩子及时的鼓励和支持；最重要的是用自己的优秀言行影响孩子。**爱不是无规矩的指责、命令与言语羞辱，而是对生命存在的尊重，对生命成长的理解，对生命发展的信任。爱是有规则的禁止，是顺应规律地消除那些影响孩子生命良好顺畅发展的不良因素。爱是父母温和而坚定的态度，让孩子懂得什么该做什么不该做。这才是优秀父母对孩子最深沉的爱！**

舞蹈二　孩子不是父母的影子和仿制品

“我想让孩子像刘翔一样拿奥运冠军。”“我希望孩子长大后成为科学家。”“我小时候想当艺术家，但是条件不允许，现在物质生活好了，我要给孩子买钢琴。”相信这些话语我们都非常熟悉，也许说这话的人就是生活中的你我。美好的期待谁都会有，这是再自然不过的事情。但问题是要看我们对孩子的期待是什么？没错，孩子是父母生的，也需要父母协助他们长大，但生命却是属于孩子自己的，他的生命成长不是为了实现他人的期待或梦想，而是为了自己将来能独立生存于世！他更不可能成为父母的续版或复制品。我们在养育孩子之前，是否应该思考一下：孩子真的是父母希冀的那种人才吗？孩子天生就是那块料吗？

莫扎特的音符，李白的诗词，袁隆平的水稻，姚明的篮球，牛顿的万有引力，达尔文的蝴蝶，茅以升的桥梁……他们每个人都有与众不同的特点和喜好，并最终成就了自我。假如在他们生命之初用同一种标准对他们进行培养，我们今天还会看到他们的精彩人生吗？可这恰恰是目前许多人正在做的事情，就如同把白菜种子强行地种在水田里。最为明显的就是，许多孩子不仅成为了吸收学校书本知识的工具，还被迫与他人作比较，甚至成为他人的仿制品。用父母的话说就是："除了学习，其他的你什么都不能做。""别到处玩了，别看课外书了，好好学习。""你要像人家某某一样上清华、北大。""你要当科学家、医学家，你要当姚明。"……父母唯独没有提醒、引导和允许孩子做自己。我们让孩子踩着他人的脚印行进，却不顾孩子脚步的大小是否适合，更没有考虑孩子是否拥有达到这些结果所需要的能力。现实已经严肃告诫我们：孩子需要做回自己，父母需要还给孩子掌握自我生命的权利。

20 世纪 80 年代，美国著名发展心理学家、哈佛大学教授霍华德·加德纳提出多元智能理论，30 多年来该理论已被广泛应用在幼儿教育上，并且获得了极大的成功。霍华德·加德纳教授指出，人类智能是多元化的，而非单一的，主要由语言智能、数学逻辑智能、空间智能、身体运动智能、音乐智能、人际交往智能、自我认识智能、自然观察智能等 8 项智能组成，每项智能都有相应的特点和相对应的职业范围。比如：语言智能指有效运用口头语言或文字表达自己的思想并理解他人，灵活掌握语音、语义、语法，具备用言语思维、用言语表达和欣赏深层内涵，并能结合在一起运用自如的能力。拥有较高语言智能的人适合的职业是：政治活动家、主持人、律师、演说家、编辑、作家、记者、教师等。

每个人天生都具有这八大智能因素，每个人在这些智能的表现上也有所差异，有所侧重，但都能够用不同的方式把它们运用和组合，以便完成不同的工作，并解决问题。每个人的差异就在于用不同的智能优势来实现人生价值。鉴于此，我们的孩子也一定拥有自己的独特发展潜能和优势。这些潜能是人在出生时就已拥有的促进各方面发展的基础能量，是孩子未来生命成长的基础。激发这些潜能有一定的时间限制，它突出显现在敏感期。错过最佳的激发时限，这些潜能就会自动减弱，甚至消失。比如：孩子刚出生时是会游泳的，如果不继续给孩子提供游泳的环境，过不了多久，孩子的这种能力就会消失，等长大了就需要重新学习。要想让这些潜能发挥到极致，就必须在孩子出生后适时给予某些刺激，尽早给孩子提供尽可能多的参与学习锻炼的场所和机会，这是帮助孩子充分激发潜能的最好手段，也是成就孩子的最佳养育方式。

请把美好的大自然还给孩子，当父母与孩子一起奔跑在"广阔的田野"上的时候，你就能预见孩子的将来；请把生活空间还给孩子，当父母和孩子一起奏响"锅碗瓢盆交响曲"的时候，孩子的生命会充满幸福的味道；请把掌握自我生命成长的权利还给孩子，只有当孩子自己能够策马扬鞭驰骋的时候，他才能拥有奋起的激情，充满青春的活力，才能自如地奔向自己梦想的地方。

舞蹈三　以我（家长）为本式的教育

作为父母，我们应该怎样养育孩子？是为了满足自己的期待，还是满足孩子成长的需求？我们自省过吗？有时候我们对某些养育问题的思考和处理是否有些浅显和武断呢？

当孩子的成长出现问题的时候，我们首先想到的是孩子的问题，而不是我们养育者的问题——"你这个孩子太懒啦，一点儿家务也不帮我做！"难道我们忘记了自己曾经说过"你只管学习，别的事情不要管"的话了？"你这孩子太不独立啦，什么事情都要依赖我！"难道我们忘了自己已经包办了孩子所有的事，不让孩子插手吗？

面对孩子出现的问题，我们首先做的就是对孩子做出各种各样的惩罚，而不是关注事情本身及背后的成因——“你怎么和人家打架啦？以后不许。”也许孩子是为了维护父母的尊严才打架。“你怎么把杯子打破啦？罚你……”也许孩子是为了给爸爸、妈妈倒一杯水。“你怎么成绩下降了这么多分，把卷子抄5遍，周末不许出去玩！”也许这次考试题的难度大，孩子在班里考了第一名。“怎么听不到我说的话，你没有耳朵吗？”也许孩子正专注于一个实验，沉醉其间不能自拔。孩子们很委屈！

当我们处理孩子的问题时，往往先是宣泄自己的情绪，而不是对孩子进行情绪的平复和身心的呵护——面对孩子不好的成绩，“我为你的学习花费了那么多心思，你的成绩怎么还这么差？”有没有想一想，好多孩子不是不想上进，也许他们真的没有找到突破瓶颈的渠道，他们需要帮助。面对孩子要钱的行为，“为了你我省吃俭用，你怎么一点儿也不懂得体谅爸妈，乱花钱！”也许孩子是想给父母买一个礼物或帮助一个更困难的人。面对没有遵从父母命令的孩子，“这孩子一点儿也不听话，还和我顶撞！”也许孩子就是想获得能够自主做一些事情的权利和空间，那本来就是他们自己的事情，只不过在不知不觉中被父母控制了。孩子们很受伤！

看看这些话，我们是否似曾相识？品品这些缘由，我们会不会有些惊讶？是孩子的问题，还是我们的问题？我们是在帮助孩子解决问题，还是在给孩子制造新的麻烦？经验让家长任性地认为自己没有问题，具有对孩子的绝对指导权，坚信只有这样孩子才会长好！然而事与愿违。在我们的指导下，孩子慢慢地成长。好似突然间，孩子身上出现了一些所谓的“问题”：骂人打架、学习不好、懒惰、桀骜不驯、不与父母说话、爱打扮，等等。这些问题的出现，让许多父母手足无措，担忧事态会继续恶化下去。父母的担忧情绪在想象中不断扩大延展，这些虚幻的结果又激发了父母对孩子更苛刻的要求。同时父母也将这些不良情绪传递给了孩子，不仅增加了孩子内心的不安，还成为父母与孩子顺畅交流的障碍。此时的父母会伤心地想：“我教育得那么卖力，孩子怎么不学好呢？究竟是怎么回事？”于是许多人开始从外面找原因，是学校、是社会、是孩子、是……唯独没有在自己身上找原因！

也许下面这位高中生妈妈的话，能给大家一种提点：

高二开学两周后，我又跟孩子聊起关于高二的学习情况。之前常听他说班里上课的气氛太活跃，有几个孩子总爱上课讨论问题，影响老师的授课和同学们的听讲。可新学期走班后，这种情况没了。孩子说得好：“都上高二了，哪能还那样？再说，走班后，好几个班的同学在一起上课，哪里还好意思调皮捣蛋！我们学校的学生都不是孬种，都是很有数的。高一可以轻狂一下，高二了，就得正儿八经地学习了。”听了这话，我对孩子放心多了。有时就是自己瞎着急，其实孩子心里是有数的。

可是，又过了一段时间，感觉孩子好像还没紧张起来，在家里空闲时还经常玩电脑游戏。就在一个周六的晚上，他在那里玩游戏。看他那专心的样子，我就着急，心想什么时候了，还这么玩，我就跟他说：“现在自己该有数了，自己要好好计划一下。”可能我说得太正经、严肃了，孩子跟我急了，嫌我说的跟他老师说的一样，让他不容易接受，说我没站在他的角度上考虑问题，说的话让他感到不舒服。当时我很惊讶，他竟然这样说我，我有点懵了。听了他的话，我只说了一句：“只怕现在不跟你说，将来你会埋怨我为什么不及时提醒你。”

当晚我想来想去，有些委屈，孩子怎么能以这样的口气跟我说话！我心里很受伤，甚至偷偷地流了泪。当时我就下定决心：从今以后，你学习的事情我不管了，我只管做好你的后勤工作，你学个啥样子都是你自己的事情。

为此我郁闷了好几天。从那以后，我真的就不再管他了。可奇怪的是，从那以后，他明显改观了，学习更自觉了，不再那么执着于玩游戏了。

我不知道是因为我跟他谈了以后，尽管当时不愉快，但还是起了作用，还是我真的不管他了，也就觉得他没问题了。不过现在想想，他当时以那样的口气跟我说话，我心里不舒服，我严厉地告诫他，他心里肯定也不高兴。确实是我没有站在他的角度跟他说话，没有把他放在平等的地位上与他沟通。孩子说我，我还伤心落泪，难道孩子心里就舒服了？所以我觉得是我太霸道了，不是孩子思想有问题，而是我的思想有问题。

几天后，孩子放学回来很高兴，主动和我谈了学习的事情，他说按自己的计划学习，感觉有劲头了，效果显著。的确，养育孩子是一种能力，与孩子交流是一种智慧，能引导孩子说出心中的话，让孩子释放心中的不快，也是在与孩子分享一起成长的快乐。孩子长大了，他懂得该如何去做了，我就放手吧！我以后对他学习上的事尽量少管少说，做好后勤保障。

这是一位家长朋友的感悟。在我们交流一年后，我很感动于她养育思维和行为的变化，相信她和孩子会越来越好！

是啊，当我们没有过激情绪的时候，孩子也会是平静的；当我们把自己应该做的事情做好了，孩子一定会把他的事情做好！对孩子来说，许多事情不是直接教育出来的，而是通过父母行为的引导和影响来实现的，如感恩、分享、尊重，等等。

教育的本质是自省。在教育孩子方面，就是父母借助养育孩子的机会对自身能力和素质的检验，对自己内在世界的审视与反省。就像下面这位“阳光会员”涵涵妈所感悟的那样：

涵涵妈妈：当小丫头惹我生气的时候，我只是生气，不高兴，批评她，从来没告诉她这样错了，为什么错，应该怎么改正。今天和您畅谈“不良影响”的问题，我恍然大悟，知道了就及时改正。但在当时只顾着生气，也没考虑小丫头的感受。

阳光：“当小丫头惹我生气的时候，我只是生气，不高兴，批评她。”这些表现只是在告诉孩子你的态度，你的情绪状态，并不是在指导孩子如何改变和成长。许多人往往认为这就是在教育孩子，岂不知这是家长在宣泄自己的情绪，孩子存在的许多问题依然没有得到解决。家长就是这样无意识地耽搁了孩子的成长，却还在沾沾自喜地认为自己为孩子做了多少事情，付出了多少心血！

我非常高兴，涵涵妈在养育孩子过程中能换位思考，常省常新。教育孩子的优秀策略就是在父母不断的自我反省中产生的！

舞蹈四 “层层加码”的欲望式养育

欲望是一种很奇怪的东西，会让人上瘾，且无论好坏都会一发不可收拾。在对孩子的养育中也出现了一种欲望——不满足。父母对孩子的要求标准总是随着不断满足而不断提升，最终自己也不知道自己的最终养育目的究竟是什么。刚开始只希望有一个健康健全的宝宝就满足了，然后希望有一个活泼可爱的宝宝，然后希望有一个乖巧听话的孩子，然后是聪明伶俐的孩子，然后是多才多艺的孩子，然后是成绩优秀的孩子，然后是表现突出的孩子，然后要受到大家喜爱，然后要进重点中学和名牌大学，然后要出国镀金，然后要赚大钱或当官，然后要找个优秀媳妇或有钱、有地位的女婿，然后……所有这些，最好能集于一身。突然有一天，孩子生病了，出走了，自杀了或被抓了。这时我们才发现，我们最后只需要一个活着的、身心健康的孩子就好，其他的就如黄粱一梦，都是虚幻、不真实的，只是家长的想象创造出来的。

许多人养育孩子没有顾及孩子生命的真实渴求，因为他们不知道这些，只知道自己需要什么样的孩子！在小孩童时期，孩子的任何言行都是可爱的，我们也从孩子身上获得了独特的幸福感受。孩子稍大一些了，父母的这种感受在慢慢地降低，对孩子的溢美之词逐渐变成了抱怨与责备。父母的眼光随着孩子的长高在抬高；父母的心态随着孩子的情绪在波动；父母对孩子的评价标准随着孩子的发展变得更严格。这一切源于父母看待孩子的眼光发生了急速转换；源于父母对孩子的要求在不断提高；源于父母随着攀比结果的好坏而产生的情绪上的波动。而最根本的是父母不知道自己的养育能力已经不能适应孩子的成长了。比如：自己不知道怎样当好父母，却要求孩子听从自己的命令和指挥；

父母自己不能帮助孩子解决问题、困惑，却责备孩子自己没有能耐、太笨；父母自己说假话，却要求孩子不能撒谎；父母乱说脏话，却要求孩子做一个懂礼貌的好孩子……

这些问题的实质是养育者养育理念上的错误，是武断掌控孩子生命成长的一种做法，这将对孩子的价值观和人生观的建立造成更多困惑与阻力！养育者的欲望是不断变化的，它是随着时间的推移和孩子的成长逐渐建立起来的，这样的形成过程最令人难以觉察。就像蚂蚁撼树，在不知不觉中，养育者美好的初心消失了，剩下并逐渐壮大的就是自己对孩子越来越高的期望，而不管孩子是不是那块材料，有没有那个能力。

“无欲则刚。”养育孩子也是这样。恢复美好的初心，自己不断培养养育能力，将自由成长的空间还给孩子，这就是做父母。

阳光雨露

我们总是把养育问题的不良成因向外归结在孩子身上：“我的孩子……”而没有从内自省：“我这做父母的……”我们也总是把关爱向外传播，忘记了给自己留一些自身修复的机会。直到把自己弄得筋疲力尽，把事态搞得一塌糊涂，才幡然醒悟。自省、换位思考——养育孩子的金玉良方！

改变·希望

你一个小人儿，
撑着一把大雨伞，
行走在风雨飘摇间。

我跟随在你身边，默默携扶伞柄。
任凭风吹雨打，不悔地陪伴。

风雨把你锤炼，希望在前面。
你走出坚定的步伐，是我最大的心愿。

给孩子撑伞，还是协助孩子撑伞？

——父母如何释放对孩子的爱

妈妈牵着小孩童的手是温馨的，两位耄耋老人牵着手是幸福的，孩子牵着老人的手是令人感动的。

然而当妈妈为了防止孩子迷路，牵着已经身为研究生的孩子的手时，我们会有什么样的感受和感慨呢？

“怎么会？都研究生了！”

惊讶吧！可这样的故事就发生在你我身边！

有一位优秀的教师给学生做了一个实验，如果强行压着一个饿了三天的老母鸡的头让它吃米，老母鸡不吃；而在对老母鸡进行安抚后，老母鸡一下子就把米吃光了。

这多么像上一节那位高中生妈妈所分享的话：“为此我郁闷了好几天。从那以后，我真的就不再管他了。可奇怪的是，从那以后，他明显改观了，学习更自觉了，不再那么执着于玩游戏了。我不知道是因为我跟他谈了以后，尽管当时不愉快，但还是起了作用，还是我真的不管他了，也就觉得他没问题了。”

这两则故事引发了我很多联想，尤其是在父母养育孩子方面：我们是否像那位老师和妈妈的做法一样，把孩子握在“爱的手心”里，强硬要求孩子按照我们的意愿成长呢？这样的生命会有内在的激情与活力吗？就像前面我所说的接送初中孩子的妈妈一样，她孩子的生命成长得一定不太舒展，就像一只永远被妈妈呵护在翅膀下的柔弱小鹰，而那位妈妈却觉得自己是一位“高尚的救世主”——我永远爱我的孩子，因为我的爱和保护，他不会受到风雨外力的伤害！

我经常接触一些彼此之间交流有困难的父母与孩子，大多数是由父母对孩子的教育方式不恰当，如对孩子不理解、不尊重、溺爱放纵、管教过于严格等造成的。

镜头一　不愿意回家的女孩

一个小女孩从出生起就在妈妈的精心呵护下成长着。妈妈每天都细致入微地给孩子做着她能够做到的一切，生怕哪里做得不好影响孩子的成长。妈妈也很享受这种忙碌的氛围，并逐渐成为一种习惯：给能自己吃饭的孩子喂食；时常抱着已会走路的孩子；担心孩子安全不让她出去活动；害怕孩子把自己弄脏而限制孩子的活动；怕孩子生病，孩子用的所有物品都要消毒；孩子上学后除了学习，其他的一概不能做；怕孩子学坏，不允许她跟其他孩子玩耍……就在妈妈这样的关爱下，孩子渐渐地长大了。孩子的身体情况怎么样？非常羸弱，每次流行感冒必定少不了她。孩子的课业成绩如何？辅导班没少上，钱没少花，工夫没少用，只要见到她必定是在屋里学习，但由于方法不得当，高考成绩非常不理想。孩子的生活能力如何？妈妈几乎包揽了孩子的一切，很多事情都是在妈妈的安排下完成的，孩子就是一个“小听差”。由于时间都用在“题海战术”式的学习上，孩子难得有机会参与其他活动，也由于被妈妈训练得过于“听话”，孩子的生命状态非常萎缩、不大气。孩子的人际交往如何？从小缺少伙伴，缺少自己做主的权利，缺少关爱他人的机会，孩子表现得自私自利。这位妈妈强势的爱带给孩子什么呢？是生命自我发展的桎梏，是孩子不愿意回家的行为决定。遗憾的是，妈妈至今认为自己做得“尽善尽美”，是孩子自己不争气！真是令人无奈又心酸。

镜头二　仇视妈妈的儿子

“您好，阳光老师，我是一位孩子的家长，有朋友和我说周末有一个有关如何与孩子沟通交流的家长座谈会，我正好遇到了瓶颈，想参加，可以吗？”

这是一位外地妈妈的留言。从她的话语中，我感受到妈妈和孩子一定遇到难题了！

果不其然，在周末座谈会上，我知道了事情的原委：妈妈是一位精明细致、追求完美的人。尤其在对孩子的培养方面，可真是规矩细致，要求无数。但妈妈从来没有考虑到在养育孩子方面至关重要的因素，那就是孩子是一个快速变化的生灵。当他从不懂事、依赖性强的小学童成长为富有知识与能力的青少年的时候，妈妈依然用呵护小孩童的方式对待他，百般疼爱与关照。可想而知，面对这样的关爱，急于展示自己能力的热血小青年会有怎样的反应？最后孩子变得桀骜不驯，不但逆反得厉害，还产生了心理困惑和不恰当的发泄行为，他曾经对妈妈说“我再也不相信你了”。而妈妈也无计可施，被折磨得筋疲力尽。

通过一年的交流学习，妈妈认识到了自己的问题所在，逐渐改变了自己的行为，与孩子之间建立起了信任、理解与尊重的氛围。从孩子感慨的话语中，就体现出了妈妈的变化：“以前，在我妈妈那里，我就是她用来攀比炫耀的资本，还是一只被她呼来唤去的小狗，哪还有我自己啊？我是不能有自己的主见的。现在妈妈给了我更多自己做主的机会，也常常鼓励我去尝试，我可以痛痛快快地做自己想做的事情了，太爽了！就像夏天猛吃了一桶冰激凌那样舒服。我自己也感觉自己改变了许多，当然是变好了！”而妈妈则感慨道：“我现在才真懂得了‘孩子的问题是父母造成的，要改变孩子，父母必须改变’的真正含义。我也懂得了到处找一星半点的所谓‘妙招儿’来教育孩子，实在是行不通的，必须让自己静下心来，系统地、踏踏实实地参加学习，并给自己不断思考的时间，在思考中不断地审视自己的养育思维，相信一定会有收获！另外，要改变自己和孩子，就必须学会放手，就像阳光老师说的那样——不是孩子依赖父母，是父母在养育过程中形成了对孩子的‘依赖症’，不为孩子做些什么，就感觉没着没落的。现在我明白了，父母必须恰当适时地放手。对孩子的放手就是对家长自己的解放，妈妈昨天的放手，就是为了孩子今天的改变、明天的优秀。参与会员学习还让我和孩子的沟通得到了意想不到的改善。在没有学习之前，我对与在青春期中孩子的沟通真的可以说是‘黔驴技穷’了。作为老师的我，到了这种地步，自己都觉得很丢人——连自己的孩子都教育不好，还怎么去教学生？因此我对孩子的管制变本加厉，脾气也越来越不好。现在看来，就像阳光老师所说的那样，教师的教学能力与父母养育能力并不是一回事，教育的内容也是不尽相同的。如果早参加学习，早知道这样的理念，我也不会自以为是地认为‘我是老师，不需要别人来指导我怎样教育孩子’。现在想起来真是有些惭愧啊！”

镜头三　孩子带动我成长

一位仅仅有小学四年级文化水平的妈妈，给我发了这样一段感言：

时光飞逝，岁月如梭。转眼我的女儿、儿子都长大了。回想对儿女的养育，有好多遗憾，对大学已毕业的女儿来说，我们的遗憾是没有让女儿学习她喜欢的画画。女儿从小就是一个非常懂事的孩子，非常听从父母的安排。可我们究竟对她做了些什么呢？因为我们的不喜欢，孩子失去了自己喜欢的东西。

两年的家庭教育理论学习下来，我体会到了自己学习的好处，在我儿子的身上见到了效果。前几天，我们对准备中考的儿子说：“我们放手，你自己想好了就去做，需要我们的时候，我们随时听从号令。我们可以给你参考意见，但不会强迫你。”说完后，在从养育孩子开始到现在的 20 多年时间里，我第一次真正感觉到了什么是轻松。孩子也开心地笑了，相信这是真正的开心。

我们对孩子的放手经历了一个不短的过程，不断地反复、纠结，很难。但今天儿子的表现是我们原先不敢想的：学习成绩上去了，自己知道锻炼身体了，听着音乐学习的效果反而比以前好了。对于这些变化，我还是有些想不通。但是只要孩子变好了，就好。

我现在打算继续学习，不是为了孩子，是为了我自己！我在参加会员家庭教育的学习时，获得了从未有过的自信。我要改变我自己，尽管我马上就“奔5”了。回过头来，看看我写的这些文字，我真的不相信是只有四年级文化水平的自己写的。我骄傲！

相信这位妈妈将来一定是一位好奶奶，因为她在不断地学习，不但学到了养育孩子的基础知识，还提高了自己的思维能力和文化水平。尽管平时给她作指导，也接触过一些她写的东西，但在收到她这篇文章的时候，我还是感到吃惊不小。我祝福她越来越优秀！这位妈妈的改变告诉我一个道理：只要你决定了，然后坚持不懈地去做，任何事情都阻止不了你改变和前进的步伐！目前这位妈妈已经是一位非常好的家庭教育指导师了，她正指导着许多有养育困惑的妈妈科学地养育自己的孩子。

镜头四　被无序放养的女孩

我一个朋友的女儿，因考试成绩不好，花钱上了一个专科学校，今年上大二了。从小父母除了用钱满足孩子的需求以外，孩子的生活、学习全是“顺其自然”地放养，没有任何规矩和条理。朋友一开始还很轻松，觉得没费劲孩子就长大了。可是慢慢地，孩子的问题就显现出来了。从高中开始，父母就用钱给孩子铺就上学的道路，如今上大二了，用妈妈的话来说，孩子“更成了花钱的祖宗”，除了讲究名牌乱花钱以外，还不知道体谅、关怀别人。孩子在大学期间更不知道该如何学习，尽管在学校，孩子也是在“混日子”，妈妈真是操碎了心。“唉，只要不太过分就行，能混个毕业证就不错了。”妈妈这样说。这位妈妈的做法就是典型的放手过度、无序养育的行为。

现实生活中也有许多优秀的父母，他们在养育孩子的时候，思维理性睿智，方法得当，施教过程科学有序，孩子成长过程快乐幸福。当然，孩子的成长结果也是令人满意的！通过对他们的调查，我了解到多数父母是在不断学习和思考的过程中获得养育能力的，在养育孩子的实践中获得了更恰当实用的施教方法。还有些父母没有任何学习过程仍培养出非常优秀的孩子，这是因为他们接受到了日常生活的真正教育，获得了足够的养育孩子的经验，并用这些经验影响着孩子的成长。比如：有一位农村的爸爸没有上过学，却培养出 3 个大学生，当记者问他的时候，这位爸爸朴实地笑笑说："我没有教孩子，就是让孩子放学后教给我他们在学校里学习的东西，我再跟着孩子学习。"这就是这位爸爸教育孩子的最成功之处。

下面是我回答一位高中妈妈咨询的"如何处理课业和竞赛之间的矛盾"的节选，是有关对孩子学业放手的知识。

"您问到我孩子的问题，说实话，目前孩子的生活、学习等所有事情，基本上都是他自己在打理，尤其是学习上的事情。我都不知道孩子考试成绩如何，只是知道在班级处于上游，这是他自己掌握的事情！学习物理、参加物理竞赛也是孩子自己决定的，他有自己的打算，觉得这样既可以迎合一些高考政策，还可以提前学习更深的物理知识，如果感觉一直喜欢将来就学习物理专业了。

"我之所以敢这样放手：一是我从小就让孩子养成了善于自我总结的学习方法。孩子不会把自己困在题海中，因此孩子有充足的闲暇时间。二是我们没有给孩子制定任何目标，我们不赞成孩子当'学霸'。三是我们没有限制孩子自己喜欢的任何学习方式，他可以早上做作业，可以在课堂上做作业（当然要事先引导孩子注意学习课堂知识点，其次要和老师沟通好，防止老师误解孩子。这样做一定要根据孩子的情况慎重决策）。总之，孩子学习环境非常宽松，孩子的心情也非常放松、愉悦。四是孩子自己会根据成绩来分析、判断和总结自己掌握知识的程度，而不是关注成绩本身，所以孩子没有考试压力。五是从孩子上学开始，我就给他灌输了学习的真谛——学习是他自己的事业，是他自己的责任，是他自己必须做好的事情。六是在上学伊始，我就引导孩子建立正确的学习方式和学习态度：①自学为最好的方法，自己看教材，预习功课，举一反三；②了解自己的学习风格，了解老师的教学风格；③提前预习，力争在课堂中消化掉自己预习时没有弄懂的知识，保障课堂听课的高效率；④引导孩子不懂就问，可以问老师、同学、学长等一切人，及时消除每一次新课遇到的障碍，保障课业学习连续顺畅。我们要告诉孩子，向他人请教是非常高尚的行为，没有什么不好意思，更谈不上丢面子。每个人都会喜欢和欣赏勤学好问的学生，前提是你在学校一定要尊重任何一位老师和同学，不管他是哪一个班级的。

“这样，孩子逐渐形成了自己的学习风格，能很快地适应任何学习环境，即便在嘈杂的环境中也能自如地学习，在没有人管的情况下也能自觉地学习。自主自觉能力是孩子学习的内动力，也是孩子建立自信心的来源！我孩子成绩在上游，但不是学霸（我们从上学开始就告诉孩子不要拿第一，保持上游就好），因此他有充足的时间、精力和兴趣参与到更宽广的发展天地中去历练自己。目前我们夫妻俩对孩子所做的就是做好我们各自的事情——爸爸的建筑事业，妈妈的家庭教育事业，然后充分地理解他、信任他、尊重他的意见和安排，给他自己充分的自由发展空间。而我们只是站在远方欣赏与鼓励，在他需要的时候帮他消除一些困惑，当然也只是提醒和建议而已，最终的决定都是他自己作的！

“大孩子的自主自觉的学习能力背后，是父母从小对孩子进行各种能力的培养与‘放手’锻炼。这些‘放手’的过程是有原则的：一是需要时间，放手不是一蹴而就的，而是根据具体情况经历一个‘学习—练习—修正—巩固—放手’的过程，这样孩子就会一点点地按照正确的做事原则和方法程序行事，最终获得独立完成项目的能力和习惯；二是懂得适时放手，过早或滞后都会影响孩子的正常发展，过早会令孩子因身心发展不成熟而形成行为习惯不足，过晚会使孩子产生依赖。若不懂得这些原则贸然放手，孩子有可能会因为对事物的处理不知所措而出现问题。

“有好的‘前因’才会有好的‘后果’，这是规律。不要在孩子小时候没种下种子，却要求孩子给你好的表现，这是破坏规律的事情，也是绝对不可能出现的事情。

“孩子未来所面对的世界是多样性的，是变幻无常和不可预见的。我们养育孩子不可能教给他适应社会的制式的解决问题的办法，只能给予他一种灵活分析问题、解决问题的能力。只有拥有了这些能力，孩子才能独自去解决自己遇到的任何问题。当孩子能够独立决定自己事情的时候，任何事情孩子都会处理好，尽管期间可能会出现一些问题，相信孩子也一定会找到解决的办法，并及时吸取经验教训。”

作为父母，我们都有一个机会决定把我们的孩子培养成什么样的人。人天生就具有生存的潜质，但在生命初始没有驾驭它的能力。需要父母去发现、去培养，使之成为生存的实际能力。孩子生存能力的强与弱，取决于父母教育理念的正确与否，取决于父母教育方式的正确与否。也许从“龙生龙，凤生凤，老鼠的孩子会打洞”这句俗语中，我们会感知一二。因此，作为父母，我们一定要用正确的理念和方式去完成对孩子的教育引导，把孩子培养成自食其力的、对自己和社会有益的幸福人。

父母养育孩子最重要的任务就是父母如何成就自己的养育能力。父母养育孩子最重要的技巧在于父母如何释放对孩子的爱，如何将爱传递给孩子，并让孩子接受到来自父母正面的影响与引导。

学习并改变自己，成为值得孩子信任和骄傲的父母。最后我送给想改变自己的家长朋友五句话：

静下来，让自己认识自己；

慢下来，让自己改变自己；

减下来，让自己拥有自己；

放下来，让自己成为自己；

放出去，让孩子成就自己。

前四句是写给家长的，只有最后一句是有关孩子的。而前四句恰恰是为孩子的自主成长奠定基础的！朋友们，让孩子自我成长，成就自己；让我们自己成长，成就家庭幸福的未来！

阳光雨露

今天，在"独生子女"的家庭里，溺爱行为随处可见。家长对待孩子的态度失去了应有的原则和尺度，不但使孩子养成心高气盛、自我自私的秉性，孩子的独立能力也很差。一旦脱离了家庭的"温室"，孩子身心的承受能力将会受到严峻考验。我们不能溺爱、不放手，也不能完全不管地"散养"。父母懂得适时放手是一种大爱；懂得放手的尺度是一种能力；协助孩子完成独立能力的锻炼，是父母必须尽到的责任！"放手"是一种智慧，更是一种大爱！

改变·希望

我和妈妈一起追彩虹。
坐上去，摘星星。
云朵从身边飘过，
飘进了城堡。
那里都是小精灵……
这是我的梦，在妈妈的怀抱中。

不要抹杀孩子心中的彩虹
——留住生命激情，让孩子赢在起跑线

“不要让孩子输在起跑线上”是大家非常熟知的一句话。正是这句话使许多人内心惶恐，进而焦虑，最后失去了养育孩子的耐性，加入了“从众跟风”的大军中。在匆忙的行进中，忽略了沿途的风景！

破茧成蝶，重要的是过程。

还记得我在前面讲过的“蝴蝶破茧”的故事吗？有人帮一只艰难破茧的蝴蝶剪开了出口，但是令他万万没想到的是，由于他的“好心帮助”，蝴蝶失去了在挣扎过程中将体液从身体挤压到翅膀的机会，因此失去了飞翔的能力，失去了生命的力量！

这多么像本章中我所列举的家教实例中的景象。那些父母就像这位“好心人”，给予了孩子无微不至的呵护与关爱。而恰恰就是这些父母看来是关怀的养育行为，让孩子在舒服的享受中失去了历练自己的机会，令孩子减弱或失去了将来面对生命挑战的力量！

小孩童都是优秀和可爱的。在他们来到这个世界之前，利用自己的力量冲破各种阻碍（精子间的竞争、胚胎的形成及生产的过程），顺利出生，是何等英勇！为何来到这个世界上，有了成年人的帮助，孩子的生命反而会出现那么多困惑呢？

小孩童的模样总是讨人喜欢的——小脸蛋美美的，小嘴巴甜甜的，看你一眼、叫你一声，真是令人陶醉。父母喜爱不够，疼爱不烦，一切“关爱”都演化成充足的物质满足和周到的呵护，孩子成了“宠物”。他们自己不需要做什么，只需要“听话、接受”。父母对孩子无尽的关爱本无可厚非，但要适合孩子的需求，我们做得不可太过、太出格。

“鹦鹉学舌”式养育出的小女孩

这是会员丽妈给我讲的一个故事：“我与同事聊天时得知，我们一个同事的孩子刚上一年级，老师让孩子写日记，同事怕孩子写不好，就自己写好了让孩子抄，再让孩子背下来，防止老师知道内幕。现在才半个学期，孩子已经养成了一个习惯：写日记就等着妈妈。妈妈不写，她就不做。孩子很无辜，小小年纪就有了不属于自己的语言，她能知道日记是什么意思吗？这对父母都是高学历，怎会有这样的想法和做法呢？自己知道上学不容易，所以绞尽脑汁地‘帮’孩子，就差替孩子去上学了。久而久之，孩子已经变得懒惰、被动，学会作假了。另外，孩子自卑、虚荣心强的秉性也是家长造成的。现在这样的孩子太多，小孩子都大人化了，真是悲哀。这件事情让我更深刻地体会到了阳光老师的观点——学历高、职位高与养育孩子的能力不是一回事。孩子的家庭教育也是一种职业、一门科学，是必须通过学习才能懂得的。”

这种养育方式多么像“鹦鹉学舌”。鹦鹉学到的完全是别人的内容，完全没有属于自己的东西。更重要的是，孩子会因此得不到正确做事的方法和启示。这个小女孩从父母那里得到了写日记就是“妈妈写，自己抄”的思维定式！孩子现在的行为仅仅是依赖，将来延伸下去则会因无能而自卑，对父母的态度则会是怨恨！其实，妈妈不是怕孩子写不好，而是担心高学历的自己会丢人。

这个优秀的会员还发过来了她对此事的看法和体会：“原来我也干过这样的事——孩子小翻不过身来，我就帮你翻吧；看着孩子为作业发愁，我就帮你做吧！却不知道于孩子的成长而言，重要的是过程而非结果。那是孩子自己体验成长的过程，可以从中获得探索的喜悦和成功后的自信。如果大人刻意帮助，孩子会逐渐丧失能动性，使得自己的发展处于被动的状态。事事都等着别人来教来帮，无形中削弱了孩子求知学习的欲望和信心。听说了这件事，再结合着今天您跟我说的有关孩子‘尿裤子’的事情，我有些懂了——养育孩子并不是处处替他做，而是通过引导和影响，让他自己去探索发现，慢慢找到自我改变的方法。在这一过程中，不管结果好坏，那都是一种经历。孩子经历多了，也就懂了。”

这位丽妈感悟得极是，正因为她学习了，才能从他人的养育行为中获得感悟，得到养育的警示，使自己的养育生活及孩子的成长发展非常顺畅、快乐，自己才会有“真正投入进去，才感觉到陪着孩子成长是件很快乐的事情”的不凡感慨！

如今的孩子聪明，懂得多，让父母感觉不把孩子培养成“神童”就好像对不起他。于是，一切围绕着孩子的教育早早地展开了。如今的父母对孩子的感情更细腻、更投入，为了把孩子培养成自己心目中的样子，好多心急的父母更是花费心思，甚至不择手段地越俎代庖，直接帮助孩子做事，目的是看到孩子“优秀的表现”，因为不希望孩子输给其他人。就像上例中的那位妈妈，她的行为让人匪夷所思，甚至有些愚昧。这种行为实质是对孩子生命成长的一种摧残。

被“宣判”的小男孩

记得朋友跟我讲过这样一个小男孩——他从小活泼好动，反应机敏，说话得体，经常在各种场所见到他活跃的身影，非常惹人喜爱。但到了上学的年龄，孩子却成了父母的一块心病：在教室上课坐不住，下课好招惹同学，不断地打搅他人学习……爸、妈经常被老师叫到学校。起初爸、妈还有耐心，感觉孩子还没有适应学校有规矩的环境。可随着孩子在学校逐渐不被老师和同学待见，随着成绩的不理想，爸、妈对孩子逐渐失去了信心，在言语中经常透露出对孩子的不满和鄙视：“你怎么这么烦人！”“你怎么这么不可理喻！”“你怎么这么没出息！”

“我怎么就生了你这样一个令人讨厌的孩子!”……在这样的氛围里,孩子逐渐远离了老师、同学和父母,渐渐地失去了对他们的信任,慢慢地失去了学习兴趣。后来,他开始逃学,并与社会上一些品性不良的孩子混在一起。孩子就在这种稀里糊涂的状态下“熬”到了小学毕业。在初中一开始,除了报到以外,孩子再也没去过学校。孩子的父母非常痛心,更感到迷惑:那么聪明的孩子,怎么就变成现在这个样子呢?

相信下面这些名人的故事,会给他们一些启示。

有这样三个孩子:第一个孩子 4 岁时才会说话,7 岁才会写字,10 岁才上学。被老师评价为“反应迟钝,思维混乱、不合乎逻辑,满脑子不切实际的幻想”。得到了校长“干什么都不会有作为”的评价。因此,这孩子还退过学!第二个孩子考了 3 次都没考进艺术学院,曾被父亲抱怨是“白痴”,被叔叔说成是“无可救药”,在众人眼里毫无前途。第三个孩子常被老师责骂为不务正业的“玩虫子”。所有的老师和长辈都认为他平庸、不聪明。

他们果真如众人说的那样吗?让我们来看看他们都是谁!

第一个孩子是爱因斯坦,一位伟大的物理学家,现代物理学的创始人和奠基者!第二个孩子是罗丹,伟大的雕塑家,将一生献给了雕塑艺术!第三个孩子是达尔文,闻名世界的科学家,巨著《物种起源》的作者!

多么令人惊讶的结果,很难将他们上学时的表现与最后的成就联系起来,但这就是事实。那他们是如何成为伟人的呢?让我们一起来看看他们的故事。

爱因斯坦从小性格古怪,喜爱独处,不愿与人交往,不愿受人约束。上小学时成绩不好,中学时被勒令退学,在常人眼里是一个不可救药的“笨孩子”。正是这个“笨孩子”,却拥有做事不成功决不罢休的耐心和毅力。睿智的爸爸、妈妈发现了他的特点,通过耐心的引导,为他打开了通向成功的大门!

罗丹从小醉心于美术,表现出不凡的绘画天赋,但由于他上课时也在画画,课业成绩不佳,不仅受到老师的责罚,也受到了父亲的责难。父亲撕毁了他的画作,烧掉了他的画笔。是姐姐将他送进了绘画学校。在那里,他有幸碰到了著名的勒考克老师和雕塑家卡尔波,并得到他们独特而实际的教诲!但当罗丹去报考巴黎美术学院的时候,因为不合主考官的品位,三次都没有被录取。罗丹遭此挫折，加上姐姐的去世，他进入了修道院，却幸运地得到了修道院院长的鼓励，成为一代雕塑大师！

达尔文从小喜欢在大自然中活动，对动物和植物产生了浓厚的兴趣。在达尔文上学后，他常常利用课间活动采集植物，曾经被校长训斥："远离这些玩意儿，否则你就要被赶出学校。"幸运的是，达尔文有一位好爸爸。爸爸非常支持他的活动，只是告诉他不要在学校采集标本，那样会影响功课。爸爸还把自己花园的一间小棚子给达尔文当实验室，并对他说："你要善于并敢于想象，只有大胆想象，才会有所发现。"正是在父亲的鼓励和支持下，达尔文终于发现了生物进化的规律，写出了足以影响整个人类的巨著《物种起源》。后来达尔文说："没有想象，一切都不会存在！"

这就是三位伟人的故事。

每个孩童心中都有一个灿烂的梦想，是不容易被我们理解的。每个孩子心中都有丰富多彩的世界，有些是我们无法企及的。但这并不等于我们可以恣意妄为地去嘲笑他们，支配他们，打击他们，毁掉孩子对未来的憧憬和想象。每个孩子的前途都是不可限量的，自然赋予他们独特的生命潜能。父母对孩子的养育就是一个发现潜质、激化潜质、协助孩子成就自我的过程。理解和尊重他们是身为父母最起码的责任和义务。

被累垮的"小天使"

许多父母为了孩子不停地奔忙，不图孩子将来能回报自己，只愿他们将来有个好前程。因此，父母希望孩子不要玩耍，把精力和时间都用在"学习"上。于是，我们就会在许多课外补习班里见到那些神态眯眯瞪瞪的孩子。为了不让孩子输在起跑线上，父母不计花费、不辞辛苦地陪着孩子穿梭在上课的途中，不顾孩子生命发展的规律及孩子的情绪和年龄特征，经常做一些"拔苗助长"的事情。好多孩子对学习的热情就是在各种毫无生气的课堂上、整日的繁忙和疲惫中被磨灭掉了，孩子生命的活力也被削弱了。

一个有点儿像日本"樱桃小丸子"的小女生，白白净净，留着齐眉娃娃头，大大的眼睛，甜甜的笑意写在脸上，是那样惹人喜爱。可这是她以前的样子，今天的孩子大眼睛被厚厚的镜片遮住，满脸的萧瑟，心情沉闷，无论怎样逗弄她，都再也见不到原来的微笑模样！

这是怎么回事呢？

这一切的变化源自于父母给孩子制定的一张学习表，我看过那张表，实在是不忍心把它贴上来。从周一到周日，从早晨起床到晚上睡觉前，孩子的学习及活动安排得满满的，就像是一个“重刑犯”在接受惩罚，几乎没有属于孩子自己支配的时间，孩子根本没有和伙伴自由玩耍的机会。孩子失去了自由快乐的天空。而她的妈妈呢？在和我交谈的过程中，她却依然很幸福地谈论着对孩子未来的“美好憧憬”，得意地展示着自己的“伟大杰作”，自豪地诉说着自己的“无私付出”。可是，最后她却用迷惑不解的语气道出了自己的困惑：“我都做到这样了，孩子怎么成了那样呢？”

唉！就是因为妈妈的“这样”，才使孩子成了“那样”的！

醒醒吧，这位妈妈！放手吧，这位妈妈！学习吧，这位妈妈！别再执迷下去啦！一个不到8岁的小孩子，她需要喘息的空间，需要玩耍的伙伴，需要快乐的童年。要知道，她担负不起那些压在肩上、本不属于她的学习重担和妈妈的“深厚”期待！

教育家卢梭认为，儿童教育不能在今天预支明天的需要，必须把儿童当作儿童来看待，尊重儿童特有的观察、思考和感觉的特殊性。不同时期的孩子有着不同的成长特点、不同的成长需求，也就需要不同的学习方式与不同的成长影响和引导。科学地顺应孩子的成长规律，满足孩子当下的成长需求，才是家长最需要做的事情。不要再盲目地做出违背孩子成长规律的行为——学习课业不等同于智力开发；死记硬背无法训练综合能力；超前学习课业知识不能决定孩子就有好前程……凡事都有内在特性，讲究分寸尺度，且有规律可循，是随时间推移而不断变化的。不能一成不变，一概而论。

有一位妈妈辛苦地养育大一个孩子，孩子大学毕业后因觉得上班辛苦而赋闲在家，面对妈妈的劝说，他的回答是：“如果你不能养我一辈子，为什么从小对我那么娇惯？”

呜呼哀哉！我们究竟是如何评价这对母子？是该同情这位妈妈，还是该可怜这个孩子？这个孩子的“啃老”，对他的家庭来说，是一个“天大的灾难”。可以肯定地说，他童年时不是这样的，可为什么在妈妈的疼爱呵护下，今天变成了这样一个“问题人”？

在千千万万个孩子中，也有许多优异者，去探究他们的成长经历，我们可以得出一个结论：在每一个优秀孩子的背后，都有优秀父母的用心培养。尽管他们的知识水平不同，脾气秉性不同，施教方式不同，但他们都能用适合自己孩子的正确方式去影响和引导他们，因材施教，最终将孩子培育成了一个成功的人。

阳光雨露

同样是养育孩子，方式方法不同，收获也不同。有时候父母“狠心拒绝”就是疼爱；有时候“温柔安抚”就是疼爱；有时候“严格要求”就是疼爱；有时候“提醒建议”就是疼爱；有时候“真诚道歉”就是疼爱；有时候“默默欣赏”就是疼爱……这些看似简单的疼爱行为，孩子都能够深深感知到。他们会带着爸爸、妈妈的爱，轻松、舒畅地走上属于自己的人生路！没有人不疼爱自己的孩子，却有人不懂得疼爱的真谛。

改变·希望

窗外风吹动，

屋内读书静。

寂静的心儿，

听到了我的声音。

用字符传递爱的关怀，

用颜色渲染生命的期待。

读书、学习、对白，

就是成长的缤纷色彩！

教育没有捷径，“妙招儿”不是法宝

——养育孩子过程中的自省与开悟

要做某件事情，我们总想获得省心、省事、省力的好办法，这是人之常情，无可厚非。但当自己绞尽脑汁去寻找这些办法时，这些省心、省事、省力的“优势”其实早已随着时间悄悄地失去了。你在各方面付出的努力已经远远超出你期望的结果。在家庭养育中也是这样，养育者想“省心、省事、省力”，为此特意去寻找“妙招儿”“捷径”，遗憾的是，到头来不但没有找到，孩子成长发展的最好时机也在这些荒唐的行为中耽误了！寻找的“妙招儿”“捷径”不在他处，就在我们“临窗读书静”的意境里，就在“回眸一瞬间”的反思中！

“妙招儿”“捷径”对家长有非常大的吸引力。每当有专家来演讲或作报告时，家长们都会想尽办法地寻求一二，以便用到孩子身上。那什么是“妙招儿”？什么又是“捷径”呢？

“妙招儿”，说白了就是办法，是在解决具体问题中比较奏效的好办法，它具有个别性、针对性。而孩子的成长和对他们的养育是一个完整的系统，其中涉及的问题具有时效性、连续性、顺序性，仅仅用一两个“妙招儿”不足以解决孩子已达到一定程度的问题，而这些问题都是一些小事日积月累形成的。现实中不少人的做法是：孩子成长的问题不到万不得已，是不会寻求外力帮助的。因此，单靠妙招是无法从根本上解决孩子的养育问题的。

“捷径”在任何地方都不存在。成功与要付出的代价是成正比的。成功地养育孩子，也是如此，只是不同的家长选择投入的内容不同——有的投入金钱，有的投入时间，有的投入精力。投入的内容不同，侧重点也不同。比如：经济条件比较好的家庭，对金钱上的投入不会太在意，但对于时间和精力却斤斤计较；经济不宽裕的家庭，无法付出过多的资金投入，只能在时间和精力上下功夫。因此，无论金钱、时间，还是精力，综合性的总投入应该是等量的。所以，养育孩子没有捷径，如果非说有捷径的话，那就是不走或少走弯路。

经常有家长这样问我：“我想在您这里找到一种办法，回去好教孩子。”“您有什么妙招儿吗？教教我。”“我实在没有办法了，您教给我一招半式的，我好对付那小子。”听着那坚定的语气，看着那坦诚而单纯的模样，我感到又可气又好笑。回答不是，不回答也不是。这哪像是最亲密的父母与孩子，简直就是“战争”中的敌对双方嘛！

新西兰早教专家塔蒲·蜜萨说过：“人世间的一切问题都源于育儿不当或育儿缺失。”这句话深刻阐明了养育孩子的优劣与整个人类发展的关系。一个家庭、一对父母、一个孩子，看似小家小事，但当每一个家庭中的每一对父母都能科学地养育出一个优秀的、对社会有用的孩子时，我们的世界将会是怎样的形态？假如家长都想寻找“妙招儿”对付孩子，那么睿智的孩子就会毫不客气地施展出应对你的“良策”，父母与孩子之间的“战争”会越演越烈，将来我们向社会输送的就可能会是“战争分子”。到那时候，我们的社会又会是什么样的呢？这样的社会大环境反过来带给孩子的又将会是什么？

“推动摇篮的手，就是推动地球的手。”拿破仑这样告诉我们。小家庭关乎大社会！这是在说父母养育孩子多么重要，可不是仅凭“想当然”就可以做到的。当我们回首自省的时候，会不会发现自己身上有不经意的“想当然”？而正是这些“想当然”迷住了我们的心智，让我们产生了许多不切合实际的理念：我们爱孩子，相当爱——不让孩子做任何事情就是爱；一切顺从孩子的意愿就是爱；给孩子安排无尽的学习内容就是爱；对孩子打骂呵斥也是爱，为他好嘛！……可这大都不是孩子自己的真正需求。优秀的养育者应该是不断学习，提升自我，进行反省和开悟，同时用自身优秀的言行去影响孩子。

"望子成龙，望女成凤"是人之常情，但首先要明白孩子有没有"龙、凤"的基因——孩子的潜能及特质；有没有修炼的过程——父母自身养育能力的修炼，带动孩子自我发展能力的修炼；有没有"东海龙宫"和"梧桐树"——成长需要的各种优秀环境。如果没有，你让孩子怎样成龙成凤呢？

"想当然"的养育思维

很多人"想当然"地养育着孩子，"想当然"地管制着孩子，"想当然"地将自己未实现的梦想寄托在孩子身上，更"想当然"地在自己不太明白养育知识的情况下养育着孩子。让我们一起来感受下列父母养育孩子的情景，体会想当然的养育给孩子带来的影响。

情景一：都知道早期教育的重要性，于是大家都跟着"不要让孩子输在起跑线上"的号召向前跑。教育孩子一定要早；孩子一定要学，一定要背，一定要写，一定要画，一定要全面发展；上辅导班就是开发智力，背诵的内容多了就是聪明，就是智力好；听话就是好孩子，成绩好就是好学生……这都是哪儿跟哪儿啊！

情景二：看过一些书籍，获得一招半式，就觉得自己有能力养育孩子啦。学个一招半式就能很好地养育孩子吗？你清楚养育孩子的规律吗？你学到的那些知识系统吗？你知道孩子什么时期会出现什么状况，该如何去应对吗？当孩子不再需要父母直接影响和引导的时候，你的养育行为还继续有效吗？最关键的是，在运用了这些招数后，孩子表现的结果你满意吗？一个会员朋友的话应该代表着很多父母的亲身体会，这是我与他的对话：

"我为了孩子买了一大摞书籍，各个年龄段的都有，我都读过了。"他很自豪地比画着说。

“孩子怎么样?”我问道。

他表情很无奈地说:“我看过了,真到用的时候我用不上,做不到。遇到问题的时候就跟孩子急、发脾气。有时候静下心来,感觉那些书是白读了,很焦虑,但又没有办法,只好天天‘得过且过’。时间长了,读书的劲头就没了,慢慢就又恢复到原来的状态。我周围好像有不少这样的朋友。”

情景三:把所有精力用在孩子身上,悉心地照顾,周到地呵护,自认为尽到为人父母的责任了,以为孩子会感动,会感恩,结果呢?孩子自私、霸道、不会分享。因为父母爱的行为本身传递给孩子的成长信息就是——我老大,我独尊;我不用劳作;我不用付出!

情景四:明明不懂得孩子的内心,明明不尊重孩子的生命,却坚信自己最了解孩子,最爱孩子,依然用很自我的方式教育着孩子。结果,孩子要么桀骜不驯,要么抑郁消沉,甚至伤害自己或家人的生命。孩子身体外在的信息好掌握,内心的声音要用心灵去聆听。尤其是青春期开始后,孩子许多外在的显现已经带有非常完美的伪装保护性,要想真正懂得确实不易。

情景五:喜爱孩子,却不懂得如何去喜爱。只顾溺爱孩子,对孩子付出,却不理会因此对孩子造成的各种能力和良好性情的丧失。比如:故意挑逗、捉弄孩子,故意让孩子犯错、害怕、紧张、哭泣或说出一些博得大人哈哈大笑的话,认为这样好玩,对孩子也没有什么影响。殊不知,这些看似无所谓的笑谈,会让孩子的内心产生巨大的羞辱、担忧、失落之感,甚至是仇视、敌对的情绪,会给孩子的身心造成极大的伤害!我曾看过一个少儿节目,当主持人对四胞胎挨个问话的时候,他所问的问题都可能会在以后令孩子们之间产生交往的困惑。其中一个比较内向的孩子,当场就已显现出不安和焦虑的情绪,现场的观众却哈哈大笑。有谁想过,在我们开心笑脸的背后是对孩子生命状态的冷漠。相信在场的人和孩子的父母都没有想过这些场景会不会在孩子内心留下永久的不良烙印,因为他们都沉醉在“童言无忌”的开怀大笑里,节目的制作者也沉醉在让观众追捧的成功中。也许会有人不以为然地说:“没什么,小孩子嘛,过一会儿就忘了!”也许还会有人说:“大惊小怪了吧!”我想如果不关注孩子心灵的声音,时间老人会给出公正的答案!

我们家长为孩子想了许多,也做了许多。有太多的事情是我们独自在忙活,自我认为是孩子需要很多的东西。结果,孩子根本就“不领情”,因为我们自认为孩子需要的很多东西,他们其实根本就不需要。

令父母丧失威信的养育行为

作为养育者,我们有太多的“自我认为”,因为我们是过来人,是孩子的父母,是成年人,但这些不足以使我们成为合格的养育者。“教”是上行下效,当我们连孩子的成长规律都不知道时,当我们连养育孩子的专业知识都不懂时,我们何以成为一个鲜活生命的导师?

一、回首自省,我们会发现自己身上有太多“强迫性行为”了,这多数是在满足我们对孩子的控制欲。

和孩子“杠劲”——小小孩子还想和我“斗”,你还嫩了点,我非把你拧过来不可。

和孩子较劲——不去上学不行,想玩耍没门,玩玩具不可以。

强迫孩子屈服——不能选择,不能反驳,不能改变。

命令指派——你必须完成100道课后数学题,你必须去洗澡,你做不完作业不能玩玩具。

不遵守承诺——明天我们不去动物园了,妈妈临时没有空了;你明天不能去奶奶家了,因为我们要去辅导班;我不给你买小汽车了,我们买一本书吧;我们改上音乐课,不学舞蹈了吧。

……

这些行为多数被冠以“爱”的光环,而养育者这样做,是在满足自己对孩子的控制欲,做法值得商榷:明明知道是自己的错误,也为保全自己的面子而强制孩子去接受自己的决定,有时甚至不遗余力地和孩子“拧”到底,最终不管结果怎样，父母都将失去在孩子心目中的威信。其实，父母真诚地承认错误并向孩子道歉一点儿也不难，更不会丢面子，反而会在孩子心目中树立起至高无上的地位，更能在无形中使孩子养成诚实的品性。

二、回首自省，我们身上存在着许多悖论和矛盾，左右着我们的养育思维，让我们的养育行为飘忽不定。

我们知道养育孩子需要知识，也知道要想养育好孩子必须要懂得这些内容，也知道在别人问起来的时候，用“我不知道，不懂得”当自己的借口，但就是没有魄力下定决心，让自己沉下心来“好好学习”，让自己的养育能力“天天向上”，让自己有一天能自信地说：“我懂了！”

我们希望孩子长大，希望孩子像优秀人物一样“好男儿志在四方”，却把孩子紧紧地“困”在自己身边。结果孩子变得胆小、依赖、萎缩，我们却浑然不知地以为这是孩子天生的。孩子需要大自然的力量，需要真实生活的锤炼，而不仅仅是父母的怀抱。

我们嘴里说着“孩子很累，压力很大”，但在育儿成才的心理支配下，稀里糊涂地强迫孩子盲目加入各种辅导班、培训班。孩子忙碌着，焦虑着，也困惑着，身心疲惫，逐渐在人流中失去了自我与方向。

我们明明知道“条条大路通罗马”，但还是不惜血本，毫不犹豫地赶着不懂“罗马”是何物的孩子上路，它生硬地套在孩子身上，使他们背负着难以承受的压力和烦恼。孩子活得很挣扎、很辛苦、很迷茫。而父母却以为把孩子送上了通往成功的最值得走的道路。在这一点上苏霍姆林斯基告诉我们一个真理：“不能把小孩子的精神世界变成单纯学习知识。如果我们力求使儿童的全部精神力量都专注到功课上去，他的生活就会变得不堪忍受。他不仅应该是一个学生，而且首先应该是一个有多方兴趣、要求和愿望的人。”

我们明明知道综合素养的重要性，明明懂得“死学”对孩子有害，明明知道许多辅导班并不那么神奇，明明知道让孩子参加他不喜欢的各种特长班是在浪费时间，但还是忍不住让孩子这样做了——只因为我们不懂得如何更好地引导孩子成长与学习。这样做使得多数养育者安心，缓和了自己的焦虑情绪，就像一位家长说的那样："怎么办，没有更好的办法，得过且过，先学着再说吧。"至于结果，唉——空余一声叹息！

我们明明希望改变，明明知道"冰冻三尺非一日之寒"，却又不愿意全身心投入，不愿意被指导，不愿意经历等待，不愿意忍耐宽容，更不愿意捧书静读，感悟自省，只想急切地看到立竿见影的效果。昨天刚刚改变，"种上种子"，今天就想"收获果实"。有位妈妈的话非常具有代表性："都三天了，孩子好像没有什么变化。"相信这样的家长很难将自己"潜在的改变能量"转化成优秀的行为结果，孩子也很难发展成自己希望的模样。

"存在的就是合理的。"但这并不是说存在的就是正确的，就是令人满意的。尤其是在孩子养育方面，孩子的好多不良行为的出现，多数是由于父母没有遵循科学的养育规律造成的。这是不合理的存在，更是父母最不愿意看到的结果，但大多数父母却没有明白这个结果的制造者正是自己！这完全是人为能力能改变的事情，只要父母自己先去学习！

三、回首自省，我们将孩子成长过程中太多自然的、必须经历的行为，当成了不正常、不合理的行为。

孩童时期：

吃手、吃东西；用手掏洞洞；砸、摔、拆东西；专注于一个不起眼的事物；不听话；等等。这些正常的行为被家长评判为"学坏了""调皮了"，给予坚决制止与呵斥！

孩子逐渐成长后：

与异性同学交往——早恋了——坚决制止与指责；

青春期成长困惑——有心理疾病——看心理医生、吃药；

与父母辩论，争取自我权利——逆反了——强势压制、谩骂，甚至责打；

在家用电脑时间长一些——有网瘾了——指责、制止、不装电脑、扯掉网线；

学了一天累了，玩一下——不努力学习——指责、布置更多作业、管制；

看一会儿课外书，玩一会儿手机，做一些自己愿意做的事情——贪玩、懒惰——指责、呵斥、管制；

照照镜子，理理头发，欣赏衣服——显摆——指责不务正业、精力用偏了。

……

孩子的这些行为是不是很熟悉？这是生命成长过程中自然经历的，谁都无法避免的。如果没有早期的那些行为，我们就无从获得孩子在某一方面的潜能即将开始发展的讯息；如果不对孩子进行正确的引导，孩子就会错过6岁之前奠定各方面能力发展的关键期。**如果孩子不和父母反驳、反抗，争取权利，孩子的生命就会被压制得没有活力；如果孩子不爱打扮，不与异性同学交往，将来孩子很容易成为独身主义者……孩子在成长过程中所表现出的这些行为都是孩子成人后良好行为的前期历练过程，在不同的阶段以不同的形式进行演练，只不过许多人没有"在意"。**而父母针对孩子这些表现所做的不恰当的养育行为，多半来自于父母对想象的孩子未来不良结果的焦虑，归根结底是因为养育者对孩子成长规律知识的匮乏及对自己无知养育行为的盲目自信——我想怎么着、我以为怎么着！真的要为"我以为"所造成的不良后果负责了，再也不要无视前人不当的养育行为造成的不良结果了！孩子的许多被定义的行为，如早恋、网瘾等，其实包含着太多父母"虚构的成分"，目的是直截了当地堵住，一了百了，以免以后出现不良的真正结果。这是典型的图省事"一刀切"的行为，作为养育者，不该如此武断。这是孩子正常的成长现象，如果暂时"屏蔽"它，孩子一定会在某一时期用某种不良行为补上。其实面对孩子的养育，我们没有必要如临大敌，只需要用平常、自然的心态来面对就可以了。堵不如疏，只有心态平和，沉心静气地学习养育规律才是解决问题、使自己不焦虑的上上之策！

没有什么是不可能的，就看你能否看得起自己，做还是不做，做到什么程度。只要你下定决心，只要你努力行动，你一定行，孩子也一定行！

四、回首自省，我们有太多的行为是在满足自我的需求或情绪的宣泄，而不是以孩子成长的需求为出发点，更不是在协助孩子解决问题和困难。

当孩子出现问题的时候，我们不是关注孩子的情绪，而是先发泄孩子给自己造成的烦恼——"你真烦人啊！""一边儿待着去。"

当孩子出现问题的时候，我们不是先悟自身，而是把矛头直指孩子，忘记了孩子是在我们的教育下长成这样的。即使孩子自身有过错，也不应负全部责任，我们其实是在推卸我们应该担负的那一份责任。

当孩子有困惑的时候，我们不是帮助孩子找到解决的方法和渠道，而仅仅是给孩子一个指令："你把你薄弱的环节想办法赶上来。"想一想，如果孩子有办法，成绩就不可能跟不上。大多数孩子不是不想学好，而是找不到突破学习瓶颈的办法，他们比家长更着急，需要家长的指点和理解。与孩子的吃喝拉撒相比，这是不是孩子更需要父母给予帮助的地方？我们是不是更应该在这方面给予孩子指点和帮助呢？会员华仔妈妈说过一句话，值得我们深刻思考。她说："没有不想学好的孩子，只有不想学习的父母！"

当孩子用哭闹等伎俩拒绝改变自己不良行为的时候，我们往往因为"不忍心"而改变主意，放弃原则。想一想，我们心痛放弃的结果，是给孩子以后造成更大的成长困惑和难题。一时的不忍心，给孩子造成的可能是永久的伤害。

不是孩子不懂得人间亲情，只是父母没有给孩子传递"爸爸、妈妈需要……"的讯息；不是孩子不懂得好坏，只是他们最初没有从父母那里获得好坏的标准；不是孩子不努力，只是因为方法不得当，在努力后依然见不到希望时，他们无奈地选择放弃。我们应该仔细思考一下这一切的前因，当我们把白纸弄脏了的时候，请不要嫌弃它脏，而是要看看能否把它改变成另一种风格的艺术画作，虽然这是"无奈中的创新"！

父母要想将孩子养育成一个好的"作品"，就要从最初就进行正确的勾勒与渲染！

找我咨询的多数家长在与我初次交流时陈述最多的就是孩子的不是，全然不觉在话语中已透露出他们养育思维和行为方式上的不足。思维是用来指导行为的，当心中装着孩子问题所引起的焦虑、烦恼和不安的时候，任何人都无法冷静地通过思考找到解决问题的良策，也不会站在孩子的角度审视自己，换位思考，更不会从内心自省。所以，父母也无法给予孩子真正、无私、合理的爱。爱戴着有色眼镜看待孩子的行为，给孩子的情绪一定也是负面的。许多时候我们对着孩子发泄一通之后，回过头来审视一下，孩子的问题解决了吗？多数情况下是不了了之了。

五、回首自省，我们有太多的行为是为了从养育孩子的事务中、从没有养好孩子的窘况中解脱出来，好让自己面子上过得去，令自己心安。

“把孩子送进学校就省心了。”

“我给你钱，你把我的孩子接过来，帮我教育一下吧。”

“我给孩子报了好多个辅导班，我尽力了，剩下的就看他自己的了。”

“我的孩子天生就笨，哪像你孩子天资聪明，又爱学习。”

“我没有空教孩子，我事情太多，工作忙啊，有老师呢！”

“我文化水平不高，看不懂理论书籍，学不会啊！”

“我们不是不想教育好孩子，我也不是不懂得道理，只是我就是做不到啊！”

养育没有借口。严肃认真地说，养育者不要把自己不愿意做、不肯做、做不到的事情都推诿掉，那绝对是不负责任的行为。好多父母不是不愿意养育好孩子，只是他们不具备科学养育孩子的知识和能力，而现实中没有能引导他们开始学习的人，也没有协助他们坚持下来的激励手段及办法——这也许是我目前给“父母不作为”找到的最实际的借口！**家长积极参与学习，需要伟大的父爱母爱、高度的责任心和崇高的使命感作支撑，以此推动自己学习的行动并持之以恒。**

六、回首自省，我们有太多的言辞、行为，在我们毫无觉察中伤害了孩子纯真的情感和美好的心智。

偷看孩子的日记，窥探孩子的隐私。

对孩子谩骂、挖苦、讽刺：“笨蛋无能，养你有什么用，还不如养只小狗。”“你就是玩的时候有能耐，要是行的话，考个100分给我看看。”

限制孩子的一切交往。

对孩子说威胁、恐吓、专制的话：不要你了；不理你了；滚蛋吧；闭嘴；不行；必须听我的。

拿孩子与他人攀比。

对孩子放任自流，不管不问："你爱干啥干啥，我不管。""我再也不管你了。"

欺骗、糊弄孩子。

随意给孩子的行为定性："你又犯错了。""你总是不让人省心。""你真是无药可救了。"

不分原则地用金钱作为奖励要求孩子做事。

不分原则地向孩子"投降""贿赂"："我求求你还不行吗？""你好好学习，你想要什么就给你买什么。""你就算给我学习还不行吗？"

……

在交流中，有许多家长承认会经常对孩子说这样的话，他们认为这只是一句话而已，自己小时候也经常被父母说，也没什么，其实心中对孩子疼着呢！"心中疼着呢"，但就是不做"心中疼着"该做的事情。如今的孩子见多识广，聪明敏感，他们内心的需求更是复杂多变，岂是我们小时候那样"单纯的状态"所能比的！我们不是都在说"现在的孩子都是'小人精'"吗？因此，我们如今再讲这些话，会给孩子内心造成很大的"困惑"。就像一个8岁的小男孩，在受到妈妈的指责后，写下了长长的控诉信——要把妈妈开出家门；而一个高中女孩，在被爸爸指责贪玩的时候，哭诉着说："你们不理解我，我不想在这个家待了……"

对于成长中的孩子来说，他们的内心是敏感和脆弱的，父母看似不经意的言行，就会使他们的内心受到伤害。事实告诉我们，生活中伤害孩子最重的往往是孩子最亲近的人。父母自觉痛快的情绪宣泄，会给孩子内心留下永远抹不掉的伤痕，会影响孩子对世间事物的评判，影响他们世界观、价值观的形成，孩子心中的美好也会逐渐地被消磨掉。因此，父母在养育孩子过程中，应谨言慎行，不要再随意、无知地给孩子宣判！其实父母这些不良的养育行为，也真实反映出家长内心的脆弱和无奈——因为，父母没有充足的科学养育知识这个强大的后盾！

七、回首自省，我们有太多的"不知道"。

在养育孩子的过程中，许多父母也坦然接受这种"不知"，而孩子在我们"无知爱"的呵护、关爱下受到了伤害。周到的呵护是否让孩子失去了行动的需求——我不愿意学、做；强势的管制是否让孩子失去了意志力——我不行、我做不到；悉心的关爱是否让孩子失去了生命的张力——有爸、妈管就行；等等。

我们不希望孩子重复自己的过去，所以，我们在努力。但不知不觉中，我们却逐渐重复着不良的养育言行。如果不能及早觉醒，加以改变，会让孩子更加沉重地体验我们当年经历的苦痛。因为，如今的孩子与以前不同了，身处信息时代，他们从小见识广泛，聪明伶俐，他们能准确窥探出我们心中所想，我们却不知道孩子的成长真正需要什么。当孩子出现问题时，除了指责孩子不好以外，我们说得最多的话就是："我不懂，我不知道怎么就成这样了呢？"

我们不知道身为父母要学习哪些养育知识；不知道自己有没有真正的养育能力；不知道孩子的潜能需要发现、开发；不知道孩子成长关键期的奥妙；不知道孩子的成长不能"隔着锅台上炕"地跳着长；不知道……

然而我们却敢教养！

我们知道孩子需要早教，但不知道早教究竟重要在哪里。这不是吃喝穿戴，更不是唐诗300首，不是1加1，而是孩子身心的成长、智力的开发和品性道德的养成。孩子自己早就做好了接受历练的准备，而并非像许多人说的那样"孩子那么小，什么都不懂"！

我们不知道孩子"调皮"背后的原因，我们也不知道孩子"青春期"行为的规律，我们更不知道孩子心中所思所想，就为孩子的生命成长盖棺论定了——"这孩子管不了了，烦死人了，无药可救了。"这是什么逻辑？

我们没有在前期循序渐进地培养并巩固孩子的行为能力，就将一切问题抛给孩子，孩子接受起来会有多困难！就像那个不会系鞋带的研究生，缺乏独立生存能力的他，即使学业再成功，也只是一部记忆知识的"机器"而已。

我们没有在心理上帮孩子成长并逐渐"断奶"，就在孩子长到一定年龄时，用对待大人的言语对待他们："都老大不小了，该懂事了。""都这么大的人了，不要再让我操心了"。这真的令孩子难以接受。

我们没有在品性、道德上给孩子充足的营养，没有用好的言行对孩子进行影响，我们自己没有做到尊老爱幼，尊师重教，怎能埋怨孩子不尊重老师、长辈，不懂得感恩、分享呢？

……

面对孩子的生命，我们好像什么都知道，每天都在“有条不紊”地养育着孩子。而面对养育孩子的问题和困惑，我们又好像什么都不明白。在找我咨询的家长中，有好多人给我的感觉是他们在迷迷糊糊地养育孩子。“唉，就这样吧，明天再说吧！”明天再说？孩子的生命是一个每时每刻都在发展的过程，今天稀里糊涂地过去了，明天不良的问题就可能会出现。正如一位参加学习的妈妈所说的：“别让明天的我再后悔今天。”

孩子是一本活页的书，从出生开始，就自动书写着自己的经历，孩子身上、言行中会透露很多蛛丝马迹。只要细心，就能从中读懂孩子的需求，防止问题的出现。

早期教育是为孩子生命奠基的关键教育。孩子需要在能力、人格、体格等各方面打好基础，才能在少年期、青年期发展得更顺畅。多数孩子的智商都是优秀的，天资都是聪慧的，只是存在着不同的潜能。只要养育者及时发现，进行良好的激发和引导，孩子都会成为一个优秀的人物。假如父母自己真正迈出学习的第一步，打破学习的瓶颈，你们和孩子就会有“柳暗花明又一村”的豁然开朗之感！

孩子的生命成长是一个连续的、有顺序的发展过程，这是一种自然规律，也是父母必须遵循的养育法则。要做到这一点，养育者需要放弃寻找捷径的想法，回归本真，重拾养育初心，让自己焦躁的心沉静下来，进行深度思考：

面对孩子，我究竟是什么身份？我需要承担什么样的责任和义务？我以前的养育方式有没有给孩子造成成长的阻碍？今后我最应该为孩子做些什么？……

众多事实告诉我们，养育孩子的关键是父母不但要拥有科学的思维理念与养育知识等指导方针和基本保障，还要拥有将这些内容转化成养育实践行为的能力。通过这些养育行为对孩子进行影响和引导，让孩子在生活中获得自我成长的经验。这是一个系统的、连续的养育过程，是不可能通过养育者单点的、一招半式的施教就能完成的，也不是养育者从外部拿来现成的“妙招儿”用到孩子身上就万事大吉的。

阳光雨露

父母在养育时无意中出现的一些“小问题”，会慢慢叠加成严重困扰孩子发展的“大问题”，给孩子生命成长带来沉重的负担，甚至会扭曲孩子的价值观与人生观。不是家长不疼孩子，是因为他们不知道孩子的成长是有规律的，培养孩子要顺应这些规律，才能使孩子身心健康；不是家长的爱心不足，是因为他们不知道养育孩子也要讲求规律、法则，需要家长学习科学的养育知识，才能拥有真正的养育能力！

我们不要再寻找借口，不要再无奈地等待，从现在开始，行动起来吧！

改变·希望

第六章

幼儿园——迈好人生第一步

孩子不知不觉中3岁了，这意味着他该上幼儿园了。虽然许多父母很是不舍得，但是为了孩子的成长，“一定要送孩子去幼儿园”这个决心还是要下的。然而，第一次做父母、第一次经历和孩子分开的时光、孩子第一次独自进入一个新的环境，这些第一次背后意味着什么、将发生什么，在许多人心中都是一个模糊的概念。要将自己宝贝的孩子送到一个陌生的地方，心中着实感觉不太踏实。这不光是对孩子的一次身心考验，更检验着父母内心那根敏感的弦儿。虽然活动的主角是孩子，但需要做出最终决策的却是父母，这使父母们的心中难免惴惴不安——怎样才能协助孩子迈出这“独立于世的第一步”，开好这“人生第一课”呢？

我们的快乐小庄园！

前程·基石

每个国家的孩子初上幼儿园的情况不尽相同。让我们来看看一个普通美国幼儿园老师是如何给孩子们开好人生第一课的。

刚刚入园的孩子们会被带进图书馆，老师会温和地拿起书本给他们讲故事，然后引导孩子去创作属于自己的书籍。孩子们的创作完成后，老师会按照正规书籍的模式将孩子们的书籍装订好，一切都做得非常认真。最后当老师对孩子宣布“这就是你写的第一本书”的时候，会使孩子们感知到一种神圣和自豪，更会让孩子获得一种美好的享受和激励——一种声音扎根在了孩子们的心中：现在我写小书，等我长大了就能写大书啦，就能成为伟大的人物啦！

人生第一堂课结束了，在不知不觉中，孩子就这样受到了某种理念或思想的“灌输”。这是发生在异国他乡的多美妙的故事，多么优秀的教育，多么令人敬佩的老师，多么幸福的孩子！西方现代心理学研究得出“关注 6 岁之前的关键期”的论断，道出了孩子早期成长养育的重要性。“好雨知时节，当春乃发生。随风潜入夜，润物细无声。”——这就是教育的最高境界。如果我们的孩子也成长在这样的氛围里，该多幸福啊！

对孩子的早期教育究竟重要到什么程度？我想一位老者的经历和回答会给家长朋友们一些启示。1978 年，75 位诺贝尔奖获得者在巴黎聚会。当其中一位被问及一生中最重要的东西是在哪里学到的时候，他的回答出乎人们的意料——这位白发苍苍的老人回答说是在幼儿园里。当再被问及为什么的时候，他回答说，在幼儿园里他学会了分享、诚实、秩序、讲卫生、懂礼貌，学会了学习、思考、观察大自然……这些科学家们大多数也认为，他们终生所学到的最重要的东西，就是最初在幼儿园里养成的良好习惯。

小故事，大哲理。小习惯，大前程！让我们好好把握孩子学龄前的关键时期，为孩子的"大前程"打下坚实的根基。

小树摇，小鸟叫。
早早起，去学校。
风儿吹，太阳照。
好孩子，做早操。

探究神秘世界

——对幼儿园基本知识的认知

在做任何一件事情前，最好的做法是先对这件事所涉及的因素做个调查分析，以便了解其中的“内幕”，做到心中有数，对于非常关注孩子教育的家长来说，更是如此。面对即将为孩子选择的幼儿园，家长们花费了不少的心思和精力。每当暑假期间幼儿园招生报名开始时，那些出现在报纸、网络、电视上的有关讯息就告诉我们：“不能让孩子输在起跑线上，到我们的幼儿园来吧！”于是乎，不少父母不惜花费时间、精力、物力，甚至是搬家，调动一切能够调动的力量，就是为了让孩子上一个家长认为好的幼儿园，让孩子受到良好的基础教育，走好人生第一步。相应地，父母也会想尽一切办法去对那些目标幼儿园进行了解、调查。

究竟需要对幼儿园做哪些方面的了解？如何选择适合孩子的幼儿园？家长需要为孩子上幼儿园做好哪些准备？孩子上了幼儿园，父母应该注意哪些事项？如何与幼儿园老师合作才能达到最好的育子效果？……

带着这些问题，我将在这一章中和大家一起了解孩子上幼儿园的有关事宜。首先来了解一下幼儿园的概念及特点。

一、幼儿园的概念、教育内容

幼儿园，旧时称“蒙养园”“幼稚园”。在英文中的释义是用实物、玩具、游戏进行教学，以发展幼儿智力的学校；而德文的释义为尚未进入学校的游戏学校，是接收3～6岁孩童、进行集中保育和教育的学前养育机构。

中华人民共和国教育部2001年7月颁布的《幼儿园教育指导纲要（试行）》规定：幼儿园教育的内容是广泛的、启蒙性的，可按照幼儿学习活动的范畴相对划分为健康、社会、科学、语言、艺术五个方面，还可按照其他方式作不同的划分，各方面的内容都应发展幼儿的知识、技能、能力、情感等。这些内容的设计是保障儿童在最初始的集体活动中，获得德、智、体、美、劳各方面的启蒙影响。

1.幼儿园的分类

幼儿园按种类可分为普通幼儿园、双语幼儿园；按规模可分为10～12个班的大型幼儿园、6～9个班的中型幼儿园和5个班以下的小型幼儿园。每个幼儿园为了教养便利，按年龄划分为接收3～4岁幼儿的小班、接收4～5岁幼儿的中班、接收5～6岁幼儿的大班。

2.幼儿园的课程设置及特性

幼儿园的课程都根据幼儿的成长特点来制定，一般涉及语言、音乐、美术、体育、算数、常识等内容。教育方式一般为游戏活动和老师讲故事，体能锻炼活动一般采用游戏和器械相结合的方式，这些都是促进儿童身心和谐发展的有益活动。

二、儿童在幼儿园时期应该获得的能力与发展效果

幼儿园的主要功能是通过开展各种游戏活动，对儿童进行引导教育，以便促进幼儿各方面能力的发展，并促进幼儿之间的人际交往，帮助他们体验且适应规范化的集体生活，为将来学校生活和社会生活奠定基础。在参阅了《幼儿园教育指导纲要（试行）》的基础上，我将儿童在幼儿园的能力与发展效果总结如下：

1.身体素质：安排合理的锻炼活动，让儿童在集体生活中能够情绪安定、心情愉悦；养成良好的生活、卫生习惯；形成基本的生活自理能力；获得必要的安

全常识，学会保护自己；参加体育活动锻炼，保障肢体健康，动作协调灵活，促进智力的开发。

2.社会交往能力：有勇气，有自信，能主动参与各项活动；在与人交往时能合作分享，理解尊重他人；遵守日常生活中基本的社会行为规则和处世原则；不怕困难，有责任感，能积极做力所能及的事；有爱心，尊敬和关爱长辈、老师和同伴；热爱集体，热爱祖国。

3.适应环境能力：培养孩子对周围环境及人的亲近感，以培养孩子对各种美好事物丰富的感受力、想象力。在现实生活中、在与大自然的接触中培养他们对各种事物、现象的兴趣，引导他们对周围事物进行考察、发现、学习、思考，丰富对事物性质、数量、文字、色彩等的感觉和情感，然后将获得的体验和经验应用到实际的生活中，达到适应不同环境及人的目的。

4.语言及表达能力：在幼儿园集体生活中，运用掌握的语言尽可能多地和人交流，说出自己的经历、感受或思考，体验向不同的人用语言表达自己心情时的不同状态。在交流中学会倾听、等待、忍耐、同情、关心、友爱、支持、鼓励等不同的情绪体验和情感表达方式，感受在相互交流中的快乐与价值所在。

5.科学启蒙：引导孩子亲近大自然，关心环境和物种，并对周围环境内的事物、现象产生好奇心和探究欲，提高孩子对认识事物的积极性。通过集体游戏，运用各种感官探究问题、体验过程、感受事物之间的关系、享受结果，从活动中促进全身动作的协调发展，促进智力的开发。

6.艺术启蒙：通过音乐、美术作品的熏陶及各种有益活动的参与，能初步感受环境、生活和艺术的美。能主动参与活动，能用自己喜欢的方式，大胆地表达自己的情感和体验。能通过创作来美化自己的生活。

7.解决问题：幼儿园是孩子独自步入社会的第一个演练场，是他们人生的第一次实践。通过集体生活和各种游戏活动，能够促进孩子各项能力的发展和良好习惯的养成，以使他们获得独自解决问题的综合能力，为今后的发展奠定优秀的基础。从幼儿的特性来说，他们正处在人生发展的起始阶段，自然、顺畅、快乐的体验，能够帮助他们认识世界，体验美好，促进他们美好心灵的发展和优秀品质的形成，使得他们充满正能量。

8. 知识学习：幼儿园是孩子接受教育的起始点，随着孩子年龄的增长，他们除了要为将来的学校学习奠定良好的行为习惯及品性能力基础外，还要掌握一定的基础知识。这个时期的学习主要针对孩子的思维及思想发展，而不是呆板地背诵课业知识，学习的形式一定是活泼与融会贯通的。

这就是幼儿园的基本概念，把这些内容罗列在此，就是希望家长能够对幼儿园有一个深入的认识，更好地了解幼儿园的作用，理性地审视孩子在幼儿园的生活状况和发展结果。其中有些概念涉及孩子成长的根基，有些是陪伴孩子一生的理念，有些是孩子在上学后才开始使用的观点，之所以在此一一罗列，就是为了顺应孩子发展的"连续性、顺序性、交叠性、系统性"特点，以便家长提前做好养育的规划。另外，由于诸多因素的影响，许多内容是不可能在幼儿园完全做到的，需要父母在家庭中拾遗补缺，尽可能协助孩子打好基础。

阳光雨露

当我们进入一个陌生的环境的时候，心中会产生一种莫名的紧张感，小孩子更是如此。入园前"知彼"就是要防止由紧张带来的一些问题，使孩子更好更快地适应幼儿园的生活，尽快投入到成长锻炼中。孩子的幼儿园时光可以说是"一寸光阴一寸金"，马虎不得，浪费不得！

第一步·随想

动物园里开运动会啦，

预备——啪——

加油！

神圣而庄严的抉择

——幼儿园的选择技巧

在了解了幼儿园的基本概念后，我们来谈一谈如何选择一家适合孩子的幼儿园。

从孩子上幼儿园开始，父母与幼儿园老师之间就形成了一种协作关系，需要双方加强沟通交流，达到彼此信任、理解、支持与尊重，力争为孩子创造一个和谐顺畅的发展环境，这是孩子能顺利接受良好启蒙教育的重要保障。因此，幼儿园老师要将课程安排告知家长，以便家长在家里配合幼儿园老师给孩子相应的指点，协助老师做好幼儿的学习、自理、社会交往等能力及习惯品性的课后巩固工作，杜绝“5＋2＝0”现象的出现，以促进幼儿在身、心、智上同步发展。这是非常科学、非常重要的一种配合协作的养育行为。

我们经常会在新闻中看到为了孩子能上一所好幼儿园而不辞辛苦地冒着酷暑连夜排队报名的家长，这着实令人感动——可怜天下父母心啊！但作为一个家庭教育工作者，我对此现象却产生了另一种不同的微妙情感，产生了许多的疑问：“好幼儿园的‘好’就那么适合孩子吗？”“选择这样的幼儿园，能否给家庭的整体生活带来影响？”“我们在前期对孩子的养育结果能否经得住好幼儿园的考验？”“在好幼儿园出来的孩子结果都一样好吗？”……

哲学思想告诉我们要透过问题看本质。在好好思考这些问题后，我们也许会有一种不同于以往的思维模式，会令我们在给孩子选择幼儿园的时候，做出不一样的选择。也许正是这个选择，影响着孩子以后的一切。

那么我们究竟要如何选择适合孩子的幼儿园呢？在得到答案之前，让我们首先来看这样一些问题：我们对家庭及孩子的整体状况究竟了解多少，是否有充足的条件可以保证孩子能够上一个被现实社会公认的“好幼儿园”？如果还没有足够的认识，那么就让我们首先来“知己”——了解自身！

一、家庭状况

1.家庭成员状况：家庭成员的组成、当前工作状态、机动时间及行为能力。

2.家庭经济状况：经济收入总体水平、计划可使用的资金。

3.家庭住址状况：与幼儿园的距离。

4.家庭养育状况：孩子的主要养育者是谁；主要养育者在孩子上幼儿园后能否继续主导教育。孩子上幼儿园后，不是养育者该放松的时候，而是需要对孩子进行“更上一层楼”的关照。父母参与的活动照样不能少，有时还需增加，因此，主要养育者的担子更重了。

二、孩子自身状况

1.孩子的年龄：没有特殊的情况，最好3岁以后再上幼儿园。

2.孩子的身体状况：是否健康、是否有生理缺陷。

3.孩子的心理状况：有没有特殊的心理问题或精神类问题。

4.孩子独立能力如何：孩子在家里独自做事的情况如何、是否依赖、是否拒绝与他人分享等。

5.孩子自理能力如何：孩子能否自己穿衣、吃饭，能否大小便自理，能否独自睡觉。

6.孩子前期(0～3岁)基础能力养成的情况如何：大动作、精细动作、认知、社会交往、语言五大能力的发展状况。

三、目标幼儿园的选择

在了解了这些基本情况后，我们就可以进行幼儿园的选择了。

家长首先应依据家人是否有空接送孩子，决定选择全日制幼儿园或寄宿制幼儿园；依据孩子身体健康状况，选择残疾儿童幼儿园或特殊儿童幼儿园；按照学习需求，选择双语幼儿园、特色幼儿园或普通幼儿园；按照经济状况、孩子的状况，选择大型的贵族幼儿园或小型的普通幼儿园。

注意事项：

1. 最好不要选择寄宿制幼儿园。但凡条件允许，不到万不得已，尽量不要选择寄宿制幼儿园。因为孩子正处于感情发展的关键期，需要与亲人亲密接触，非常渴求亲人的关爱。与家人的亲密接触是帮助孩子建立安全感、信任感、自信感的最好方式。另外，在3～6岁之间还有很多的发展关键期，与家人在一起更有利于孩子在这些关键期内的良好发展。

2. 根据经济条件量力而行。这也是选择适宜幼儿园的基础条件。要根据实际的经济状况来作选择，不能造成家庭经济上的负担，那样对孩子的成长百害无一利。

3. 慎重考虑特色幼儿园。除非孩子有某方面的天赋，否则家长须慎重考虑是否选择特色幼儿园。孩子正处在诸多的关键期内，需要通过所处环境中丰富的刺激促进其语言、认知、社会交往、运动、情感等各方面的发展，以达到身心和智力健康协调的目的。而只学习特色技能的话，一是孩子小，不可能很好地完成；二是孩子会因此失去广泛接触事物的机会。

因此，家长要根据家庭住址和接送时间的情况，选取适宜范围内的多个目标，然后再根据以上问题中的条件，筛除不适合的幼儿园，确定目标范围内合适的幼儿园，并作最后的调查。

路途远近是基本的考虑因素。一定不要为了好幼儿园的名声而舍近求远。家庭住址的远近决定接送孩子的便利程度，也决定着孩子早晚休息的时间。如果路程太远，孩子和家长的休息时间无法保障，对孩子的成长与情绪的安定都不利。这样的话，不管幼儿园的条件多好，教育理念有多先进，都不是优先选择的条件。

进一步缩小范围后，家长要对剩余的多个目标幼儿园进行包括环境、设备条件、教育质量、卫生保健、安全保障、人文口碑、家园合作等方面详细的调查、分析、评估，最终确定一所适合孩子的幼儿园，进行分析的具体条件包括：

1.室内外环境设施：室外环境应相对安静，空气清新，应有独立的院子，院内应有花草树木，安全干净；室内环境应干净整洁、活泼可爱、光线充足、空气清新，桌椅高度适宜、安全耐用，玩具、器械干净安全，保障措施细致周全。

2.教育形式及质量：幼儿园是学前教育，不能形同于正式的学校教育。教学应以适合幼儿身心发展特点的游戏为主导，通过孩子们喜欢的游戏、音乐、绘画、运动等方式达到启发和引导的目的。不能将幼儿园教学内容小学化。

3.老师的态度：好的幼儿园老师和蔼可亲，柔和善良，容易交流沟通，是能让孩子喜欢和愿意亲近的人，也是家长最信任的人。

4.饮食卫生及保健：学校工作人员（尤其是厨师）身体健康，饭菜质量好，整体环境干净卫生，保健医生、安全保卫、检查人员责任心强。

5.人文口碑：这是最实用、最简单的调查内容。中国有句话叫“酒香不怕巷子深”，幼儿园是好是坏，一问便知，多询问一些孩子的家长，相信会得到想要的信息。

6.家园合作：孩子的成长是一个连续的、系统的过程，因此对于他们的教育、引导也不能是断开的。不管是幼儿园还是家庭，都共同担当着孩子此时段的教育任务，因此双方需要友好的合作。只有家园保持密切的联系交流，才能让双方都对孩子的状况有一个完整的了解，以便更好地完成孩子此阶段的培养。家长应考察的因素是幼儿园有没有相关的家园合作形式、活动以及开展的具体效果。

好的幼儿园是一个综合性的概念，不能一概而论，不要盲目地从众，追求幼儿园的等级、规模。那些虽面积小但人文口碑好的幼儿园（如办学严谨细致、教师态度好、服务意识强、教育方法人性化）也是很值得选择的。另外，在选择的时候除了上面所述的共性条件以外，还要根据具体的条件灵活考虑。如果自家整体环境不利于孩子的成长（如无人接送看护、老人溺爱、家长自知无养育能力等），也可以考虑那些设施齐全安全、人员充足且责任心强的全托幼儿园。当然，一些身体健康、性格活泼、适应能力和自理能力好的孩子也可以去全日制幼儿园。但父母不要因为自己想要过属于自己的生活而将孩子送入全托，这样最易伤害孩子的情感。

值得注意的是，有些心急的家长，会让孩子早去上幼儿园或上大一些的班，尽管1岁、半岁对成年人不算什么，但对于幼儿来说，身心和能力上的不足会给他们带来相当大的影响。且由于年龄的问题无法入小学，孩子将面临人为留级的尴尬局面，这会严重地伤害孩子的自信心和自尊心。因此，细致的调查、理性的思考、睿智的选择，是为孩子选好幼儿园、开好“人生第一课”的关键。

阳光雨露

育子成才在于“起跑线”，又不在于“起跑线”，关键要看养育者对孩子成长的性质界定和关注的角度与焦点。孩子的成长是一个马拉松式的长跑过程，需要父母综合思考，合理用力，坚持到底，才能获得希冀的结果。

第一步·随想

插上"翅膀"，

离开家乡，

和大雄一起去飞翔，

到哆啦A梦找不到的地方……

一个有趣安全的地方

——孩子的心理及情绪准备

当我们为孩子选择了适合的幼儿园后，就要思考如何协助孩子做好入园的准备。父母自己也要调整心态。因为尽管孩子只是白天不在家，但一想到这么小的孩子就要自己去"独闯"世界，许多家长"心里就不是滋味"。"在幼儿园孩子会知道厕所怎么用吗？""孩子肚子饿了怎么办？""孩子想爸妈了怎么办？""孩子害怕陌生的环境和人怎么办？""孩子中午睡不好怎么办？""孩子和其他孩子合不来怎么办？""老师不喜欢孩子怎么办？"……总之，父母的担忧太多了！

其实，有这些想法非常正常，这是一种"分离焦虑症"，在许多父母身上都有显现，只是程度会因人而异。这些问题的产生是由对未来即将接触的环境及事物的不了解造成的。在孩子上幼儿园这个问题上，还透露出父母对孩子自身能力估计不足、缺乏信心、对孩子关爱过度的心理状态，一般经过一段时间的准备和调整，是会有所改善的。父母一定要明白，自己的情绪状态会直接影响孩子对幼儿园生活的感受和态度，因此，在孩子即将上幼儿园前一个月甚至更长时间以前，父母应该细致地做一些准备。

一、给孩子一个清楚的说明

孩子是最宽容和知书达理的人，只要家长把道理平和坦诚地和孩子说清楚，孩子是会懂得的。相信孩子一定会自然地接受去幼儿园的事实，就像家长们带着孩子去做的每个“第一次”的事情一样，孩子都会慢慢地接受、适应，并在以后完成得非常好。只不过这一次家长要明确地跟孩子说清楚，幼儿园只能他自己去。家长可以用鼓励、信任的语气告诉孩子：“这是你长大了、有独立做事能力的表现。”相信孩子会为自己自豪并充满信心的。

二、给孩子一个合理的希望

家长可以和孩子聊天：“幼儿园是专门给懂礼貌、爱学习、团结友爱、相互帮助的小朋友准备的。”“那里有许多和你一样大的小朋友，你们可以在老师的陪伴下一起做游戏，一起画画，一起唱歌，一起劳动，还有好多有趣、有意义的事情可以做。”“那里也有好多的玩具、图画书，大家可以听老师讲故事，也可以听小朋友讲故事，你也可以讲给他们听。”“幼儿园里吃饭和睡觉都和家里不一样，妈妈也不全知道，你回来后讲给我听啊！让我也知道知道，开心开心！”

三、提前向孩子介绍在幼儿园要做的事

可以提前告诉孩子，在幼儿园，小朋友们会一起做游戏、上课，吃饭、休息的方式都和在家时不一样。那里的老师们会很细心地教给他们怎么去做，要注意些什么。在孩子需要帮助的时候，可以去找老师。要适当鼓励孩子像一个独立的小战士一样，勇敢地离开爸爸、妈妈。教导孩子在幼儿园里要一切行动听指挥，只要他对老师好，对大家好，老师和其他小朋友当然也会对他好。

四、给孩子一个疏导情绪和释怀的方法

可以对孩子这样讲：“刚去幼儿园，有时候你可能会想爸爸、妈妈，但一想到你还要和小朋友们、老师们一起玩耍做游戏，一起学习，就会重新开心起来的。而且到放学的时间你就可以见到爸爸、妈妈啦，到那时候我们就可以听到你给我们讲幼儿园的故事了，我想一定会很好玩的。”

五、给孩子一个对交往的期待

对孩子描述一下幼儿园的生活："在幼儿园里你可以交到许多朋友，你们很快就会很好地在一起玩，就像你和楼下的小朋友很快就熟悉了一样。你们可以一起做游戏、一起画画、一起唱歌、一起学习规矩、一起学习礼貌行为、一起学习数字、一起吃饭、一起午睡……"

六、帮助孩子提前熟知幼儿园环境

家长可以给孩子看幼儿园的平面图，带着孩子用做游戏的方式熟悉上面的路线。还可以按照幼儿园的情景做模拟游戏"幼儿园的一天"，模仿孩子在幼儿园的生活，然后找时机带孩子去幼儿园实地考察，此时可以让孩子当"引导员"，这样孩子就会很快熟悉环境。妈妈可以在考察时这样告诉孩子："这是你将来学习的第一个地方。这是教室、游戏室，这是饭厅，这是休息室和小床。到午睡的时候，小朋友们一人睡在一张床上，一定很有趣。这是书画室，里面有好多小人书、故事书，你可以在征得老师的允许后尽情地看，不过一定要爱护它们。厕所在那边，小男生和小女生分着用厕所，不像在我们家里大家共用。你们幼儿园里有园长、有老师、有保安叔叔、有保育员阿姨，见到他们都要主动问好，他们一定会夸你是一个懂礼貌的好孩子。"

另外，如今有许多有关幼儿园生活的绘本，如《大卫上学去》《汤姆上幼儿园》《我爱幼儿园》《三只小猪上幼儿园》《我不要去幼儿园》《我好担心》等，家长可以和孩子分享交流，然后模仿体会。孩子也许能从这些书中感知到一些东西，对他们起到一些提点的效果。

父母应注意以下几点：

1.父母要坦诚地向孩子描绘一个真实的幼儿园，即使有美化之词，也不要太过度，防止孩子产生过高期望后，在不合心意的情况下失望。

2.父母应杜绝在孩子面前展现焦虑的言辞和行为，尤其是家长之间的有关幼儿园的讨论，如安全如何、孩子焦虑了怎么办、饭菜如何、孩子睡不好觉怎么办，等等。防止将这些不良情绪传递给孩子，增加孩子的不安全感。

3.不要夸大幼儿园老师的美好或不好，也不要夸大幼儿园的游戏性质，防止孩子将幼儿园误解成游乐场，这会导致孩子心理失落。

4. 切忌在日常生活中给孩子负面的言语影响，比如："再不听话，就把你送到幼儿园去。""等到了幼儿园，让老师收拾你。""不听话就把你丢在幼儿园。"等等。

5. 不要强硬地训斥不想去幼儿园的孩子。

上述内容是一种提点，仅仅作为参考。父母毕竟是最了解孩子的人，大家可以根据孩子的状况变换思维、灵活思考，想出最适合孩子的解说词。只要达到让孩子了解幼儿园，相信幼儿园老师，消除陌生感、害怕感的目的就可以。要想让孩子在幼儿园里开心快乐地生活、学习，应提前给予孩子适当的心理预习和准备，给孩子一个恰当的期待，相信孩子会顺畅地走进幼儿园，开始快乐的幼儿园生活。

阳光雨露

父母是孩子最信任的人。在孩子面临人生第一次大的选择和挑战的时候，最需要父母成为自己坚强的后盾。相信在父母坦诚、平静、信任、坚定、鼓励的言行和目光中，孩子一定会获得最好的支撑，这一定也是孩子最需要的礼物！不仅如此，在孩子面临人生每次大的选择和挑战的时候，都需要父母成为自己坚强的后盾。

第一步·随想

一个小小的肩膀，
装备背身上。
贝雷帽儿戴好，
时刻准备着，
“亚丁湾”——护航！

时刻准备着

——物资准备及自理行为的训练

孩子是幼小的，他们无法绝对做到对陌生环境的顺利接受，因此父母前期对孩子循序渐进的引导尤其重要。在孩子更小一些的时候，父母可以提前选好目标幼儿园，不时带孩子去周围看看，让孩子熟知环境及里面小朋友的活动，这是一种很好的策略。

在给孩子做好心理调适后，他们去幼儿园时所需的物资也需要做一些适当的准备，毕竟孩子年龄太小，可能会有意想不到的特殊需求。另外，孩子初次离开亲人，单独生活，脱离原有的场所，好多事情需要尝试着独自处理和解决。即使孩子在家里已经形成了自己的事情自己做的习惯，一旦离开熟悉的环境，他们还是会惴惴不安，即使在处理熟悉的问题时也会不知所措。因此，要对孩子进行一些有针对性的能力训练。

物资的准备

一、根据幼儿园的要求准备

要根据幼儿园提供的入园须知和自己孩子的情况做准备，原则是合理、简朴、实用、安全、方便。

二、根据孩子自身的情况做一些特殊的准备

这一点非常重要。虽然孩子还小，但受早期家庭养育方式和环境的影响，每个孩子都会有不太理想（针对独自过集体生活而言）的习性，每个孩子都有自己独特的习惯和问题。这需要父母从孩子的实际情况出发，预见可能出现的问题，为孩子准备合适的特殊物品。比如：如果孩子尿床，妈妈可准备一两件后面带有防渗漏材料的小薄褥子，方便老师给孩子更换。

三、通用物资的准备

入园的通用物品包括以下几项：

1.备用衣裤适量。

2.水杯、水壶各1个，要安全防摔打。

3.小毛巾及小别针。

4.容易穿脱的拖鞋、鞋子。

5.书包。给孩子准备一个小书包，不要忘记绣上名字，里面可以放上孩子最喜欢的一本小书或者一个小玩具。熟悉的物品会让孩子在陌生的环境中减少心理压力。

6.孩子必须使用的其他物品。这要与老师交流好，比如一些内向胆小的孩子有自己依赖的物品，如果暂时很难戒除，可与老师协商出具体的准备和使用办法。

通用物资准备时应注意以下几点：

1.孩子的物品，如书包、衣服、被褥、鞋子等要做好标记，便于老师、孩子辨认拿取，防止出现混乱。

2.为孩子选择舒服适宜的衣服和鞋子，要简洁、实用、安全。

3.尽量不要给孩子挂挂件、饰品等，防止给孩子的活动带来不便和安全隐患。

4.孩子的手指甲一定要剪短，孩子的眼镜最好有挂绳，孩子的发型一定要利落，便于孩子行动。

自理行为的训练准备

一、如果孩子易哭闹、孤僻、胆小，甚至不能正常吃饭、睡觉，可以暂缓入学

应对方法：家长事先需要做足准备，以最放松、自信、期待的状态帮助孩子顺利入园。一般孩子前几天的哭闹，其实是由于在心理上难以接受生活环境的改变，因对幼儿园陌生而产生的不安全感而已（此时期的孩子正处在一个建立安全感的敏感关键期）。因此，父母一定要耐心细致地运用各种方法帮助孩子认识幼儿园，让孩子了解在幼儿园里可能发生的事情，为他们模仿幼儿园的生活。让孩子充分认识到在幼儿园里他一样可以安全无忧，使他放松、平静下来。如果孩子能达到以下要求，家长可以尝试送他去幼儿园：基本能表达出自己的要求，会寻求帮助；和亲人分离时能比较平静，没有很强烈的情绪反应；一般的作息时间很有规律等。

二、引导孩子自己脱鞋子、脱衣裤、吃饭、喝水、洗手、上厕所，锻炼孩子的自理能力

应对方法：一定要给孩子充足的锻炼时间和机会，如果等到用的时候再临阵磨枪，效果一定不会太理想，甚至会更糟糕，影响了孩子入园的情绪。另外，在给孩子训练的过程中，父母一定不要为了促进孩子的进步而使用诸如“不好好练习，到幼儿园就没饭吃”“不好好练习撒尿，到时候你尿裤子，多丢人”“你要不听话，到幼儿园里让老师管你”“不好好听话，在幼儿园就没有小朋友和你玩”等语言恐吓孩子，那样只能令孩子失去对幼儿园的信任和美好期待。

三、进行具体行为的训练

1. 喝水。这是一个非常重要的训练，许多孩子就是在喝水少的情况下，身体经常出现一些问题。

应对办法：家长不要给孩子灌太多的水，应该培养他主动想喝水、勤喝水的习惯。带孩子选择自己喜欢的水壶，也是很好的激励孩子多喝水的方式。在幼儿园一般会安排喝水的时段，因此父母要做的就是要引导孩子遵守幼儿园的规矩，听从老师的安排。

2. 睡觉。在幼儿园里的孩子一般都要午睡，但因为孩子小，且孩子原先有不同的午睡习惯，面对必须统一时间休息的规定，许多孩子不太习惯。另外，有些孩子精力充沛，白天不需要睡觉，会寻找各种理由拒绝睡觉。

应对办法：去幼儿园时，给孩子带一个平时熟悉的睡觉用的玩具或物品；帮助孩子养成睡觉前如厕的习惯；在孩子上幼儿园之前，协助孩子养成按照幼儿园的作息时间休息的习惯；在周末两天，家长也要遵守幼儿园的睡眠时间，以协助孩子早早养成规范顺畅的睡眠习惯。孩子的习惯不是在短时间内就能养成的，这需要一个过程。

3. 上厕所。对于比较受娇惯的孩子来说，这是有一定难度的问题。有的孩子不会做，有的孩子想去厕所却不敢说，有的孩子不知道便意。这是孩子在幼儿园里经常遇到的问题，轻则导致孩子身体不舒服，重则使孩子被小朋友讥笑，产生自卑感。

应对办法：对于不会独立如厕的孩子，家长最好提前带着孩子了解幼儿园厕所的情况，帮助孩子找到幼儿园和家里厕所的差别，教会他们如何使用，并指导孩子进行如厕练习，让孩子消除陌生感。

对于不敢说的孩子，家长要让孩子懂得，大小便是很正当的需求，不是什么羞耻的事情，应该大胆地告诉老师。在活动时，只要举起手，告诉老师自己要上厕所，老师是不会责怪他们的。另外，人排便最佳的时间是早晨，如果能训练孩子养成早晨去幼儿园之前排大便的习惯，相信不但会使孩子身体好，也会使孩子省去不少的麻烦。最后，父母也要将自己孩子的情况如实告诉老师，以便老师灵活掌握。

4.遵守规矩。这是任何一个参与集体活动的孩子都需要掌握的内容。不管在哪里，一个听从安排、遵守规矩的孩子，一定是会尊重他人的人，一定是令人喜爱和受到关注的。这在将来一定会给孩子带来成长上的顺畅。

应对办法：和孩子在家里玩一些具有一定规则的游戏，让孩子体验输赢；让孩子参与家庭劳动；教育孩子尊敬长辈，长幼有别；让孩子知道老师是教给自己知识和能耐的人，一定要尊敬他们。

以上问题，需要老师、家长共同努力，来协助孩子解决它们。其实方法并不难，除了懂得如何应对上面所提的问题以外，还可以与目标幼儿园提前展开沟通和协作。比如：如今的很多幼儿园都会提前召开新生家长会，细致地让家长了解幼儿园的情况，让家长们做到心中有数，帮助家长积极投入到引导孩子逐步适应幼儿园生活的过程当中。另外，还有参观幼儿园、入园适应等活动，这不仅提高了孩子的积极性和热情度，还让孩子在此过程中熟悉了环境，了解了老师。相信孩子会很快度过入园焦虑期的。

阳光雨露

多数小孩子在上幼儿园的初期都有不适应的感觉。父母应该悉心为孩子创造让他能够获得安全感的条件，做足准备，力求在短时间内，协助孩子走出入园初期的不良情绪的困扰，使他们顺畅地融入幼儿园大集体中，快乐地生活。

第一步·随想

山再高，在我脚下。
路再远，在我身后。
飞奔啊——滑雪板，
和我一起迎接挑战，
飞翔……

迎接未来新生活

——如何应对孩子在幼儿园遇到的挑战

做任何事情都需要提前计划、准备，进入具体实施阶段后，需要有良策，讲方法，尤其是面对第一次独自离开家去一个陌生环境的小孩子，更是要讲究策略，注意行为分寸。

在决定将孩子送入幼儿园开始，家长就开始了忙碌。经过前期不懈的努力，相信一些必要的条件一定准备得差不多了，不过，即使考虑得再周全、细致，当孩子真正走进幼儿园的时候，也会出现一些意想不到的问题。

这一节就针对孩子入园后的一些问题来作一下说明。

一、入园的接送

要力争让孩子过好正式入园的第一天。做任何事情，初始最重要，因此，一定要让孩子入园的第一天有一个良好的开头。在前期给孩子做好心理铺垫的前提下，让孩子背上心爱的小书包，带着最心爱的小玩具，拿着最喜欢的小水壶，穿上自己喜欢的漂亮衣服……相信大多数孩子，会很愉快地去幼儿园的。

不过家长也不要掉以轻心，尤其要注意孩子第一次离开家长时产生恐惧感的问题。父母可以采取以下做法：

1. 在幼儿园门口，语气自然、热情地与老师主动打招呼："老师，您好！您的学生张玥涵来报到啦。"这样既给孩子一种妈妈尊重老师，我也要尊敬老师的影响教育，也会给孩子一种妈妈和老师是熟人的感觉，增强孩子的信任度和放松感，提高孩子的信心。离开孩子时，家长可以蹲下来，用坚定、自信的目光看着孩子，并说："我的张玥涵勇敢地上幼儿园了，要去做自己的事情去了，妈妈真为你自豪。你在幼儿园跟着老师和小朋友们开心地玩游戏和学习，下午放学的时候，妈妈在这里接你，不见不散。"这会让孩子非常安心，知道妈妈不是扔下他不管，下午放学就能回到妈妈身边。

2. 如果孩子情绪不稳定，不放手，在幼儿园同意的情况下，妈妈也可以带着孩子一起入园陪伴，然后慢慢地拉开距离，逐渐脱离孩子的视线，当孩子建立起对环境的信任感后，他自己就会自然地放手。千万不要偷偷地走掉，这样只会造成孩子更大的不安与恐惧，延长孩子的适应期。

3. 父母在上学的路上，不要一直叮嘱孩子有关上幼儿园要注意的事情，防止孩子出现新的压力；在接孩子放学的路上切忌谈论幼儿园里其他孩子不良的事情和对幼儿园的担忧，防止说者无心听者有意，让孩子对幼儿园产生不良感觉。

4. 家长尤其要注意，在孩子去幼儿园的初期，如果送孩子的是原来孩子最依赖的人，那样一定会增加分离的难度的。

5. 要按时接送孩子，让孩子感觉到上幼儿园不是一件随意的事情，必须遵守纪律。不能因为家长或家庭原因打搅孩子正常去幼儿园的生活秩序，也不要被孩子的一些小"伎俩"所迷惑而心软，允许孩子不去幼儿园。不要小看按时接送对孩子的影响，这会让孩子养成守时守纪的严谨品性，也会培养孩子把事情坚持到底的良好习惯，对他将来的人生一定会有帮助。如果说在孩子 1.5 岁左右对他们进行生理断奶是孩子第一次"断乳"的话，那么上幼儿园可以看成是他们的第二次"断乳"，是心理依赖上的"断乳"，这使孩子从此独自踏上了人生之旅。

二、检验孩子的适应情况

1. 孩子放学后的情绪状态

如果在接孩子的时候，看到孩子处于高兴、轻松、自然、和悦的状态，在回到家后，孩子能够开心地吃饭、做事，兴奋地讲述幼儿园发生的故事，那么，孩子在幼儿园一定过得非常如意。如果孩子闷闷不乐、不爱讲话，可能就是遇到麻烦了。

2. 孩子的上学欲望

如果孩子每天高兴、顺畅地去学校，没有任何犹豫，那么相信孩子是非常热爱幼儿园这个大集体的，他们与老师和小朋友之间的关系肯定非常融洽。反之，如果孩子在家很开心，很喜欢学习和玩耍，但就是不愿意去幼儿园，那么孩子在幼儿园一定遇到了自己不喜欢或不开心的事情，只是孩子碍于父母的严格或其他因由不敢说出来。

3. 孩子的身心健康状况

观察孩子的身体是否有伤痕、情绪是否正常，倾听孩子，分析他们的叙述是否有异常。如果孩子出现上述情况，要及时调查，妥善处理。

4. 幼儿园老师的信息反馈

这也是了解孩子信息的来源之一，但要理性面对，合理妥善处理，防止误解孩子，伤害到他们。孩子不管在哪里成长，都会出现一些不可避免的问题，如果父母不问青红皂白地莽撞行事，反而会给孩子造成更大的麻烦。家长应该巧妙迂回地了解事情的真相，及时地处理，及时地调整好孩子的情绪，防止出现“厌学”情结，那将对孩子未来的生活造成巨大的影响。

三、善待上幼儿园有情绪的孩子

哭闹是许多孩子在入园一周或半个月左右常见到的现象，父母不必太担忧，只需要做一件事，告诉孩子放学后来接他，然后和孩子说“再见”，迅速从容地离开。父母绝不能犹豫和情绪悲切，那样会给孩子一个暗示，使孩子更加娇惯自己。相信老师会采取措施，迅速转移孩子的注意力的。随着孩子对环境、老师及伙伴的熟悉，半个月左右孩子就能很好地适应幼儿园的生活。如果孩子经常不愿意上幼儿园的话，我们就要分析一下原因，然后找到解决的办法。切忌毫无商量地拒绝，更不能不讲原则地随意同意孩子的要求。

孩子不愿意上幼儿园，其原因无外乎就是不愿意离开家和亲人、害怕陌生环境和人、不能随意玩耍、不擅长和其他小朋友交往、不适应幼儿园的规矩，或是在幼儿园受到了冷落、被欺负等。不管是哪种原因造成的，父母都不要因孩子的哭闹而反感和呵斥孩子。一定要给孩子一个情绪疏通和发泄的渠道，等孩子情绪平复后，再慢慢和孩子谈心，了解他们抵触幼儿园的真实原因(如果是人为因素造成的，一定要及时找老师交流，协助孩子解决)，引导孩子回忆一些在幼儿园见到的有趣的事情，让孩子的情绪得到进一步平和。在这样的氛围里，孩子会从妈妈那里得到信任和支持的力量，许多事情会被孩子自己消化解决。做孩子安全的坚强后盾，就是父母最好的养育。如果孩子的这种需求被父母认为是故意调皮而不加以重视的话，孩子会慢慢采取“回避”的策略，不再和父母表达自己对他们的需要，这就是父母感知到的孩子不理会自己的情况。尤其是孩子到了青春期，许多不良的行为结果的根基皆源于此！

四、改善孩子在幼儿园吃饭不香、睡觉不好的情况

如果孩子在幼儿园不爱吃饭，在他们回到家时，家长一定不要给他们额外的零食，甚至还要降低家里这一段时间的饭菜质量。不要让孩子有期盼心理——我回家吃好的。另外，在孩子午觉没有睡好的情况下，父母不要让孩子回家就睡，要按照原来的作息时间，一定要让孩子建立良好的作息时间和饮食习惯。

五、应对孩子打架的情况

打架是每个孩子在成长中必然经历的行为，只是程度有不同而已。特殊的独生子女政策和某些不妥的养育方式，使孩子养成了一些不良的性格特点，如孤僻、强势、执拗、娇惯、自私、霸道等，这些特点会阻碍孩子融入到集体生活中。尤其是初上幼儿园时，小朋友之间彼此不熟悉，总会出现一些小矛盾，如抢东西、碰撞、推拉等。做父母的究竟该管还是不该管，许多人纠结其中。

我们可以回忆一下，成人之间有没有矛盾，国家与国家之间有没有战争。

尤其是国家之间，夫妻之间，今天打，明天好，我们都是有目共睹的，孩子更是如此。不要以为一两次打架就会对孩子的人际交往造成影响，其中并没有多大的关联。其实这是孩子锻炼交往能力的机会，相信过不了多久，打架的孩子们之间就会烟消云散，和好如初。

幼儿园的孩子毕竟还小，正处在前道德时期，是以自己是否舒服为行事原则的。他们的思维没有明显的功利性，也意识不到自己的行为会给别人造成什么影响，只是为了满足“我需要”的思维，因此，孩子的许多行为是不能用成人的价值取向来衡量的。孩子之间的矛盾也有不同的起因，比如：性格唯我独尊的强势孩子，做什么事都要求“我先……”，这自然会增加矛盾产生的几率；再比如：内向性格的孩子或忍耐度好的孩子，在被一些同伴挑衅逼迫至极后，也会被迫还击，这种还击力量是非常强的，有时候孩子甚至会做出不计后果的行为。

遇到这样的情况时，父母最好的处理方式是：

1.正常化看待孩子间的打闹，这样孩子就不会因为想要获得父母的怜惜而故意夸大事态的严重性。

2.借助一种方式（如换衣服等）自然而平和地查看孩子身体是否有恙。根据情况做好处理。

3.用平常、自然的方式引导孩子多诉说，一是帮助孩子疏通情绪，二是可以从中找出事情发生的原委。家长要及时与老师联系，在获得充分证据后，再做出解决措施。如果是自己孩子的问题，要及时恰当地指出并做出惩罚；如果是其他孩子的问题，就要与老师沟通，婉转地提出自己的看法，并告知孩子遇到这种事情一定去找老师寻求帮助，不要与对方争吵和打架。如果是偶然事件，父母要跟孩子们讲清楚交往相处的原则：要相互谅解，彼此道歉，那样大家相处得会更好、更开心。

4.父母可以进行适当的引导，比如：利用书籍或游戏来向孩子展示正确的交往方式，让孩子参与其中，尽可能多地体验自主解决问题的过程，从中体会各种不同的交往应对技巧；教给孩子一些基本的交往规则，如不要随便打搅别人、要加入活动与别人一起玩要先征得别人的同意、要用礼貌语言去和别人交流，等等。

“麻雀虽小，五脏俱全。”幼儿园就是一个按比例缩小的小社会，孩子是其中的主人，他们之间自有不同的人际交往方式和规则，有好多是我们成人的思维理解不了的。孩子之间的摩擦打闹是再自然不过的事情，因此不到万不得已，家长尽量不要参与到孩子之间的“矛盾”中，对错是非自有老师去评价，老师也会引导孩子们正确对待。尤其要注意的是，家长不要不问青红皂白地就去找老师、找当事孩子的家长，甚至是当事的孩子，那样会把小事情扩大，那才是对孩子真正造成不良影响的做法。

阳光雨露

孩子初上幼儿园，我们面对孩子的离开也有不适应的感觉。但是，让孩子上幼儿园是为了让他们更好地发展，这也是我们当父母的要经历的一种新的成长历程。我们既要继续稳固孩子原有的能力习惯，又要配合幼儿园培养孩子成长所需的新的品性能力。父母始终要思考怎样做才是真的对孩子有益，即爱的延续与发展。

第一步·随想

大海给我力量，
灯塔照亮了航程。
扬起生命的风帆，
“左满舵——”
“满舵左——”

孩子的护航使者

——幼儿园三年期间父母要做到的事

经过前期的良好养育，孩子拥有了一定的独立生活能力，这足够使孩子很好地参与到今后幼儿园的生活当中去。有些人认为，将孩子送入幼儿园交给老师来管，自己就可以松口气了。果真如此吗？我认为不尽然！把孩子送入幼儿园，并不意味着孩子的教育今后就全靠老师了，父母培养孩子的使命结束了，而是需要父母更加努力地去完成一种新的任务和使命——做好孩子人生航程的护航员！

幼儿园是为孩子准备的成长历练场，可以促进孩子独立、交往等综合能力的初级发展，这是在家庭养育中家长给予不了的。但孩子进入幼儿园，并不等于父母可以从此就不管或少管。恰恰相反，由于是在集体中生活，会有不同信息的存在，当然也包括不良的信息，这些信息会对孩子造成一定的影响，需要父母及时发现并协助孩子将这些影响减少到最低。因此，父母必须从多方面为孩子统合规划和引导，全方位地保驾护航。

一、建立良好沟通关系，协助孩子消除在集体生活中接受到的不良影响

孩子在幼儿园这个小社会里，可以获得在家庭中得不到的锻炼机会，从中学到未来生活需要的基础能力。但同时，幼小的孩子在这个浓缩的小社会里，

也极易受到一些不良现象的影响，这些影响有些来自同伴，有些来自其他孩子的家长，有些可能来自老师。这些影响是非常隐性的，是缓慢形成的，有时候身在其中的老师们很难及时察觉到(并不是老师故意忽略，多数是因为忙碌或其他缘由而顾不上)。如果父母不能及时发现并想办法弥补和消除这些影响的话，就会因此错过帮助孩子修正的最佳机会，使孩子形成不良的习性。

那怎么办？不去幼儿园——行不通，孩子必须接受集体生活的历练，学会与人相处、学会一些自理能力；去——孩子会受到负面因素的影响。何去何从？

进入幼儿园可以说是孩子正式迈进社会的第一步，他们将从中学到多少，我们不得而知，但是，作为父母我们可以给孩子一个向好的方向发展的引导，以此来抵消不良因素对他们身心的侵蚀，相信其结果一定是不同凡响的。

有一位哲学家用十年时间带着学生们周游世界，拜访学者。当他们回来的时候，个个满腹经纶。进城之前，哲学家决定在郊外的一片杂草地上给学生上最后一课，课程内容是如何根除杂草。弟子们惊愕了，大家没想到最后一课竟然如此简单。当弟子们都讲出自己的方法后，哲学家与他们约定一年后再来此地揭晓答案。一年后，学生们发现，原来杂草丛生的地方，变成了长满谷子的庄稼地。

用美好的事物去抵消不良的影响，这是非常绝妙的方法。让美德占据自己的心灵，人就会安宁美好。人的心灵空间是有限的，当被美好的因素占据时，也就没有承装不良事物的空间了。作为孩子的养育者，我们有责任在孩子的心田中种上美好与希望的“庄稼”。**当我们用婉转的方式协助孩子改善尴尬局面的时候，当我们在幕后默默地协助孩子改善成长环境的时候，当我们将美好的世界展现在孩子面前的时候，孩子的内心也就会充满了正能量。孩子的成长，需要我们养育者用心关怀。**

1. 如何和上幼儿园的孩子沟通交流

家长一定要和孩子多交流，根据孩子的情绪和言谈，来判断孩子一天在幼儿园的状况。如果孩子情绪高涨，要尽量让孩子保持平静(孩子太兴奋也值得家长注意)；如果孩子情绪消沉，要及时找出原因，帮助孩子消除不良影响，恢复平和稳定。总之，如果孩子的情绪过高过热，要适当“降温”，过低的话要想办法提升。一定要注意交流的方式方法，这是使今后（尤其是青春期前后）父母与孩子能融洽相处的最关键的行为。要做到这一点，要成为懂孩子的父母，最关键的就是要让孩子把话说完！

有一个孩子把一只小毛毛虫拿到了妈妈面前，把害怕虫子的妈妈吓了一跳。可想而知这位妈妈有多么生气，她本想对孩子训斥教育一番，可就在话语即将出口的那一刻，她忽然改变了主意。她对孩子温柔地说：“能告诉妈妈，你为什么这样做吗？”

儿子眨着眼睛，一脸童真地说：“因为……因为这是我最喜欢的小动物，它非常可爱，我们是朋友，一起玩得很快乐，我想让妈妈也开心开心！”听了这话，母亲的心里充满了幸福和甜蜜。

父母与孩子良好的沟通，应从孩子出生就开始，这样不仅能够及时感知孩子心理成长的状况，还能及时将父母的养育理念传递给孩子，及时帮助孩子解决成长中的问题和困惑，适时地引导孩子发展的方向。对于小一点儿的孩子来说，有些概念他们是不可能完全明白的，需要从父母的行为中获得具体化、形象化的引导。随着孩子的成长，父母与孩子间良好的沟通会在孩子今后（尤其是青春期）的成长中显现出它的重要性。

2.给孩子设立一个目标

家长要了解幼儿园的教学内容和方法，协助孩子形成系统持续的做事原则和习惯，指导孩子制订他们能够达到的小目标。在这个过程中，可以采用一些激励措施，让孩子在不断实现小目标的喜悦中，获得每步成功后的自信与力量，不断在完成阶段性的目标基础上，形成一种“阶梯式”的做事原则和行为。家长要耐心引导，力争使孩子在三年幼儿园生活中，为学校生活打下优秀、坚实的基础。

3.配合老师，协作育人

家长要了解幼儿园老师的教学理念和方法，及时关注老师发布的信息，对老师为配合教学内容安排的家庭作业，一定要悉心配合，协助孩子完成，力争达到最好的学习效果。一定注意，需要孩子独立完成的任务，父母一定不要参与。从孩子进入幼儿园开始，家长就要逐渐培养他们独立完成老师布置的任务，即使是需要家长配合的，也要以孩子为主，父母做辅助劳动，以防止孩子形成对父母的依赖，更要防止父母形成一种不良的养育行为——陪学！

4.莫忽视后续的家庭养育

尽管孩子已经进入幼儿园，但是，孩子在上幼儿园之前就具有的良好习性和参与的培养训练也不要断开或放弃。如潜能的开发活动、习性和品质的养成等。要根据孩子进入幼儿园后开展活动的变化和发展，作及时的调整、改变及弥补，防止前功尽弃。父母应继续在日常生活中，利用一切机会刺激孩子的学习探索欲望，开发孩子的潜能，促进他们智力的发展。

5.重新调整与孩子之间的亲密关系，适当放手

随着年龄的增长，孩子的交往圈会逐渐扩大，他们自己的某些情感在逐渐建立。家长要给孩子一定的私人情感空间，鼓励孩子与他人交往，并逐渐去信任他人。切忌对孩子说："你在幼儿园就不想妈妈了吗？""你光想着和小朋友、和老师玩，不喜欢妈妈了吗？"这是许多妈妈失落感的表现，家长应该控制自己的这种情绪。不要接受孩子上了幼儿园依然黏人的状态，更不要沉醉在"孩子离不开我"的自豪中。要鼓励孩子："你现在长大一些了，要去做你能做的事情。不是爸妈不要你，不是爸妈不喜欢你，是你能和爸妈一样去做事了。我们还像以前一样地爱你。"父母要加强对孩子独立自理能力的锻炼和培养，逐渐放手让孩子去做自己能够做到的事情。要帮助孩子建立起责任心、关爱他人等优秀品德。要做好这些，父母应避免对孩子产生"养育呵护依赖症"！

6.理性处理不良信息

不管孩子受到何种不良的影响，父母在商谈应对之策时，凡是涉及幼儿园老师的话题，一定不要在孩子面前说。另外，父母在处理与幼儿园、与其他家长和孩子之间事务的时候，也不要让孩子在场。不要当着孩子的面议论、贬低和嘲笑老师，尤其不能当着孩子的面大声斥责老师，更不要挑战老师的权威、责难老师。对于孩子带回的负面信息，家长要理性详查；对于老师的告知，家长要冷

静客观地对待，不要误解孩子，更不要误会老师。如果出现问题的原因是孩子做得不对，父母要及时引导，帮助他们改正不足；假如是由于老师处理不当，则父母要妥善处理，不要令孩子受委屈。解决问题时要选择巧妙的处理方式，既要解决问题，还要照顾老师的面子，这不是为了讨好老师，而是为人处世的一个原则，相信相关老师也会懂得你的良苦用心和善意行为。注意一定要保障孩子对父母的信任和在父母身上得到的安全感。

7. 妥善应对孩子的问题，引导孩子知事懂礼，保障孩子自尊自信

对于孩子自身的问题，最好不要在其他人面前解决，不要在别人面前对孩子呵斥谩骂、大声询问事由。在幼儿园接孩子的时候，对老师的投诉要温和接受，即使是孩子错了，也要保持冷静，保全孩子的尊严和安全感。父母首先要做的是平复孩子的情绪，给自己和孩子冷静思考的时间，一定要在孩子和自己的情绪平静后，在没有外人的环境里，把事情处理好。相信经过前面的冷处理，不需要额外大动干戈，大多数事情都会自然得到解决的。另外，好多时候孩子不是不知道自己有错误，只是不敢说或碍于面子的问题不承认，如果我们不戳穿孩子使用的“小伎俩”、不精明地把孩子所有的错误点破，或许孩子会有更多自我思考的空间，或许他们会有更好的自我激励的方式和选择的余地，最终孩子也会很有尊严地按照父母优秀的教育方法去做。这样，父母的教育结果也一定是美好的。就像前面我列举的“拿取地面小石子”的故事，妈妈巧妙地协助孩子改正了错误，使孩子懂得了正确的做法，知道了要维护美好事物、为他人奉献，最关键的是孩子与妈妈的心贴得更近了。

8. 不忘初心，时刻保持原有的养育热情

我们所做的这些努力，其目的就是让孩子喜欢幼儿园、热爱伙伴和老师，从而在这个和乐的环境里长见识、更好地发展自己。所以，在幼儿园这个问题上父母要从自身的情绪状态上给孩子精神上的影响和鼓励，要从自身的言行和做事的方式上给孩子以“幼儿园很安全”的感觉。在这样的影响下，孩子就会从父母那里获得坚定的信心和鼓舞，进而有胆识融入社会、探索新世界。父母要始终保持美好的养育初心，这是保障孩子生命成长顺畅、安定发展的根基。

记得有这样一位妈妈，当看到随意更改对孩子的承诺、不把孩子当回事、甚至是强势对待孩子的家长的时候，她下定决心自己绝对不这样做。但是当孩子到了贪玩的时期，好多事情又搅扰得她不得安宁。有一天她给我留言说："孩子总是不愿意停下手中的事情，有时候由于时间的问题，只好强行把她拽走，惹得孩子非常不开心，怎么办呢？"我告诉了她另一位妈妈的故事：这位妈妈带着孩子在游乐场玩耍，当离约定的时间还有10分钟的时候，她走到孩子身边，温柔清晰地说："你还可以再玩10分钟，10分钟后妈妈来接你回家。"

这位妈妈如梦方醒。面对处于好玩年龄的孩子，面对把控不住自己、不知道时间观念的孩子，如果感觉到孩子难管，那很可能不是他们不听话，而是我们的引导方法错了。我们往往在无意识中以成人的标准要求孩子。**虽然我们拥有了基本的养育理念，意识到了养育的误区，但惯性思维却阻碍了我们顺畅地使用这些东西，使我们难以知行合一。**

父母优秀的养育思维和方法会让孩子越来越优秀，这是绝对的真理！如今，我们都能感受到孩子越来越聪明，察言观色的本事越来越强，处理事情、说话的方式越来越不可思议，有时令许多父母绞尽脑汁地和他们"斗智斗勇"，但也有许多家长思虑过度，过于"杯弓蛇影"。这种养育状态容易使孩子产生不良的言行，更容易使养育者失去养育初心。其实，孩子的内心是最直接、最纯美、最透明的，而他们的智慧不一定在什么时候会突然闪现。由于阅历和能力的局限，他们并不太明白怎样做才是正确的，因此，他们探索性的做法常常被错误地看成是"耍小聪明、小心眼儿"，会遭到拒绝或制止。如果我们能站在孩子的角度，用他们的眼光看问题，用他们的能力状态和心态思考问题，相信许多问题会迎刃而解。

我们应该了解孩子成长的规律，通过换位思考，去感受、体验他们的内心世界，以获得孩子对我们的信任和尊重。到那时，父母的养育思维一定会顺畅地传递给孩子，这就是能让父母走进孩子心灵的良策。

二、如何与幼儿园老师处理好关系

孩子进入幼儿园后，做父母的都希望老师能更好地对待自己的孩子，因此，处理好与老师之间的关系，也是家长必须要做好的一件事情。随着这一思维的延伸，现在社会上出现了一种“送红包”的现象。很多父母很纠结，到底是送还是不送？在我看来，与其纠结在这一问题上，不如把精力放在好好养育孩子上。如果孩子见到老师就问好，在班级遵守规矩、懂事明礼、聪明可爱、不故意给老师添乱的话，相信他一定可以得到老师的喜爱。再加上家长对老师的尊重，相信老师不会亏待孩子。

1.父母要尊重理解老师

也许老师会有做得不好或不对的地方，因为他们也是和你我一样的社会人，有自己的脾气秉性和做事模式。这应该是最需要家长理解和尊重的地方。如果真的出现如上所说的问题，家长最好不要不顾及老师的尊严和面子，直接找老师或找园领导吵闹发泄，那样不但不会达到你想要的结果，反而会让事情变得更糟糕。再者说，事情已经出现，找老师发泄不是最佳的处理方式，那仅仅是父母宣泄自己情绪的一种渠道。睿智的父母会冷静地与老师沟通，委婉柔和地表达自己的意愿。相信老师会明白家长的意思，并自知自觉地去完成。

2.父母要体谅感谢老师

幼儿园老师的工作细小而繁杂，极需要耐心，他们非常繁忙辛苦。所以，家长可以在适当的时候对老师表示感谢，真诚地说上一句“辛苦啦！”“费心啦！”“谢谢！”等。相信家长的这种认可，一定会让老师们感到欣慰和放松，这种情感也会自然地转嫁到你的孩子身上。

3.别做“多事”的妈妈

面对那么多孩子，老师的事情一定不会少，我们不要想当然地要求老师面面俱到地照顾自己的孩子，那是绝对不可能的事情。即使做得到，这种做法对孩子也不会有太多的好处。想想孩子是为什么要上幼儿园的：一是为了可以和同龄人一起活动、学习，建立起起居常规及常识的意识概念，掌握基本的交往技巧；二是为掌握他们这个年龄能够领悟到的各种能力；三是为了孩子在独立活动中得到综合能力的历练。既然家长要将孩子送到幼儿园，就要给他充分的历练空间和机会，不要纠结于一些小事，更不要将自己关爱小婴孩的家庭式养育方式带到幼儿园。比如：不要经常给孩子改变或使用独特的东西，防止给老师增加不必要的负担；不要要求老师单独给孩子做家长原先做的事情等。父母要做的就是积极配合老师，准时接送孩子，遵守幼儿园的规定等。

4. 及时沟通，消除误解

“孩子是自家的好”，这是许多父母必然的心态，但这种心态也会使父母做出一些不理性的行为。当老师传递出关于孩子的负面信息的时候，父母千万不要马上反驳或拒绝，不要武断地认定那是老师找茬或弄错了，不要做出不理性的举动。父母可通过电话、电子邮件、QQ或当面谈话等方式与老师保持友好交流，提高彼此间的认识和了解，消除误会。一定注意：向老师了解情况要及时，语言要简短，不要耽搁老师太多的时间，另外最好不要在老师下班或休息的时间询问。还要特别注意，不要等到孩子出现严重问题的时候再找老师，那时候老师可能也无计可施。老师是人，不是神。其实，最需要操心孩子事情的、最需要拥有养育良策的人是家长！

上幼儿园是孩子人生的一个新开始，也是父母养育生活的一个新台阶。尽管有参考的信息，但在实践中新鲜事物还是会层出不穷。只有我们掌握养育孩子的规律，不断调整养育思路，才能在变化中找到应对的良策。家长将原本属于自己的养育责任向外推卸给他人，或不切合实际、急功近利的做法，是很难达到家长希冀的养育结果的。想让孩子拥有一段快乐的幼儿园时光，父母就要放远眼光，不要苛求眼前的得失，放松心情，宽容睿智地去应对孩子遇到的一切问题。

阳光雨露

当孩子独自离开熟悉的家庭，孤身进入陌生的环境中，感受到与以往截然不同的体验的时候，他们原先所拥有的一切“能耐”，都将在短时间内发挥不出作用。由于不知道下一刻将会发生什么，自己该怎样应对，孩子是茫然和不安的。如果换位思考，我们就能感受到其中的滋味。幼儿园是孩子独立人生的第一个舞台，孩子将在此起步，历练，成长，去追寻自己的未来。就像那位诺贝尔奖获得者说的那样，影响一生的最重要的东西，是在幼儿园里得到的。

第一步 · 随想

第七章

幼升小

——培养素质，决定未来

简单地说，素质就是一种能力，是个人先天具有的生理、心理特质和后天通过环境熏陶和人为教育获得的稳定的、长期发挥作用的基本品质之和。先天获得的遗传素质是后天形成的基本品质的自然内因，而后天的环境熏陶与人为教育则是先天遗传素质能否激活、发展的条件。素质是一个人在社会生存所必备的基本条件，它包括人的身体、思想、知识、性格、道德等内容。比如：懂得饮食起居、会做家务、愿学习、能劳动、懂劳逸、会休息、有毅力、有耐性、讲道德、懂礼数等，都属素质的范畴。从孩子小时候起对他们进行潜能的激活开发，促进他们德、智、体、美、劳诸方面的发展就是素质教育。

我长这么高啦！

生命·启航

孩子的素质是在养育者的影响和引导下，通过他们自身的努力从小逐步养成的。从“三岁看大，七岁看老”“幼则束以礼让，长则教以诗书”“少年若天成，习惯成自然”这些古语中，就可以看出幼年是对孩子进行素质培养的最佳时期。

婴儿期（0～3岁）是孩子在家庭里接受父母养育最多的时期，这个阶段的孩子主要是在家庭日常生活中，从父母的言行、表情中获得影响成长的信息。通过日常活动机会，进行潜能开发锻炼，获得基础的情绪和情感。

一般情况下，幼儿期（3～7岁）是孩子在幼儿园里接受教育的时期，这个阶段的孩子受幼儿园同伴和老师的影响较多，孩子在这时第一次参与集体生活，接受幼儿园的规范教育。这个时期注重的是对孩子进行素养、习性的拓展提高和培养，其作用是为他们的小学学习生活做铺垫。总之，孩子3岁之前的能力养成是为他们在幼儿园3年的学习生活奠定基础；幼儿园3年的能力养成是为他们在小学6年的学习生活奠定基础……以此类推，一环紧扣一环，一级高于一级，环环相扣，最终形成孩子优秀的成长链条！

从孩子进入幼儿园起，“百年育人”之大计就拉开序幕，进入正式篇章。此时的重点是对他们进行良好习惯的培养。儿童教育家陈鹤琴指出：**“教育一个人要从小就注意起的，讲话怎样讲，批评怎样批评，做人的态度，对人的礼貌，以及一切的一切都要从小养成。外国有句话说：‘开始做得好，一半做到了。’中国的先哲也有‘慎始’的教训，一种习惯之养成，莫不由‘渐’而来……做人是顶难**

的，一定要从小就加以训练，养成种种优良的习惯和态度，在小孩子时代已经受了良好的教育，到青年的时候，自然可以减少许多问题。'慎始则善终'，这是必然的结果。"这番话道出了养育孩子要在他们小时候从小事做起的真谛。父母应该清醒地认识到，在幼儿园里孩子不可能百分百地养成守规矩、懂事理的好习惯，我们还需要结合幼儿园的教育，在家里继续巩固培养孩子的优良习惯。"素质教育从娃娃抓起"不是一句空口号！

当孩子上学后，家长对孩子的责任，不仅仅是看着孩子背上书包去上学那么简单；也不是把孩子交给老师，让他们学好课本知识那么轻松。小学是养成孩子一生所需素质能力的整体过程中的一环。幼儿园、小学、中学、大学，不管哪一个阶段，父母都不能忽视养育、陪伴孩子的过程。为孩子打下坚实、良好的综合素质基础，应是父母一生的事业，这项事业任重而道远，不能随意转嫁！

让我们用爱心和耐心陪伴孩子的生命之帆启航、远行！

三尺讲台我说话，
古今中外听我拉。
琴棋书画我都会，
CCTV 我参加。

错觉造就“低分差生”

——幼升小养育误区解析

“幼升小”是孩子从幼儿园或学前班升入小学的简称，是孩子正式进入学校生活的开始。孩子的教育牵动着每一位家长的心。然而，我们不辞辛苦地忙碌，却常常会做出一些费力不讨好的事，其结果也不令人满意。那么，我们怎样才能避免这些不讨好的事情呢？最简单和实用的方法就是静下心来，认真自省，提高自身对早期教育的认识，克服孩子幼升小常见的认识误区。

认识误区一：“孩子的童年就是随意玩乐。”“俺孩子聪明，上学一定好。”

没错，孩子需要快乐的童年，但那是相对于孩子本身来说。对于养育者，不但要给孩子提供快乐成长的氛围，还要让孩子在不知不觉中获得提高综合能力的机会和空间，这是已被证实的养育规律。现在的孩子智商都不低，但如果不对他们进行正确的引导，就会影响孩子后期的智力开发。在小婴孩时期，只要孩子会背几首唐诗、会唱几首儿歌、会说几句英语、会写几个字，就会让许多人觉得他们聪明，并对他们产生一种“虚幻”的美好憧憬，这种憧憬迷糊了许多父母的心智，导致对孩子真正的智力开发被忽略。除此之外，家长们还忽略了对孩子进行基础的学习能力、良好习惯和良好性格的培养。如果孩子仅仅有聪明而没有良好的道德品质、良好的习惯秉性，不管在什么环境，孩子一定不会有持久的良好表现，孩子的聪明也就变得没有意义了。

小刘的孩子今年6岁，夫妻俩看到周围的小孩子被父母逼着去各种特长班学习，很不认同。他们信奉快乐教育，不愿意自己的孩子失去快乐的童年，在孩子上学前不让他参与任何的学习活动，只要求孩子健康快乐地成长——也就是“疯玩”。看着活泼好动、聪明伶俐的孩子，他们很自豪地认为自己做得对，也对得起孩子！然而，当他们看到有相似经历的邻居，因孩子在小学表现不佳而充满郁闷地慨叹时，他们才意识到自己忽略了早期对孩子的养育，并立即着手给即将入学的孩子恶补拼音、识字和算数等知识，这让自由玩乐惯了的孩子很反感。因为这种恶补成为了孩子的负担和压力，所以其表现令其父母非常难过。其实，像他们这种做法，不但不能让孩子获得智力的开发，还会让孩子产生厌学的情绪！

认识误区二：“把孩子培养得像我一样，相信他在学校里一定会很优秀。”

有一位非常用心的妈妈，在孩子上学前，努力给孩子创造了一个良好的家庭成长氛围，按照自己的意图培养他，希望把他培养成一个优秀的小一号的自己。六年后，当妈妈满怀期待地把孩子送进学校，期望学校能比自己教育得更好、孩子会沿着与自己相同的生命轨迹长大的时候，学校开学后反馈的信息却让她六年的养育憧憬破灭了，用她自己的话说就是：“我困惑了、恐惧了！我和孩子不知所措”。

记得有一位研究中国传统文化的著名人物说过这样的话：如果让孩子严格按照《三字经》上说的那样去生活，那么他一定会在社会上处处碰壁，寸步难行。这番话很深刻，这不是要我们不去学习那些好的东西，而是要我们活学活用，学以致用。

作为一个独立的人，基本的优秀品德和秉性是必须具备的，这是立世的根本，是不能少的。但处在当代的我们也需要具备应对变数的能力。因为每个时代都有其特有的东西，我们需要顺应“适者生存”的规律，具有应变能力。就像变色龙，不管到什么环境、不管外表如何变化，它的本质没有变，外表的变化是为了暂时适应当时的环境而生存下去，而不会改变本来的自己。这位家长之所以会产生困惑、恐惧的情绪和感慨，一是在养育初期单纯地将自己和孩子放在了一个真空的环境里，没有意识到孩子需要经历一定的变数才能更好地适应繁杂多变的社会环境。二是没有认识到自己对孩子的养育过程是一个类似“邯郸学步”的过程，孩子仅仅是从父母那里接受到一种符号和概念，他们所谓的实践也仅仅是在平静、熟悉的环境里，面对亲人配合式的成长历练，这些历练是顺畅的，是没有变数的。当孩子进入多变的真实社会时，那里没有这种程式化的环境，他们也就难以适应这种变数。三是把孩子培养成一个小一号的“自己”，这更是非常值得商榷的想法。孩子的生命是孩子自己的，孩子的时代也是孩子自己的。家长自身的过去式，怎么能够使孩子适应未来！

家长应该寻找机会，让孩子自己去感受周围的人和事物，相信孩子有优秀的适应能力和辨别能力。配合着孩子的成长，父母的养育思想和行为也应该是动态的，否则就会像一位高中家长对我说的那样：“我教给孩子要与人为善，要诚实，但是孩子却经常受到一些伤害，我都迷茫了。”

认识误区三：“幼小衔接是到幼儿园大班或是学前班才需要做的事情。”

这是很多人的想法。**其实，不管是学习还是生活的能力，都是需要从孩子出生起就开始进行引导教育的，只是每个阶段所涉及的内容不同而已。**孩子进入小学后的良好表现，不仅仅是靠着在幼儿园大班或学前班对课业知识的突击学习就可以达到的，这需要一种综合的学习能力。在小学后期（四年级以后），随着课业知识的深化，尤其是孩子六年级面对逐步临近的小升初考试时，孩子综合学习能力的优势就显现出来了。因此，从孩子出生开始，家长就应按成长的规律，科学地将对孩子综合能力的培养贯穿于他们的整个儿童阶段，以帮助他们养成良好的生活、学习习惯，形成优秀的性格和道德品性，拥有健康的身体、阳光的心态以及快速适应环境的能力，这才是让孩子“赢在起跑线上”的明智做法。

认识误区四：“孩子越早上学越好。”或“孩子晚一点儿上学好。”

曾经有一个来找我咨询的妈妈，她是一位优秀的高中老师。她的孩子 5 岁上学，一路成绩优秀，直到以优异的成绩考入当地有名的高中。由于妈妈严格的管理，孩子几乎所有的时间都用在了课业学习上。他不能与同伴交往，不能做诸如玩手机、玩游戏、画画之类的“闲杂事”，因此他和同伴之间几乎没有共同语言。加之孩子本身年龄又比同学小，心理承受能力差，进入高中后在与同伴之间的交流上有相当大的障碍。最终，这位老师的孩子因得不到同伴的认可，自信心受挫，成绩一落千丈，而他的父母不能接受孩子的成绩退步，对孩子的言行过激，使孩子差一点儿丧失了生命。这样的例子我接触过不少，上学后跳级的孩子也有同样的问题(此问题在后续小学版书中会有阐述)。我们的教育是为了让孩子成人后的人生更幸福，不是早早地让孩子背上轰动效应和名声负担，更不是用孩子的优秀换取父母自身所谓的“养育荣耀”。所以我在此提出这个事例，希望家长朋友们引以为戒。王安石《伤仲永》的故事也能带给大家同样的启示。

家长应让孩子顺应自然地跟随着同龄人的步调行事，毕竟孩子需要与同龄人平等交流。上学过早，孩子会因能力不足而与同学缺乏共同语言，易导致孩子缺乏自信，产生自卑情绪；上学过迟，由于孩子比其他孩子大、有经验，容易产生妄自尊大的情绪，容易歧视他人。尽管1岁、半岁在成年人看来没什么差别，但是对于小孩子来说，差几个月，甚至是几天都会有不同的感受。因此，孩子还是适龄上学为好，这不是无稽之谈，这也是国家规定儿童上学年龄的初衷。

认识误区五：“幼小衔接准备就是给孩子选个好学校。”

从决定送孩子去上学开始，家长们就开始了忙活，咨询政策，选择学校，甚至详细到要知道每位老师的情况，生怕错过哪一点，让孩子输在起跑线上。为了能让孩子上一个好学校，家长们不惜买房、换房、变更户口等，可谓用尽心思。但不知家长们有没有理性考虑过：①好学校里孩子一定多，好孩子也一定多，一旦老师忙碌起来，对孩子可能会照顾不过来，孩子们之间的竞争压力也大(包括升初中的指标生之争，成绩一般的孩子在好学校不占便宜)。②在一般学校里，也会有老师尽心尽力为孩子好。③如果所谓好学校的教育风格仅仅是注重成绩，那么不如让孩子去注重综合能力培养的一般学校，其中的奥妙在孩子初中时就会见分晓。④对于择校，国家有许多政策，是不会以家长的意志为转移的，如果对这些政策了解不透彻，反而会给孩子今后的学习带来不少的麻烦和困扰

(城市间政策有差异，要悉心了解)。比如：小学择校有一定的负担，孩子升入初中，在中考的时候孩子是不能享受“指标生”待遇的，孩子只能以统考生的资格竞争优秀高中，而那些名额是非常有限的。这会给孩子身心带来很多不良的影响。更何况小学择校是教育政策不允许的行为。

小学阶段的教育主要是巩固孩子上学前形成的良好习性，并培养他们浓厚的学习兴趣与良好的独立学习能力，为后续高深且逐渐要求自主学习的生活奠定基础。名校并不能保证使孩子拥有这些能力，名校照样出差生，一般的学校照样出人才，区别只在于父母是否能够对孩子的综合能力进行正确的引导和影响。父母要懂孩子，尊重孩子生命的状态。如果在孩子前期各种能力没有养成、学习根基没有打好的情况下，将孩子送进所谓的名校，孩子在竞争中一定会过得很辛苦。想一想：一个不顾孩子状态如何就盲目跟风的家长，能给孩子在学业上有正确的指导吗？家长一定要认识到，适合孩子的才是最好的。上名校、找名师、花大价钱、择校换房等都是非理性的行为，是对教育认识的严重误区，更无形中给了孩子巨大的精神压力。与其每天让孩子和自己忙碌纠结在名校效应里，不如就近找一所环境平和、老师平易近人的小学，让孩子慢慢地成长。孩子的成长，什么时候也离不开父母优秀言行的引导和影响，不是名校名师或孩子自己聪明就可以代替的——这是不变的真理！

认识误区六：“幼小衔接准备就是上学前班学知识。”

“孩子要上小学了，需不需要送他去上学前班？”这是很多准小学生的爸爸、妈妈们思考的问题。家长们尤其思考的是要不要选择学校开办的衔接班，因为那是使孩子优先被录取的一个好办法。上还是不上，不是那么简单下决定的事。家长首先要弄明白幼小衔接是为了什么，它的目的是让孩子顺利地从宽松活泼、以游戏为主的幼儿园生活，转换到严谨规范、以课业学习为主的小学校园生活。这个过程需要孩子从身体到心理，再到行为习惯等都要有一定的准备，以便顺畅适应新的学习生活及环境。关于这个问题，会在小学版书籍中详述。

认识误区七:“父母为孩子做好上学所需的物资准备就可以。”

从幼儿园毕业后,经过短短两个月的暑假,孩子就成为了一个小学生。在许多家长的眼里,孩子长大了,但他们却并没有考虑过,除了外在形式(孩子成为小学生了、孩子个子长高了)有所改变之外,孩子内在的心理是否随之成熟了呢?孩子处理新事物的能力是否提高到足以应付陌生的环境了呢?

孩子升入小学学习,成为了小学生,他们的角色以及所对应的责任、任务发生了变化,所要面对的环境和人也大都是陌生的。在这样一个前提下,孩子怎样才能很好地进入良好的学习状态是摆在新生家长面前的第一个问题,至关重要,关乎着孩子未来是否能充满自信地开始新的学习生活。对于家中的准小学生,父母需要引导和指点他们做好以下几个方面的准备:①物资准备。包括衣服、书包、铅笔盒及相关的用品。这些用品只要能满足孩子日常学习使用即可,一般情况下不要求奇特、好玩、贵重,以避免它们过于吸引孩子注意力,使孩子贪玩或助长孩子的攀比习性。②熟悉环境。家长可以带孩子实地考察学校,让孩子做到对环境的熟悉,消除陌生感。③学习模式。家长可以着重跟孩子一起了解未来学校学习生活的一些模式和规则,跟孩子一起分析总结小学学习与幼儿园学习的差别,和孩子模拟小学上课的情景。④与人交往的准备。家长可以告诉孩子,在小学学校里他们可以认识许多新老师、新同学,要尊重他们,要友好地与他们相处。家长可以与孩子提前讨论如何处理在学校里可能遇到的各种问题,如同学之间的矛盾、不懂的事情等。⑤信心准备。进入小学后,孩子们会学习很多新课程,接触很多新事物,他们有时候可能暂时做不到或做不好,成绩暂时下降,这并不说明他们不优秀,只要努力找到解决问题的办法,就一定会得到想要的结果。⑥保障人身安全准备。在前期养成的自我保护能力的基础上,父母要告诉孩子在学校里需要注意的安全问题。比如:不能故意拥挤他人、不能打架、与人交往要有礼貌、要遵守学校的行进秩序、有事情及时找老师帮助等。

认识误区八:“孩子上学了,教育孩子就是老师的事情了。”

许多人认为,孩子走进学校,有老师管了,家长就轻松了。这种想法绝对是错误的,这也是违背科学养育规律的。学校只是教给孩子统一的课本知识的地方，尽管现在也在开展素质教育，但那多是共性的东西，个性的东西是很难在学校里得到的。**因此，把孩子送到学校，父母仅仅是减少了部分课业方面的教育任务而已，对于孩子的综合能力，包括独立学习能力的养成，还是父母必须去负责的事情**。另外，家长与学校、老师形成良好的家校互动合作，也是帮助双方了解孩子状况、促进孩子全面良好发展的必要条件。**总之，孩子上学，家长绝对不能下岗**。

认识误区九："提前学习，孩子不会落后。"或"提前学习，孩子容易骄傲。"

这两句话孰是孰非，公说公有理，婆说婆有理。但是，只要认清问题的实质和根源，根据孩子的情况分析，一定会得出满意的答案。

让孩子提前学习，这是许多家长的选择。有不少提前学习的孩子上学后成绩好，学习轻松，这是学生、家长、老师皆大欢喜的事情。但也有反面的教材：一个小男孩，上学前就已经学完三年级的课程，他很是自豪，在初期每次考试他的成绩也相当不错。但不久以后，在家长会上就再也没有听到老师表扬这个孩子了。据知情人透露，这个孩子逐渐变得傲气十足，他不学习，秩序差，成绩也逐渐落后了。这个孩子的现象不是特例，我儿子在小学时期的班长也是这样的一个孩子。他的妈妈为了自己的事业，孩子上学后就没有精力再管他了，致使孩子小学毕业时成绩相当不理想。因此，孩子不是提前学习一些知识就能立于不败之地的，父母必须要具有延续性的教育思维和行为。照顾孩子也兼顾自己的事业，这并不矛盾，关键是如何兼容。作为孩子的养育者，无论如何也要在前期引导孩子养成自觉学习的习惯和能力。

这些认识误区是一些共性的东西，而且大多数比较影响孩子的成长发展，是我在工作中总结出来的体会和感悟，希望能够给孩子即将上学的家长作一点提点和参考。当我们没有经历过的时候，往往容易"意气风发"，如果感觉到自己和孩子真的准备得万无一失了，那么阳光祝福你们；如果感觉到还需要改善，那么阳光希望这些"认识"能够给您一些启示！

阳光雨露

孩子的成长是分阶段的，每个阶段的转换都是为了满足孩子向更高层面发展的需求。在养育孩子的过程中，家长的养育思维和心智也要经历这样的转换过程，没有转换或停滞不前都将阻碍孩子的成长。所以说，家庭教育是动态的。值得注意的是，家长在转换过程中需要知道转接的方向、方法并预知转换后的大概状态。只有这样，才能更好地成为孩子的领航者！

学习·基础

妈咪，

昨夜，我做了一个梦——

我背上小书包，

就……就……就去学校啦！

适合的才是最好的

——学校的选择方略

“近朱者赤，近墨者黑。”环境造就人，因此每到小学报名时节，为孩子选择自己心目中的好学校，就成为当代“孟母”们的首要任务。这固然重要，但更重要的不是学校本身有多么优秀，而是学校的风格是不是适合孩子自身的特点，是否有利于孩子基础的奠定和长远的发展。

孩子在幼儿园三年的生活很快就会结束，在孩子即将结束幼儿园大班生活的时候，家长和孩子又将面临一个新的问题：幼升小——孩子即将升入小学，开始一段新的正式的学习生涯。

为了让孩子即将开始的学校生活有一个良好的开端，家长可谓是各显神通。为孩子选择好学校，就是不愿意看到因为学校的原因，给孩子造成将来学习上的阻碍。但选择了重点或优秀小学并不意味着孩子能一劳永逸地获得优秀的结果，这还取决于父母早期对孩子各方面能力的培养，取决于所选择的学校是否适合孩子的学习风格，也取决于父母给孩子选择学校时对教育政策的掌握情况。

一、适合孩子的才是最好的

我们都在说“因材施教”，就是要针对孩子的个性，进行合理的适合孩子的教育。要做到这一点，最根本的就是选择适合孩子的学校和老师。我相信很多人都知道《窗边的小豆豆》这本书，它讲述了一个典型的因材施教的好例子。主人公——那个活泼、好动、聪明的“小豆豆”，在生活中是活泼可爱的，但走进充满规矩的学校，孩子却成为了“总是被学校建议退学的问题儿童”，最后在“巴学园”里找到了自己成长的快乐天堂，成就了自己。

孩子还是那个孩子，为什么差别那么大？关键就在于养育者在帮助孩子作选择的时候，标准是满足家长自己的需求，还是满足孩子自己成长的需要。

家长在选择小学时，首先要考虑学校的特色和孩子的个性。老牌学校多以传统文化为主要特色，其他学校有的以双语来吸引学生；有的以培养学生刻苦学习为主要内容；有的讲求综合素养，重视培养孩子的自主能力；有的以体育、音乐、绘画等为特色。总之，根据孩子的特点、喜好及能力选择适合的学校才是硬道理。其次，要考虑孩子的学习风格。有的孩子只知道死记硬背地死学，有的孩子习惯被别人逼迫着学，有的孩子在学习时能够举一反三，灵活机动地巧学。如果不根据自己孩子的特点，选错了学校，不管学校的名气有多大，一定会适得其反，孩子的学习生活也一定会很辛苦。

二、就近上学

国家有一个划片上学的政策，就是按照孩子所居住的区域位置来安排最近的小学上学，然后再直升入对应的初中。从国家角度来说，这样可以防止出现混乱择校的场面，也可防止出现教育资源不均衡的局面，使学校有学生教，学生有学校上。从个人角度来看，家长会省去择校带来的一系列麻烦，包括：①国家政策不允许择校，即使想办法择校成功，也会付出一定的费用。②家长择校的另一个目的是想让孩子上一个好初中，但是，小学择校的孩子升入初中后，在中考的时候是不能享受“指标生”的待遇的，孩子只能以“统考生”的资格竞争优秀高中，那些名额一是非常有限，二是录取分数高。这无形之中加大了孩子学习的难度，孩子需要更加努力才行。③就近上学可以使孩子的作息时间轻松自如，不必为赶时间起早贪黑，影响休息。而择校的位置如果太远，孩子和家长会被折腾得筋疲力尽。

我们为孩子所做出的任何决定，其初衷都是好的，但往往因为各方面的原因起到了相反的作用，也就是“好心办坏事”。就拿择校来说，如果考虑不周，其结果就是父母多花心思、多费钱，而孩子多花时间和精力，到头来还不能享受教育政策的优待。因此，家长在择校前一定要根据当地教育部门的政策来选择，不要做“赔了夫人又折兵”的事情！另外，在选择时还要注意一点，名牌小学对口直升的不一定是名牌中学，根据片区原则，很可能是普通学校。

三、学校培养综合学习能力的氛围

如果非要选择学校的话，很重要的一个选择标准就是学校良好的学习氛围。自古有“孟母三迁”的故事，孟母数次搬家，就是为了给孩子一个良好的学习氛围。在今天，学校就承担着这个重担。小学的课业知识是一些基础知识，相对简单。加之如今的孩子智力开发得比较良好，成绩不成问题。**优秀学校看重的不仅仅是孩子课业基础的奠定，更看重的是孩子品德习性、综合素质和自主学习能力的培养，这种设定可以为孩子以后的学习奠定良好基础，这是非常优秀、负责任的做法。这样的学校最值得选择。**

四、慎重考虑寄宿制学校和贵族学校

很多父母让孩子去寄宿制学校的目的，是锻炼孩子的自理和独立能力。殊不知，对于小一些的孩子来说，如果在孩子成长前期没有培养起基本的“独立能力”，最好还是不要用这样的方式来锻炼孩子。这样不但起不到让他们独立的效果，对于一些太娇惯和内向的孩子来说，还容易造成心理问题，影响他们身心的正常发展，对他们的成长非常不利。因此，一定要在综合分析孩子的特点和前期的养育情况后，再作选择。

而要选择贵族学校的家长，需要思考这样几个问题：①经济条件是否允许；②孩子是否会被学校的氛围同化得爱虚荣、爱面子，这很具有普遍性；③孩子能否在这样的环境里坚持安静地学习；④孩子是否有足够的抵御诱惑的能力，孩子内心是否足够强大，不会因为自己的家庭条件不如别人而产生自卑情绪，这一点很重要！

阳光雨露

小学的学习生活很重要，因为它关乎孩子学科知识基础的奠定、学习习惯的养成、学习方法及思维方式的形成以及体能训练和社会交往能力的历练等，是孩子和父母不能忽视的 6 年时光。择校是为了让孩子更好地发展，一定要慎重再慎重。

学习·基础

一个小孩儿，
心中承载着——
博士的梦！

为孩子的生命品质奠基

——综合能力的准备

孩子从幼儿园进入小学这个正规的学习环境，势必需要作许多调整，尤其是综合能力方面的养成和调适，是孩子适应小学生活、打好学习基础的关键。在现实生活中，一些能保障孩子成长的优秀气质品性，往往被父母认为是虚无缥缈的东西而忽略或无视，转而重视能带来金钱利益的、实用的本事。

如果说幼儿园是孩子进入的第一个小集体的话，那么小学就是一个浓缩的小社会。在这里，孩子要开展具体工作——学习；要进行社交活动——与老师、同学交往；要完成协作活动等。在这些活动中，孩子要感受严格的纪律规则，感知如何担当社会的职责，体验如何与人相处、如何适应集体并和谐地融入其中。这是孩子在家庭生活中感受不到的，也是为将来进入大社会作最初的演练。

对于初次进入小学的孩子，不管家长如何提前引导，对学校如何描述，孩子总会因没有亲身体验，而很难得到真实的感受和情感。那么如何才能让孩子很好地融入到这个大集体中，使孩子为学校这个大集体的荣誉而努力，因自己成为其中的一员而自豪呢？

一、热爱集体、尊敬他人的良好道德品性

"环境造就人。"如果一个环境充满了和睦、友好、善意、积极向上的氛围，那么身处其中的人也会得到无限的正能量。这应是家长在孩子刚刚进入小学的时候给孩子灌输的一个非常重要的理念。要让孩子做到热爱集体、尊敬他人其实很简单，只要让他们的心中谨记"我是这个'大家庭'中的一员，要遵守规则、尊敬他人、关心他人、团结协作、做好自己该做的事情"。当一个人关爱自己所处的集体和环境的时候，他也会被这个集体和环境所接纳和爱护。优秀的环境出优秀的人才，那么，优秀的环境怎么来？它来自每一个人心中承载的"集体荣誉感"——被称为"出行业领袖的地方"的美国西点军校就是这样的典范。

父母尤其要注意，一定要引导孩子做到尊敬、热爱所有老师。

二、激发学习的积极热情，植入自我负责的成长理念

学习热情是孩子主动学习、积极向上的最佳内动力。如果前期没有被人为地破坏掉学习兴趣和热情，在孩子即将成为小学生的时候，他会对未来学习生活有一种憧憬，这种憧憬让孩子期待着可以早日成为一名每天去学校的小学生，期待着在那里获得更多的知识。他们会以满腔热情来迎接他们的新生活，这是孩子积极参与学习、获得优秀成绩的根基。

那么，我们该如何保护好这种热情和憧憬呢？可以告诉他们：①学习是件非常有趣、快乐的事情；②学习是自己的事情，是必须努力做的事情，也是需要自己负责任的事情；③在学校里可以借助不同的活动学到更多的知识；④在学校里可以认识更多的老师和同学，在老师的指导和同学的帮助下，可以做自己喜爱的事情；⑤随着年级的提升，他们懂得的知识会越来越多，会懂得那些在家里和幼儿园里得不到的知识，会越来越优秀。

总之，要用恰当的方式描述，给孩子一个客观的、正向的引导和影响。切记不要描述过度，更不能拿老师和学校来吓唬孩子："到学校要听话，不听话老师就批评你或不喜欢你。""你再调皮，我就让老师好好整治你。"

三、培养独立学习、独立生活的能力

孩子上学是为了用学到的知识来充实自己，从而获得更多的能力。从幼儿园的小孩童到学校的小学生，整个过程中孩子各方面的变化非常之大，尤其是孩子独立学习、生活的能力及自我管理的能力，这是在小学时期一定要打好的基础。只有具备这些能力，才能成为优秀的中学生。小学是课业学习的基础奠基阶段，更是各种好习惯品性的养成、锻炼和稳固时期，对孩子一生的发展非常重要。从生活到学习，孩子再也不能是依赖父母的、随意任性的小孩童，他们需要自己主动学习、自主做事、与人和睦相处、主动参与集体活动、自觉劳动、遵守时间规则。一般情况下，他们自己应该能照顾自己，解决遇到的一些简单问题。因此，自我管理、自主学习的能力，一定要在孩子上学伊始就着手培养。当孩子拥有了良好的道德品行和优秀的自我管理能力时，孩子其他的一些习惯和能力就会自然地随之形成。

四、培养孩子调节自己情绪的能力

当孩子进入集体环境生活、学习的时候，相对比较复杂的交往和事务就多了起来，这往往会令孩子产生许多困惑和不良的情绪。由于孩子的性格不同，加之父母对孩子不正确的态度，如不理解、呵斥、强势等，孩子往往不敢或不会及时对父母说出内心的困惑，积累久了，容易变成情绪、情感方面的阻碍，严重的会使孩子产生心理上的问题。因此，**协助孩子找到一条宣泄不良情绪的通道是非常有必要的**。父母应注意以下几点：①这种宣泄的渠道一定不要妨碍他人的正常生活；②这种宣泄渠道一定是在日常环境中比较方便的、正向的做法。比如：找人聊天、听音乐、运动、逛街、看书等，这是培养孩子良好心态不可少的重要环节，能令他成年后的生活获益匪浅！

五、适当的知识储备

父母要帮助孩子在入学前期获得一定的知识储备，这可以引领孩子轻松地适应学校的学习生活。尤其是如果孩子在前期养成了课外阅读的习惯，他们的学习生活将受益匪浅。但一定要注意的是，孩子早期学习知识的形式应是丰富多样的，切忌“呆板无趣”，要顺应孩子的个性习惯，综合巧妙地给予引导。

六、在锻炼孩子的综合能力时父母需注意的问题

1.孩子上学后，父母不要陪读，只能适当指导。

2.要协助孩子养成解决困惑或难题的能力，适当给孩子解决方法的提示或引导，而不是直接给孩子一个结果指示。比如："你要把学习成绩追上去。"

3.切记不要拿自己的孩子与他人作比较。

4.能力、习惯的培养需要时间，这个过程需要父母具有超强的忍耐力，尤其是面对孩子初期成绩不良的问题时，更要有足够的耐心。

5.锻炼孩子的独立能力，不代表父母要撒手不管，而是要巧妙地影响和引导。在孩子遇到解决不了的问题时，家长要协助孩子去动脑筋想办法，打破瓶颈，树立自信心。

阳光雨露

孩子在学校学习的过程中能获得许多生存能力的锻炼。另外，孩子们之间的相互影响，也是家长不可忽视的问题。因此，对孩子综合能力素质的培养就格外重要。在孩子入学初期，学习生活所需要的各种方法、规矩、习惯等特性集中表现出来，家长会有措手不及之感。如果父母自身学习成长得好，会在很短的时间内协助孩子解决，否则孩子的学习生活将会很不快乐。防患于未然的思想是父母为孩子做好入学准备的前提。

学习·基础

第八章

循规蹈矩话养育

——早教养育法则技巧

我们做任何事情都需要有一个目标、一项计划、一些法则、一些方法技巧，才能有条不紊地顺畅前行，孩子的养育亦是如此。我们需要通过学习，为养育孩子制订具有针对性、系统的专项计划。这样才能让我们的养育生活顺畅，才能让孩子的成长过程快乐，才会得到我们希冀的结果。至于规划方法，托尔斯泰阐述的有关目标的这段话，相信一定会给您启示："要有生活目标，一辈子的目标，一段时期的目标，一个阶段的目标，一天的目标，一个小时的目标，一分钟的目标。"

就是喜欢笑，哈哈哈……

计划·未来

——成就孩子未来的重要方略

当今我国家庭教育的现状是：施教方式种类繁多、施教水平参差不齐、施教效果难如人意。政府、社会及家庭都已意识到其需要改变的紧迫性，习总书记关于家庭建设的重要讲话中就有“要重视家庭建设，注重家庭、注重家教、注重家风”的观点，足见家庭教育的重要性。为使孩子长大成人后有个好的未来，“有意识的家教”已成为家长明智的选择。虽然每位父母都有自己的养育理念及方法，但其中有许多离科学系统的家庭教育知识相去甚远，存在的误区很多。因此，家庭教育专家们指出，普及科学的家庭教育知识要有强迫性政策。

“开弓没有回头箭”——孩子的成长只能自然地前行，这是不可逆转的规律。每位体验过的父母，心中的感受都像是在品尝“满汉全席”，酸、甜、苦、辣、咸各种滋味交织在一起。尽管许多人最终感知到了其中的“奥秘”，但生命成长没有回头路，当事者回天乏术，后悔莫及。

无论我们是否对孩子进行教育，他们每天都在慢慢长大，一步步走向未来。孩子在自己慢慢成长的过程中，必然会接受外界各种各样的影响，其中当然也包括家庭影响。**无论父母在何种环境中、有何种原因、是有意还是无意，他们实际都在直接地影响着孩子，尤其是在孩子成长的早期，这是无可争辩的事实。所以才有“家庭是孩子的‘第一课堂’，父母是孩子的‘第一任老师’”之说。这明确传递给我们一个讯号——父母在家庭中对孩子的养育非常重要！尽管这句话很直白、很常见，但却非常值得我们深思和重视。**

家教是一门科学，自有其规律遵循。在养育孩子之初构想好发展目标，做好养育规划和准备，是养育者最重要且必须完成的任务。没有目标的养育，就像站在原点，不知道该朝东、西、南、北哪个方向走，只能随着人群盲目转悠。

“看到人家都这样做，我也就跟着做了，至于结果怎么样，还真没考虑那么多。”这在生活中是很常见的养育行为。没有计划的养育，就像自己要做许多的事情，千头万绪，不知道从哪里下手，更不知该如何去做。“怎么突然间感觉到孩子需要学的东西那么多，真不知道怎么教他，从哪里开始教。”这也是最常听到的具有代表性的言论。

在无意识中，养育者虚度了养育思路不清晰的“今天”，又不知如何面对模模糊糊的“明天”，这荒废的日子看似没什么，但叠加起来的影响却是惊人的。就在这样的状态下，我们稀里糊涂地陪着孩子走过了一个又一个关键阶段，错过了他们健康成长的大好时机，使孩子在糊里糊涂中长成大人。

这些耳熟能详的状况引起了我们的深思——**短小的一天不重要，但如果它们积累成孩子的人生呢？一天荒废了不可惜，如果加起来呢？**量变会引起质变，如果没好好地规划和筹备，优质的大厦是不会拔地而起的。没有养育目标和计划的父母，很少会要求自己学习和成长，也就很难当好孩子的“第一任老师”。

为了孩子更好地成长发展，父母应计划未来，成就自己的养育职能。

桌子是方的，碗是圆的；

积木是方的，皮球是圆的。

方方圆圆，圆圆方方……

厚德能载物，规矩成方圆

——养育目标、计划及原则

“没有规矩不成方圆”是中国的一句古语，多用来强调成就事物的标准法度，强调做任何事都要有一定的规矩、法则，杂乱无章很难成功。对于孩子来说，他们的成长也应该如此！如果没有一个指引方向的目标计划，没有规矩法则，孩子就会像在没有航标的茫茫大海中行驶的船舶，充满迷乱和恐慌。所以，发展目标和计划是孩子顺畅成长必须具备的条件！

中国有一句古话“厚德载物”，出自《易经》，在古代指道德高尚者才能承担重大的任务。在教育界常指以崇高的道德、博大精深的学识培育学子成才。**被称为孩子“人生导师”的父母，要做到这点并不难，不要痴迷于追求一劳永逸的“妙招儿”和“良策”。为养育好孩子，父母最应该做的就是脚踏实地，有计划地学习家庭教育知识，明白原理，掌握基本原则和方法。父母（教育者）首先应提高自身素质，然后再针对孩子（受教者）的特点制订教育实施计划。计划的制订和实施要遵循规律，不能乱来，不能随意，不能求快，不能猎奇，更不能焦躁。**

制订计划时要将远、中、近三类计划相结合。近期计划要详细缜密，可操作性强，主要解决在短期内需要完成的任务。父母要对孩子的成长需求、自身行为、养育内容、环境状况等有明确客观的认识，根据具体情况，做出周密实用的实施方案。这个方案必须适合孩子自身，绝对不是从别处拿来的，也绝对不能超出正常规律的范畴。只有这样，父母才能科学地因材施教，有益孩子的身心健康。中期计划要粗略，可作为近期计划的大目标，当每一个短期计划的目标实现后，中期目标也会顺畅地实现。远期计划是一个概念，因受诸多因素的影响，远期计划有时候不一定能实现，但它具有双重的作用：首先，它是一个人对未来的希望和期待，有希望、有期待，人就会有动力，就有奔头；其次，它确定了一个人发展的方向，人会为此逐步地努力。

我和大多数父母一样，对于孩子的未来也充满了期待。我对孩子的教育规划过程从学习经验开始，经过整理筛选、分析借鉴，然后结合自家的实际情况和孩子的特点，制定出有针对性的教育方案，作为对孩子成长养育的指导方针。在孩子养育目标的制订过程中，尽管父母是计划的设计者和实施者，但孩子才是养育的主体，我们制订计划的目的是协助孩子成长发展，而不是局限、限制。

常言说得好："志存高远，脚踏实地。"长远的教育目标制订了，实施过程却要一步步地走。因此，在每个大目标的下面，还要根据孩子成长阶段的规律要求，细分为具体的小目标，逐个实施并实现。在每个小目标的实施过程中，不但要考虑具体操作技巧，还要排除影响目标最终达成的不利因素，这些因素来自社会、学校、家庭成员、孩子自身等多方面。做好这一切的前提就是把"育子成人"当成自己的另一种事业，相信家长朋友们会有不同的心境感悟和行为做法。

那我们需要制定哪些主要目标呢？

目标一："没有规矩不成方圆"——培养孩子做一个遵纪守法的好公民

生活在社会大集体中的人们，都是在规矩法则的指导、约束、保障下完成自己需要做的事情，否则，在复杂的环境条件下，任何人都很难获得成功。人们将规则、法度应用在社会生活的待人、接物、处事的诸多方面中，循循善诱，教导后人"做个懂规矩的人""做个遵纪守法之民"。因此，培养孩子做一个遵纪守法的人，不但可以使孩子成为一个有利于他人的人，而且最终受益的还是孩子自己。

目标二："百善孝为先"——培养孩子的孝心

父母是社会中的一员，一般来说，他们可能不会对社会和人类做出惊天动地的贡献，但对晚辈来说，他们却是温暖他们生命的人，更是成就他们生命的人。父母是伟大的，他们对子女无求、对孩子无私。面对父母，我们是否可以把对偶像的那份狂热、对领导的那份尊敬、对客户的那份耐心，对知己的那份理解、对朋友的那份体贴都回报给他们一点儿？电视节目主持人杨澜曾采访1998年诺贝尔化学奖获得者崔琦。崔琦出生在河南农村，父母都是普通的农民，他们咬紧牙关，省吃俭用，坚持送12岁的崔琦出去读书。经过不懈的努力，崔琦成了世界名人，但他却再也无法见到自己的父母。节目中，崔琦后悔地流下了热泪，说出了自己的心声："如果我不出来，3年困难时期我的父母也许就不会死去。"辉煌依旧在，双亲无处寻。

有一位在外省工作的朋友曾经对我说："父母对我们的恩德，我们无以为报，他们在变老，是不能在原地等我们的，还有多少时光能让他们等待呢？好好珍惜在父母身边的日子吧！常回家看看，陪父母说说话，这就是对他们最好的报答和孝顺，不要让人间再增添更多的后悔。在我们小的时候，父母牺牲自己美好的时光陪伴我们，如今，我们也没有资格剥夺他们被儿女陪伴的权利。"这是这位朋友看到"后悔之人"的亲身经历后，产生的感慨，于是她回到了父母的身边，与父母一起买东西，一起吃饭，一起散步……

如今的世界已然成为了"地球村"，人们自如地南来北往，与父母在一起的时光越来越少。我偶然在收音机里听到了这样一个公益广告，这是一个父母年龄达到50岁的人需要去计算的数学题：3乘以50等于150。每年回家3次的话，当父母100岁的时候，我们还有150次陪伴他们的机会。

然而有多少父母能活到百岁呢？有多少人可以做到一年回家3次呢？

对于陪伴父母，太多的人说"等有钱后""等我有时间后"……然而他们最后等到的很可能是"子欲养而亲不待"的遗憾！

孝是一个人一生的天职，需要我们付出的是一种至真至纯的感情，是中华民族的传统美德。一个能够真正孝顺父母的人，他也会有一颗善良、仁慈的心。有了这份仁心，就会有益于许多人，他的爱就会博大，就会爱我们的国家，爱我们的世界。"百善孝为先，百行德为首。"相信有孝心的人，品德亦是高尚的，他一定会做到“上善若水，厚德载物”，成为一个被别人尊敬的人。

目标三：“天生我材必有用”——培养孩子成为有才能之人

一个人聪明、有思想、有大爱、有孝心，但如果他“目不识丁”、无一技之长的话，那么他的一切抱负就都是空谈，他只能当一个空想家。智力是一种天生的生理潜能力，这种潜能力是因人而异的，它需要通过实践转换成一种可以改造客观世界的智慧与能力。这些智慧与能力需通过一些具体的事方能显现出来。因此，家长要善于发现孩子自身具有的潜能力，给孩子提供他们需要的各种学习、实践的环境和机会，让孩子在实践中获得某行业领域里的技术技能，成为栋梁之材。

阳光雨露

父母在教育孩子时，需要遵循许多符合自然规律的规矩，它们不是随意制定的限制条框。拥有一套属于自己的科学完整的养育理念，作为指导养育孩子的行为准绳，对父母的养育成果是有决定意义的。缺少了它，我们对孩子的养育将毫无章法可循。不管你自己看过多少书，听过多少报告，都会如同过眼云烟，留下的仅仅是一些文字符号而已。

计划·未来

早早起，不赖床，
背起书包上学堂。
鸟儿鸣，花儿香，
妈妈是我的好榜样。

早起的鸟儿有虫吃

——养育理念及原则

“早起的鸟儿有虫吃。”这句话如果用在孩子的养育上，倒有点“让孩子赢在起跑线上”的意思。但是，“赢在起跑线上”不代表父母要不分青红皂白哄着、逼着孩子早早地去学习单一的课业知识或进行特长训练。**在我看来，这更需要父母通过早早规划，制订系统科学的、有效的养育计划，让孩子在早期就顺势而为地打好综合素质基础，形成自主、自立的习惯品性，促进全面的综合发展**。

当看到本章开头“计划 · 未来”这几个字的时候，也许有朋友会产生一种疑问：如今教育孩子不是都在讲究运用“自然法则”吗？不是要给孩子更多的自由和快乐吗？怎么又要“计划”了呢？这不是又给孩子戴上枷锁了吗？

孩子拥有非凡的生命力，必须要给他们自由成长历练的机会，就像一棵小树，它一方面需要生长必需的宽阔的空间和肥沃的土地，不能让扎根和展枝受到限制，否则，它不会“根儿深茎儿壮”；另一方面，它还需要充足的阳光、水分，需要园丁适时为它修剪、打药、灭虫减灾，它才能茁壮成长。孩子的成长也如同树木成长一样，他们成长的原动力来自于本身内在的生命潜能，通过后天各种条件、因素的激发，形成自我成长的能力。在这个成长发展的过程中，他们会遇到各种干扰因素，如失意、迷茫、恐慌，有时候甚至会不知所措，所以孩子需要帮助，需要最信任的人为他们指点迷津、保驾护航，成为他们人生路上的“园丁”。

孩子年龄越小，这种需求就会越大，因此孩子的父母要像“早起的鸟儿”一样，提前勾画养育蓝图。

一个优秀的园丁会根据树木的情况安排栽种位置，计划何时浇水、何时打枝修杈、何时打药灭虫、何时修正倾斜的树干，这些“何时”就是一种计划。至于树根扎得多深，园丁不会干涉，这也是他们干涉不了的。随着树木的生长，园丁对它们的呵护会减少，当小树能够自己迎风遮雨的时候，园丁们就会自豪地尽情享受树木们献给自己的绿荫。

孩子的养育与园丁种树有异曲同工之妙。父母要用科学的养育理念，为孩子计划未来，这种计划要以孩子生命的健康发展为主体宗旨。父母要为孩子奠定根基，使他们在此基础上历练自己成长的本领。父母在其中的作为，一是为孩子的发展指引方向，二是成为孩子成长路上的“护航使者”。父母要注意的是，既不能使孩子迷失方向，成为脱缰野马，也不能使孩子失去自我，像一只笼中小鸟，不能在天空自由飞翔，那样的结果更让人伤悲。做到这些的前提就是父母要及早拥有科学的养育理念和行为。

养育者在学习科学的养育理念、提升自我行为的同时，需要思考以下问题：

1.我有多少养育孩子的能力？

孩子成长有规律吗？我真的懂得孩子成长的规律吗？我是否真正懂得养育孩子的根本法则？我是否处在一种糊里糊涂的自我蒙蔽的养育状态中？

2.作为养育者，我实施早教的深层动机是什么？

我所谓的早早养育孩子的行为，是经斟酌后为满足孩子成长发展的真正需求而实施的呢，还是为了完成家长自我满足的需求？

要想明白这些问题，养育者还须了解下述养育规律：

一、养育有法依，养育又无法依

养育有科学的规律，这是人成长发展共性的自然法则；养育也有特殊性，这是针对人个性发展的独特性而言的。因此，养育孩子除要遵循规律外，还要讲求因材施教，因人而异。

二、养育无大事，养育也无小事

养育孩子就是在日常生活中处理好他们的每件生活琐事，这些是为孩子一生奠定基础的养育内容。养育就是让孩子接触自然界的东西，如爬山、玩水、玩沙子、摘树叶等，这虽是最常见的小事，却是历练孩子成长能力的最好途径，看似是小事，实际是养育孩子必须去做好的大事情。

三、反反复复才是真

养育学龄前的孩子，需要养育者有绝对的耐心，通过引导和影响反复地教给他们做事的原则和方法。家长既要反复地告诉孩子如何去成长，还要慢慢地陪着他们成长。这种告诉不是单纯的言语灌输，而是养育者从生活琐事的点点滴滴中、从吃喝拉撒的活动中、从游戏活动的玩乐中对孩子进行的行为影响和引导，让孩子在不知不觉中获得生命发展的能量。家长一定注意该说的时候要尽力地说，不该说的时候要坚决地管好嘴巴，不要脱口而出。

四、养育者要不断帮助孩子解决问题

没有人天生就有解决问题的能力，这些能力都是通过后天学习磨炼出来的。如果父母确实没有帮助孩子解决问题的能力和耐心的话，就要思考一下我们该不该做父母。父母不应总是将问题推到孩子身上，而是应不断地反思自己，并耐心引导孩子，不断帮助他们解决问题。

五、不要做画蛇添足的养育者

养育孩子就是让孩子感觉到快乐幸福。在孩子快乐幸福的时刻，不要告诉孩子你为他创造幸福的过程，不要破坏孩子感知幸福的过程，要让孩子尽情享受正面的东西、获得正面的感觉、留下正面的印象。父母养育孩子时曾经用的“谋略和绝招儿”都是父母们自己的秘密，既然是秘密，那任何情况下都不要说出来——这是保持父母和孩子幸福感的真正妙招儿，尤其是在孩子刚刚能够用自己不成熟的阅历和经验审视世界的时候。

六、让孩子顺应成长规律顺畅地发展

父母教孩子学会了走路，也帮孩子清除了阻碍，接下来就放手让孩子自己去走吧，如果你再去搀扶他，就会阻碍孩子前进的步伐了。

七、早教——母亲的非凡天职

有句话是这样说的："如果在养育孩子早期拼妈拼好了，以后就不用拼爹了。"这话虽然有些直白玩笑，但却道出了早期养育孩子的内在必然规律——母亲在孩子早期成长中有不可替代的重要作用。

八、父母要懂孩子的心事——有一种爱叫无语

父母的爱可能并不惊天动地，但这种爱却是绝对伟大的爱。有了它，孩子的人生一定会精彩无限。让我们来欣赏一个故事，它会给你诠释这种爱的味道和真谛。

这是十几年前发生在湖北的一个真实的故事。一位贫穷的母亲独自辛苦地把孩子养育成了学习优秀的学生。为给上高中的孩子交每月30斤的粮食，她拖着患有严重风湿病的腿，步履蹒跚地走街串巷，终于将要到的混合米送到了学校，她请求学校师傅一定替自己保密，不能让孩子知道，以免伤害他的自尊，影响他读书……最终学校领导获知了这一情况，不动声色地以特困生的名义免除了孩子三年的学费和生活费。三年后，孩子以优异的成绩考上了知名大学。在学校欢送毕业生的那一天，他伟大的母亲被请上了主席台，旁边放着用金钱也买不到的东西——三只装满粮食的蛇皮袋。听完校长的陈述，心中的那份震撼让七尺男儿搂住母亲，号啕大哭……

九、养育孩子是父母最值得做的事业

把养育孩子当成一种事业去做，你就一定会有一些非常好的行为出现，你会设定主体发展的方向，明了最终要达到的目的，明确细致的发展目标，清晰地统筹行动计划。这样，在养育孩子的实践过程中你也一定会有许多优秀的思想闪现出来，那些思想就是你养育孩子最好的妙招儿。不过养育孩子的事业一定不会是轰轰烈烈的，它就像绵绵春雨，"润泽无声"但却"贵如油"！

阳光雨露

古代有“孟母三迁”“岳母刺字”，现代有“周宏教女”“贝尼档案”“哈佛女孩”，动人的故事数不胜数。父母有了适合孩子成长需求的教育思路和方法，经过艰辛努力培育出优秀人才。这更加证实了个性教育的具体方法要因人、因时、因材而异的原则的正确性。父母要高瞻远瞩，早学习，早行动，做一只早起的“小鸟”。对于养育孩子，父母应该制订三方面的计划：孩子的成长计划、父母的养育计划、父母的学习养育计划。其中第三个计划是前两个计划得以成功实施的基础。

计划·未来

蒲公英妈妈
给小蒲公英一把小伞。
我对妈妈说：
“我也要——”

早起的虫儿被鸟吃
——养育技术指导方略

做任何事情都需要一个技术指标和行为流程，那么在养育孩子这项“百年树人”的大事情中，我们的父母有没有制定这样的东西呢？我想大多数人的回答一定是——没有！

“早起的鸟儿有虫吃”，这是上一节的题目，意思是说父母要像“早起的鸟儿”那样，提前获得养育的能力，才能更好地去引领孩子成长；父母要在早期为孩子打好成长的基础，孩子的生命才会更好地发展。而这一节的题目是“早起的虫儿被鸟吃”，它的含义是如果父母不能把握好养育孩子的目标、方向，不能恰当地运用养育技巧，孩子的成长一定会遇到波折与磨难，他们的生命发展一定不会太顺畅。

6、7岁前的孩子被称为“学龄前儿童”，大多数人把他们看成是小孩子，除了吃喝拉撒就没什么值得重视的了。但我期待您千万不要这样想，不能无视这个阶段孩子的需求。虽然孩子还比较小，但此时恰恰是培养他们养成各种良好习惯最重要、最关键的阶段。就像诺贝尔奖获得者和大多数科学家认为的那样——他们终生所学到的最主要的东西，就是幼儿园老师教给他们的良好习惯和道德品质。

那么，孩子在幼儿园时，他们究竟要经历哪些身心成长过程，要养成哪些习性品质呢？从家长的角度来说，家长应该怎样做，完成哪些任务，才能使孩子获得最佳的成长结果呢？接下来的这一节，我们针对这些问题来作一下梳理。这既是对父母养育孩子历程的一次梳理，也是我对这本书所涉及内容的汇总和概括。

父母养育0～6岁孩子的主要任务

一、身体——生理奠基

“身体是革命的本钱”，这是毛泽东主席的话，朴实但是绝对的真理。

对于孩子的健康问题，我在本书第三章第三节中作了详细的阐述。尽管目前的孩子从出生前，他们的身体就是父母关注的焦点，但是由于社会环境、家庭习俗、个人习惯的影响和一些主客观条件的限制，孩子的身体健康状况还是不容乐观，小胖子、富贵病、亚健康等病症非常普遍。养育者很多无意识的行为给孩子造成了成长后的困惑。生活中，有的父母如果不爱吃某样东西，往往随口说出来，或者不爱做这种食物，如此孩子自然就会受影响，也不愿意吃了；有的父母自己爱吃零食，便也给孩子买零食、饮料；有的父母怕孩子受伤、冻着、热着而不让孩子到外面玩，使孩子缺少锻炼。另外，冬天用暖气，夏天用空调，出行有车坐，上下有电梯等，这些都会对孩子身体自然的发展造成影响，因为它们阻断了孩子抵御外界不良影响、提高自身抵抗力的机会。

父母须谨记：好吃、好喝、好招待，会溺爱出纨绔子弟；怕冷、怕热、怕伤害，孩子的生命不会健康安宁。

二、心理——心灵、心智奠基

“小小孩子哪有什么心事！”“小孩子，说了他也不懂。”“去去去，别在这里碍事。”“这么大了，还撒娇，多丢人。”“哭一会儿就没事了，不用管他。”“动不动就哭，真没出息。”“再调皮、不听话，就挨揍了。”“怎么又把事情搞砸了？真没用！”“绝对不行，不能去做。”……这是我们常听到的父母对孩子的心事的反应。对一些局外人来说，看到这些可能会伤感，同情那些孩子，但当自己处在那种情况下的时候，就很少有这样的体会了。人们使用这些言行的时候，其过程往往是很自然的，心中几乎没有不适之感。但这些言行对于孩子来说，却会让他们感受到我们绝对想不到的难过、羞怯、悲苦、困惑……他们可能会因此情绪低迷、行为萎缩、沉默不语、胆小恐惧、哭泣难过，他们从此也许会变得桀骜不驯、脾气暴躁、举止怪异、言谈偏颇。在早期养育中，对孩子心智的培养，常常是被父母们遗忘的角落，我们常常在无意识中用成人手中的权力强势地、自以为是地剥夺孩子心智向好发展的机会，就如上面的这些话，大多数人不太会在意它们对孩子心灵的伤害。这一切来自养育者对此问题的无知，来自我们没有耐心的养育行为。

三、智力的开发

0～6岁是孩子大脑发育最快的时期，在孩子4岁时，他们大脑的重量就占到成年人的80%左右；智商形成50%左右，8岁可达到80%。而6岁之前，尤其是3岁之前，他们的大脑接受信息的能力是无可限量的。不管何种信息，只要在孩子感知觉器官（口、耳、眼、鼻、皮肤等）感知的范围之内，他都会不假思索地、毫无选择地吸收进大脑深层的海马体中，成为自己的知识储备。而这种知识储备在经过一段时期的沉淀后，会在合适的时机自动输出，形成孩子的某种能力技巧。

那么，智力如何开发？

最普遍的方法就是给孩子最多的针对各个感知觉器官的各种刺激，进而刺激脑神经元细胞，使神经元细胞间产生更多连接，形成发达的传递信息的网络。对孩子感知觉器官的刺激越多、越大，大脑中这样的网络结构就越多、越发达，孩子的智力开发得就越好，智商就会越高。对此，最为通俗形象的解释就是“如同中国公路交通的网络，区域公路修得越好、越多，经济就越发达”。孩子智商高低、聪明与否，不是取决于脑细胞的多少（人的脑细胞数量基本相等），而是神经元细胞之间的网络连接的状况如何。因此，开发孩子的智力，绝不是让孩子早早去学习课业知识，会背诵几首唐诗、写几个英文或汉字、算几道数学题那么简单，这些除了能巩固神经元细胞间的网络之外，并不会对新树突的产生和神经元细胞之间网络的建立起到多大的作用。

四、性格的塑造，道德品质的养成，情商的发展

“性格决定命运。”我们暂且不去深究其中的内涵，单看我们周围各种性格的人的表现，我们也能从中感知到些什么。人的性格及道德品质多半在后天养成，尤其会受到家庭的影响。因此，父母秉性品质的优劣会对孩子起到非凡的影响。在所有性格中，乐观开朗、积极向上的性格是最受欢迎的。而这样的性格特质也很好地促成了优秀道德品质的建立。

培养孩子对父母的信任感，让孩子拥有安全感，是培养孩子优秀情商不可或缺的内容。而情商是促进孩子对各种事物产生情感、感觉和兴趣的最佳诱因。因此，对孩子情商的培养必不可少。

处在0～6岁学龄前儿童时期的孩子，其身体成长速度是非常快的，此时的他们在语言及行为上对成人的模仿能力也相当灵敏和强势，他们模仿的主要对象是自己最信任和依赖的人，即父母。要想让孩子通过良好的模仿获得足够的成长能力，就需要养育者通过自身言行的影响和引导，建立起与孩子之间亲密的、信任的情感依赖关系，这种情感关系可以让孩子自觉、放松地与他人互动交流，并从中获得成长需要的各种信息。

要做到这一点，父母，尤其是母亲就要从孩子刚出生开始，从自身情绪情感、言谈举止、行为习惯等各方面，表现出对婴幼儿无条件的接纳与喜爱。对于新生儿来说，妈妈微笑的表情、轻柔的抚触和拥抱、柔和的言语及真诚的眼神交流等，都会令他们感受到关爱和呵护，让他们获得充足的安全与满足感，会使孩子产生对妈妈的依赖。

随着孩子的逐渐成长，父母要为孩子提供充足的自由探索的空间，尽可能满足孩子自我探索、与人交往、寻觅发现、体会感悟、自我思考等的情感需求，这会给孩子提供充分的对人、对事物的综合情感的历练机会，这种机会能促进孩

子与养育者建立亲密、信任的关系。而这种良好关系的建立，是父母潜移默化地影响孩子的最好的渠道和模式，孩子会自然自觉地从父母为人处世的言行中学习自己需要的内容。在此时期，父母一定要陪孩子在自然、和乐的广阔天地里玩耍，自然地进行竞争的游戏，在输赢中让孩子获得能力、自信、斗志和毅力。

帮助孩子拥有良好的性格，父母要注意以下几点：

1.父母对孩子的溺爱和过度保护，是养成孩子优秀性格的阻力。

2.父母要协助孩子建立是非概念，让孩子区分对错，知道好坏。

3.父母要做到和善对人，尊老爱幼，遵守人文道德和国家的法律法规，维护国家的尊严。

4.父母要拥有良好的心态，用阳光的笑脸迎接每一天，快乐地享受生活及周围的一切。

5.禁止对孩子打骂、侮辱，杜绝对孩子不屑一顾的行为，尤其是在孩子 6 岁以后。

6.父母要协助孩子获得抵御外界不良影响的心态，建立排泄不良情绪的渠道，要协助孩子调整自己的情绪，保持良好的心态，让孩子不卑不亢，自尊自爱。

7.父母对孩子实施的教育应该是潜移默化的影响，而不是夸夸其谈地讲道理。

8.父母处理孩子的问题时，要遵从合理、适时、适度的原则，既不能有求必应，造成孩子的骄横无礼，也不能对孩子的要求一律无应答，使孩子自卑消极。

9.父母及其他成人一定不要当着孩子的面谈论孩子的过错或引发笑料的天真事情。养育者一定谨记，给孩子人格上的信任与尊重，是孩子拥有自信心的有力保障。

五、执行力的建立

执行力是将思维、意图转变成客观事实，以完成预定结果的操作能力。让孩子养成良好的执行力，能保障孩子的优秀成长。这种执行力包括两个方面：一是孩子对养育者的指令的执行力，是指孩子能否遵守规矩、接受养育者引导的一种能力，这种能力延续后就是在成人社会遵纪守法、遵守社会规则的能力；二是孩子对自己大脑指令的执行力。强有力的执行力是孩子将自己的计划或创意等变成现实的保障。马云曾经说过，一流的创意加三流的执行力，绝对不如三流的创意加一流的执行力。这位传奇企业家在自己的企业中就非常注重员工的执行力。

六、学习能力的建立和保护

对于养育者来说，孩子的学习始终是牵动着自己心弦的大事。很多人在孩子还是小婴儿的时候，就开始了对他们的早教活动，但由于方法不恰当，反而使孩子早早失去了对学习的兴趣。这种结果其实是切断了孩子自觉乐观学习的内动力，孩子后期的学习也只是在延续一种被动式的习惯行为(俗称“混日子”)，这从一些孩子的言行和学习状态中可见一斑，这是非常令人遗憾和伤感的事情。如何才能让孩子始终拥有自觉、自主的生命成长热情和活力呢?

人的发展是一个从小到大的过程，人在不断探索锻炼中提升自己并获得促进下一步发展的能力。随着孩子年龄的增长，他们的能力在不断地扩大。这期间的每个阶段都自然地被赋予了不同的关键发展内容。在学习方面，0～3岁被称为“黄金期”，此时的孩子对知识的学习能力是非常强大的，他们可以自觉自主地完全吸收自己接收的任何信息，包括不良信息，而这一切都是在无意识中进行的，孩子根本不会察觉。因此，中国有“三岁看大”之说。这是给孩子储备知识的最好时期，是父母绝对不应错过的时期。

3～6岁，被称为孩子成长的“白银期”，此时孩子对知识的吸收能力可以让他们吸收所接受知识的80%，加上孩子阅历的增长及思维能力的逐渐增强，此时的孩子可塑性非常强。在家长巧妙恰当和积极正确的努力培养下，孩子在各方面的能力、习性、品格及行为自然会越来越出色，这应该就是“七岁看老”的由来吧!

面对孩子，养育者不应忽略他们的学习能力，不应忽略他们内在的学习动力，应努力为孩子未来的学习之路奠基。

0～6 岁孩子身心发育顺序及特点

在前面的章节中，我强调了养育者要懂得孩子身心健康发展的规律。由于养育者不了解这类规律，原本是孩子身心发展所表现出的“自我”“探索”“欣赏”等正常行为，被误以为是“变坏”“调皮”等不良行为，并被家长强势制止，有些父母甚至打骂体罚孩子。这不但破坏了孩子正常成长的需求，限制了孩子各方面的发展，还给他们的心灵造成了不可弥补的创伤。因此，为了让孩子拥有健康的身心发展，我们有必要梳理一下孩子 0～6 岁的身心发育过程。

一、0～3 个月：这是孩子建立与母亲间的亲密关系及获得安全感的关键时期。在这一时期，孩子通过自己特有的表情、啼哭、行为举止等将自己的需求传递给母亲，正确及时地回应并处理这些信息是母亲获得孩子信任的最佳渠道。比如：喂奶、换尿布、给孩子抚触、话语安慰等，都会让婴孩感觉到舒服和满足，更会使他对妈妈产生亲切和信赖的情感。这将为母亲以后更好地引导孩子成长奠定基础。孩子的心理发展从刚出生时就已经开始。母亲切忌只满足孩子的吃喝拉撒，想当然地认为“孩子小，什么都不懂”，不顾及孩子内心及情感的需求。一定要注意方式、方法，绝对不可进行强制式的、填鸭式的养育。

二、3～6 个月：此时期孩子逐渐变得情绪丰富起来，他们会通过不同的表情来表达自己的喜、怒、悲、惊、生气等，也开始分清远近，区分里外人，出现“认生”现象，对妈妈有明显的心理依赖。妈妈要对孩子的这种认可和信任多加珍惜和保护，给予孩子最美好的心灵成长环境。

三、6～9 个月：三翻、六坐、八爬，是 6～9 个月的孩子肢体行动的一般规律。随着孩子的行动逐渐自主、自由，他们的探索活动也逐渐开始了。这一时期，孩子对外界事物的好奇与兴趣与日俱增，综合能力的成长速度逐渐加快，爬行成为他们自由行动的主要方式。因此，这也是发展孩子肢体综合灵活度及大脑开发的关键时期。

四、9个月～1岁：此时期孩子开始站立，学着说话，并逐渐尝试独自迈步行走。此时孩子对父母的养育需求逐渐增多，因此家长要给孩子提供尽可能多的探索空间，尽可能多地陪伴孩子玩耍，与他交流，在增进与孩子感情的同时，促进他们身体和心智的发展。

五、1～2岁：此时期是孩子最能干的时期。此时的孩子好奇心强，参与欲浓厚，活动积极，喜爱撒娇。相应地，家长要给孩子安定的成长环境，满足孩子心理抚慰的需求，让孩子获得安全感，保障其身心顺畅发展，并在生活中培养孩子自己的事情自己做。

六、2～3岁：这是孩子的自我意识萌发期，也是第一个反抗期。此时他们会很自我，也开始尝试使用武力，对自己物品的拥有权非常关注，对妈妈依然很依赖。这是建立信任感和安全感的重要时期，也是孩子性格塑造的一个关键时期。父母尤其要注意对孩子保持信任、理解和尊重，要注意处理孩子问题的方式，切记不要欺骗孩子、压制孩子或随意“霸占”孩子的私有物品。此时期要预防孩子出现任性的性格。

七、3～4岁：此时期孩子逐渐从第一个反抗期安静下来，如果前期养育得好，孩子会变得比较顺从和乖巧懂事，愿意和同龄的孩子玩耍，也会愿意帮助家人做事情。此时是引导和影响孩子养成许多优秀习惯的最好时机，一定要紧紧抓住这一时机。

八、4～5岁：此时期孩子的自主行为会逐渐增多，参与性强，会很积极地融入到同伴活动中，也会出现争吵、打架、开玩笑、恶作剧等调皮行为，会“看人下菜碟”。父母一定注意，要给孩子自行处理同伴之间矛盾的机会，不要过多干预。父母应重点注意孩子的安全问题，要继续引导孩子养成善于学习、思考、探索的好习惯。

九、5～6岁：此时孩子的身心发展到了一个新阶段，他们的思维逐渐丰富，语言表达和行为举止也更加顺畅自如。他们会思考斟酌，会从自己的阅历中、从他人的言行中获得一些影响，会尝试着用自己的方式去关注、体谅、关心他人。面对外界的环境，他们既想外显、展露自我，又会感到羞怯。此时，家长要给孩子充分的信任、支持和引导，鼓励其与同伴交往，展示自己的智慧和才能，但要注意方式，防止孩子出现“显摆”的心态，形成虚荣心理。

随着身体和心智的进一步发展，孩子的独立性越来越强，生活交往圈和活动范围越来越广，对自己和同伴有了新的认识和理解，也有了自己的交往观点和方法。随着年龄的增长，孩子对幼儿园及家庭日常事务逐渐失去兴趣，他们期待着去接触、探索更广阔的外部世界，对即将进入的学校也逐渐有了一个较明晰的概念，并对其充满了憧憬和向往。如果到上学前，孩子还依然保持这种状态，就说明孩子前期的成长发展非常顺畅和良好。这就是父母对孩子生命发展最好的奠基。

阳光雨露

对学龄前的孩子来说，只要父母温柔、平静地牵着他们的手一起走，他们就会懂得怎样随着父母的步调前行。父母的步速是缓慢的，方向是坚定的，对孩子的影响是无声的……所有的所有，都是这样！

计划·未来

第九章 阳光其人其事

阳光，一个大男孩的母亲，一位普通的家庭教育工作者，她陪孩子走过花开花谢的四季，感受人生成长的五味。她被许多人亲切地称为“阳光妈妈”，时时刻刻用心灵感受您的心情——信任、理解和尊重您，春夏秋冬用微笑播撒爱的火种——光明、温暖与自由。一如泰戈尔在《流萤集》里的话：

让我的爱

像阳光一样包围着你

而又给你

光辉灿烂的自由

阳光其人

敬事风铃

第九章《阳光其人其事》，主要是阳光述说自己经历的故事和心愿，以使我们彼此更加了解，更好地进行交流。

《阳光一语：啃咬手指甲的孩子》记录了一个真实的案例，相信您能在静静的阅读中，给自己的心灵来一次小小的净涤！

《阳光二谈：有关"养育双子女"问题的思考》描述了阳光正在关注的一个养育新内容、新课题，这是非常迫切地需要关注和面对的问题，也是我今后致力于研究的课题！

《阳光三解：家庭教育文化传播事业》介绍了阳光工作的概况，您会从中获得一种不同于以往的新体验！

《阳光四论：家庭教育指导概论》详述了家庭教育事业未来的发展之路以及我国目前对家庭教育事业的支持力度。

好了，最后一章节，最后的独特。请随着阳光的文字，走进"阳光其人其事"吧！

一定记得，养育路上，你我是朋友！

阳光一语：啃咬手指甲的孩子

——一个真实的案例

为人父母不容易！这是我在文章开头就阐明的观点。究竟不容易在哪里呢？在每天为儿女的操劳上，在不被儿女理解上，在孩子最终不理想的成长结果上。辛苦半辈，操心受累，大多数人几乎将全部精力用在了儿女身上，获得的结果却不理想，着实令人沮丧、难过，感觉到辛苦和不容易。

从孩子出生那一刻起，我们就自动地成为了孩子的养育者、领航人，肩负起养育他们、帮助他们成长发展、最终成人的重担，这是绝对不能推卸的责任。从纯美不懂事的小婴孩，到独立于世的18岁的自然人，期间要经过无数不凡的日夜，经历无数大事小情。他们需要从身心各方面获得父母的指点和帮助，需要我们给他们提供优秀的成长环境。在很大程度上，父母提供的优秀环境是影响孩子未来、前程、命运的最主要因素。

孩子的家庭成长环境就像是一个装满各种颜色的“大染缸”，这里的颜色就是孩子成长所需的各种要素，孩子在这个环境里尽情地渲染着自己。多数时候，他们分不清这个环境里的颜色是不是自己需要的，也不清楚是否适合自己。他们之所以能这样放松地接受这个环境，是因为他们对父母的绝对信任与尊重。这也就是父母伟大之所在——我们必须要洁身自好，要有德有才，才能让我们这个“染缸”的颜色明亮美丽，孩子才会成长为充满魅力的“七彩虹”！

面对信任和依赖我们的孩子，我们应该拥有怎样的养育情怀？家长朋友们是否也感到迷茫？知不知道自己这个“染缸”里究竟装着什么样的颜色？我们有没有温柔地问一问自己的心灵，与心灵进行过坦诚的对白呢？有没有从过去的故事中获得一些警示和启迪呢？让我们从下面这个故事中，一起来感受养育、感悟生命吧！

这是一个 9 岁女孩的妈妈与我的对话，我对她的印象是：妈妈是个好妈妈，还是个用心的妈妈，她能够主动与我交流，寻求帮助，足以说明她爱自己的孩子。但只有爱不能保证妈妈养育行为的正确和优秀，孩子在成长过程中遇到了自己和妈妈解决不了的困难就说明了这一点。孩子出现这样的状态究竟是因何而起？这是非常值得去思考的。妈妈需要重新审视自己的养育行为，并重新感知为孩子提供的成长环境是否适合孩子的成长与发展，妈妈是否真正懂得孩子成长的需要，是否真正尽到了养育责任。

（说明：为了尊重他人，文中的"敏妈"是化名，感谢她同意将我们的交流用在书籍内！感谢她对阳光的信任与支持。）

第一次与孩子妈妈的对白(2014 年 9 月 26 日)

敏妈　8:33:29

姐，您好！我孩子今年 9 岁，女儿。很乖，很听话，成绩也好。但这一年来，她不知为何养成了啃手指甲的毛病，10 个手指甲被她啃得惨不忍睹。只要一说她，她就会拍自己的头，打自己的手！

敏妈　8:35:00

您说，她这是哪里出了问题啊？我很苦恼。希望姐有时间能给个回复！谢谢！

阳光妈妈家庭教育会客厅　9:00:16

您好！看到这些我很伤感，很心疼孩子！初步断定孩子内心是"真爱缺失"（不被理解、认可和尊重）。

阳光妈妈家庭教育会客厅　9:04:23

"很乖，很听话"，这是表象，9 岁的孩子即将进入一个新的人生时期。我想进一步听听您和孩子的故事——孩子小时候的个性和孩子的成长经历。我分析问题所需要的许多因素就在这些经历中。切记，一定是真实的成长过程！您对孩子教育的态度和方法等也要告诉我。到时候，我会根据您的讲述综合分析。

阳光妈妈家庭教育会客厅　9:11:44

孩子已经到了关键时期，她的举动也很令人担忧，所以尽快把我需要的内容告诉我，就是孩子9岁前的成长经历。

敏妈　9:12:17

孩子是我一手带大的，我从没打过她，甚至都没有大声地嚷过她。一般情况下我都尊重她的选择，从幼儿园起她表现得就很突出、很优秀。我是用赞美法来培养她的。

阳光妈妈家庭教育会客厅　9:13:36

要知道，有时候"赞美"也会伤害孩子。我初步了解了，但是需要更真实和详尽的信息。孩子应该上三四年级吧？这是学习和身心成长各方面"飞跃发展"的开始，很关键。

敏妈　9:15:43

所以，她经常表现得不自信，总担心一些事做不好。我写好了发到您的邮箱吧。

阳光妈妈家庭教育会客厅　9:15:51

好，我期待着您的信息，越多越好，越真实越好！

敏妈　9:16:05

谢谢！

阳光妈妈家庭教育会客厅　9:16:11

另外，最近注意调整一下对待孩子的态度和做法，一定注意：不管孩子做了什么，先不要批评她，至少情绪不要太激烈。多讲一些孩子爱听的故事和事情，孩子不爱听的话尽量避免。帮助孩子放松心情，尽量避免孩子那些"不好的行为"再度出现。

敏妈　9:17:39

好的。暑假期间没啃，一上学又开始了。

阳光妈妈家庭教育会客厅　9:18:39

信息写好后发到邮箱。内容一定尽量详尽和真实，包括孩子的成长过程和您的养育方式！不要嫌麻烦，这是必需的。孩子所在学校和老师的情况也要告诉我。总之，只要与孩子有关的信息，就全部告诉我！

敏妈 9:19:47

好的。一定详细！

孩子妈妈的邮件（2014年9月26日）

姐：

您好！

从孕期开始，我就开始听胎教音乐，一直到她出生。出生后，我便看一些有关婴幼儿教育方面的书，按照上面的方式方法教育孩子，教孩子仔细观察身边的事物，看蚂蚁搬家，观看各种花朵，等等。一般用的就是鼓励和表扬的方式，很少批评她。她1岁多说话，表达得很清楚，我几乎每天晚上都要给她讲一个故事她才睡觉，我也经常陪她做游戏。所以，她比同龄的孩子看起来要懂事听话得多。但也比同龄的孩子少了一份童真，不像那些孩子没心没肺的样子，这是我后来发现的。

孩子的出生日期是2006年1月18日。在她2岁零8个月时，我把她送到了幼儿园。在此之前，怕她初入幼儿园会不适应，我做了很多工作。比如：我经常带她到幼儿园去玩，告诉她上幼儿园的种种好处等。第一天上幼儿园时，刚送进去，老师就把教室门给关上了，她不知所措，看见别的小朋友哭，她也哭。但晚上去接她时，她便欢天喜地地说："妈妈，我要去玩滑梯！"由于她的听话和懂事，她深得幼儿园老师的喜欢，一直是班上的小班长！每次放学走在回家的路上，我也经常教她认路边招牌上的字，她自己看动画片也认识了不少字，所以，那时她比同龄的孩子认字也认得多一些。那时的她，每天过得都很充实、很快乐！

上了学前班，开始学拼音和写字了。她学得很认真，一笔一画完全要按老师教的去写，有一点点差错，就会擦掉重写，像有强迫症似的，这样就会写得很慢。她经常急得哭，我也多次劝她不用这么认真，但她不听，依旧要那样做。所以她现在上小学三年级了，虽然没上过写字培训班，但字写得很工整、整洁。

随着她年龄的成长，我也看了一些有关她这个年龄段的教育书籍，其中有中国的，也有外国的，并依照上面的一些方式方法去教育孩子。我信奉一句话："一等妈妈用眼睛说话，二等妈妈用嘴巴说话，三等妈妈用手说话。"所以，从小到大，我从没动手打过孩子，也没大声地责备过她。比如：到超市她想买某一样东西，我觉得这种东西对她来说没用，就劝告她说买了这种东西也没用，她就会放弃，不再去争取。这样也造就了她过分听话的心理。她从没在我面前大声哭闹过，也从未提出过无理的要求。她和她同龄的小朋友在一起玩时，别的小朋友把她的玩具抢走了，她不仅不去抢回来，还会跟在别人后面求着说："求求你，让我玩一会儿吧。"看得我都心疼，心想这孩子也太听话了，长大后应该怎么办才好。所以我平时也教导她：自己的东西应该理直气壮地要回来，而不是去求着别人。别的小朋友伸手去打她，她也从不知道去还手。后来，我告诉她，自己不能去伤害别人，但当自己的身体受到伤害时，应该学会保护自己。有时候，她和小朋友在一起玩，把自己最喜欢的东西给别人，把自己认为最好吃的东西给别人，她爸说她"傻"，她说："吃点亏怕什么，只要自己高兴，自己愿意！"说这话的时候，她才仅仅 6 岁！

也许是从小在赞美声中长大，她对自己要求很严格。上小学一年级时，每次考试得不到 100 分，她就会伤心难过，吃不下饭。考了 100 分，她便会在考卷上画一个笑脸娃娃，没有考到，便会画一个哭脸娃娃。反过来我还得去安慰、劝导她："考试不能代表什么，没关系的，我们还有下次，是不是？"这时，她才会开朗一点儿。但下次遇见同样的情况，还是如此。现在比以前强很多了，学校也不经常考试了。

随着她年龄的成长，我也正一步步地放手，一些事情让她自己去做——自己洗脸洗脚，自己收拾书包，遇见问题自己解决。可她已经养成了过分听话的心理，什么事情都得经过我的同意，她才会去做。小时候，她也有不听大人话的时候。比如：我告诉她某个危险的地方去了会摔跤，她不听，我不劝阻，由她去。

她去了，腿摔破了，知道妈妈说的话是对的。还有一次，她看见叔叔抽烟，以为是什么好吃的东西，非要学着抽。我告诉她很呛人，她不听，便让叔叔给她抽了一口，呛着了，知道妈妈的话是对的。这样的事很多，后来她便认为妈妈的话全是对的。

以前我还陪着她玩，现在觉得她长大了，也很少陪着她了。她自己做完作业就玩自己的，有时候她也说“妈妈你陪我玩”，但我就是提不起兴趣，一句话就把她打发了。她听话，所以从不强求。现在我也经常和她交交心，问一些在学校里发生的事儿，她也很乐意地告诉我这，告诉我那，很有兴趣的样子。如果我和她爸在说话，她跑过来说“妈妈我告诉您一件事儿”，我会主动先听她讲，除非有很重要的事儿，我会跟她说：“妈妈和爸爸说完，再来听你的，可以吗？”她现在有些小脾气，会冲着她爸发，不敢冲我发。

咬手指甲的事儿应该是上学期开始的，到现在大概 4 个月的样子。也许是因为我的工作比以前忙了，忽视了这一点，直到有一天给她剪指甲才发现 10 个手指头光溜溜的。我问她怎么回事，她说是自己啃的。当时我没有过分地批评她，只是告诉她这样做不好，手里面有细菌，这样肚子里会长虫子的。我也仔细观察了几天，只要看见她啃，就制止她。有一段时间，她很正常了。可上个星期六带她去剧院看演出，她一闲下来，就又开始啃了。我当时制止了她，也没过分地去批评她。昨天晚上，她在做作业，我无意间看见了她的小手，手指甲已经啃得连着肉了。我当时摸着她的头说：“你怎么又啃手指甲了？”她双眼立刻噙满了泪水，用双手去拍打自己的头。我当时有点生气，就说了一句：“要打就打手，打头会把自己打笨的。”她就又立刻去打自己的手！

她现在的班里有 86 个同学，由两位老师负责。由于她乖巧懂事，老师很喜欢她，让她当班上的小班长、学校的中队长。她对学习、对班上的工作非常认真、负责。前几天，她跟我说她的小组组长不认真负责，做梦说梦话都叫老师换小组长。我告诉她可以把自己的要求对老师提出来。她对老师提出来了，可老师没有采纳她的意见，她有点小郁闷。

晚上看着她的手，我很心疼！我不知道她是心理出了问题还是生理出了问题。想到了您，便向您请教！

对了，还有一件事儿，她到现在还不愿意一个人单独睡觉！

希望您能在空闲的时间帮我分析一下，不胜感激！

一个普通的妈妈

阳光的回信——孩子总是啃咬指甲怎么办(2014年9月28日)

敏妈：

你好！首先谢谢你对姐的信任！

由于每天要处理公司事务，还要回复“阳光网络注册会员”和“俱乐部注册会员”的信件，今天才脱空回复，敬请谅解！

看过来信，从文字中我深深知道你也是一位非常努力用心的妈妈，一位真心为孩子好的妈妈！但是看到孩子的现状，看到今天的结果，我有些心疼：一是心疼孩子；二是心疼妈妈的爱心和努力没有得到最佳结果。我知道孩子的成长历程和妈妈对孩子的养育遇到问题了。

为了更好地解决问题，我首先把问题原委剖解一下。阳光姐就采用“对比”的方式，直言不讳地说出我自己的一些看法！

（说明：为了醒目、突出，引用的敏妈的内容用直线标出了。）

一、我们生活的世界是个不完美的世界，我们也不能要求孩子事事完美

每个孩子身上都会有瑕疵，需要父母引导其形成正确的世界观，尤其是当孩子处在0～6岁成长关键期时。世间没有绝对的完美，也没有绝对的对错。看到你在孩子小时候尽心尽力的做法，我很感动。这是许多年轻爸妈们都会经历的过程——面对纯美的新生婴儿，绝大多数年轻父母都会立下决心，要把世界上所有美好的东西都奉献给他，将孩子培养成最优秀的人——我也曾经这样想过。

任何事物都没有绝对的完美，这是大自然的规律，孩子的养育也是如此。当自己的孩子从一个什么也不懂的小婴儿，逐渐有了些小的成长变化时，父母

会感到欣喜万分，也会在别人面前展现、夸赞，这样自己很有成就感。这种感觉也会变成加倍的“培养力量”——想让孩子更完美！

养育孩子要讲究方式方法，并不是一味赞美、夸奖和表扬就一定会有好结果。特别是面对一些内向、要强的孩子，若一味赞扬，会给孩子带来“自求上进，以便获得更多赞扬”的压力。如果不注意释放，时间久了就会压垮孩子。就像你说的那样：“她学得很认真，一笔一画完全要按老师教的去写，有一点点差错，就会擦掉重写，像有强迫症似的，这样就会写得很慢……也许是从小在赞美声中长大，她对自己要求很严格。上小学一年级时，每次考试得不到100分，她就会伤心难过，吃不下饭。考了100分，她便会在考卷上画一个笑脸娃娃，没有考到，便会画一个哭脸娃娃。”其实，孩子这时已经有压力了。

孩子3岁左右是其“完美敏感期”。在这期间，孩子经常做出一些令大人感到不可思议的事情。比如：给的饼干缺角、不完整不行，衣服上扣子缺失不行，床单上有线头、杂物不行，回家不是自己开的门也不行，等等。这些行为被许多大人误认为是任性、调皮、不听话而加以制止，这就阻断了孩子尝试品味和感受完美事物的机会。如果孩子追求完美的心愿没有得到满足，他们会从内心感到失落，也就因此错过了培养审美的关键期。但同样地，如果在这个时期孩子得到负面的强化，比如家长不是耐心地疏导孩子的情绪，而是一味地满足，那孩子的审美观念就容易往畸形的方向发展。如今，您孩子这种寻求完美的不良情绪就已经严重地影响了她日常的学习与生活。不正确的引导方式，使得孩子在不知不觉中已经被“夸赞”得苛求自我完美了，要知道这可是任何人都达不到的状态。长时间处于这种情况下，孩子最终产生了压力，出现了焦虑情绪。但这还不是最严重的问题，最令孩子无法释怀的关键问题是孩子没有获得释放这种压力和焦虑的渠道和方法。尽管妈妈劝阻过，却没有给予孩子恰当的引导，也没有用实际行动帮助孩子改变。在孩子没有真正释怀、问题没有解决之前，妈妈在这一时期的养育行为就不了了之了——“我也多次劝她不用这么认真，但她不听，依旧要那样做”。要知道，这不是规劝几次就能够解决的问题，关键是孩子还不能从妈妈的规劝话语中获得自己解决问题的最佳方法。细细想来，这是一个教育败笔。

完美敏感期对孩子的心理发展起着至关重要的作用。追求完美是一种内在的自律力量。如果这个时期孩子追求完美的心愿得到满足，孩子就会自动产生“完美自律”的情绪情感，自己的审美情趣就会高尚而具有雅趣。相信具有这样审美情趣的孩子，长大后一定不会平庸、低俗和野蛮。

值得父母注意的是，在完美敏感期内，父母一定要让孩子感知事物最真实的一面，这样孩子就不会一味地去追求那些本不存在、也不可能达到的“绝对的完美”。

二、真爱无私、无限，大爱无悔、无疆

父母给予孩子的肯定是真爱、大爱。但爱不仅仅是物质上的，更重要的是精神层面的呵护及对孩子心灵的慰藉。当孩子的心灵没有感受到父母真正关爱的时候，他们的生命是不会像春天的鲜花那样灿烂润泽的。

也许很多父母在听到“孩子缺失爱”这个观点时，会很伤感——怎么会呢？相信你也有些不服气吧！也许你会说：“我恨不得把所有的好东西都给她，几乎把所有的精力都用在她身上了。”是啊，一位妈妈，从怀孕起就学习教育孩子的知识，开始给孩子胎教，这是很负责任的。孩子出生后给孩子讲故事，陪孩子做游戏，教孩子仔细观察身边的事物，陪孩子看蚂蚁搬家，观看各种花朵，等等。这也是一般妈妈做不到的事情，说明这时期的你是一位有耐心的妈妈。但我需要提出的是，你的这些做法只能证实你在做了，但最终的结果究竟如何，既需要我们作前期的深思斟酌，又要从孩子自身的表现来判定。

“出生后，我便看一些有关婴幼儿教育方面的书，按照上面的方式方法教育孩子。”学习是一个深奥且必须懂得灵活运用的事情，不是照搬书本知识就能达到好的结果。学习是一个“吸收—加工—转化—输出”的过程。其中，转化过程需要父母根据自己孩子的实际情况，合理地吸收和运用外来的知识和方法，使之适合自己的孩子。这是因为每个孩子的脾气秉性等千差万别，要因材施教！

“她比同龄的孩子看起来要懂事听话得多。但也比同龄的孩子少了一份童真，不像那些孩子没心没肺的样子，这是我后来发现的。”这种现象意味着什么？

意味着孩子正在失去原始自然的积极向上的生命特质。孩子后来的努力，都是在迎合社会化人的要求。她的行为充满了应付的因素、讨好的因素和痛苦的因素，全然没有了自己的主动性行为，哪怕是与大人作最基本的反抗。孩子要努力地做让大人满意的事情，即便是有悖其成长规律的事情，她也努力地去完成，以便不断被他人认可。**成人欠缺科学的养育思维，加上欠考虑而随意应对孩子的要求，把孩子引上了一个艰难的成长路程。**对于一个各方面能力还不具备的孩子来说，这是很残酷的事情。

“有时候，她和小朋友在一起玩，把自己最喜欢的东西给别人，把自己认为最好吃的东西给别人，她爸说她‘傻’，她说：‘吃点亏怕什么，只要自己高兴，自己愿意！’”孩子的这种行为是在告诉我们——“我自己说了算”！孩子给小朋友东西，是在满足外人需求的同时满足她自己内心的渴求，但这一点孩子不知道。她以此来获得一种被人认同的自我满足感，同时也传递了一个信号——她需要一种真正的被尊重和被认可，这不是物质上的。是什么让孩子产生这样的情绪状态？我们从以下几点来分析：

首先，尽管妈妈说对孩子的教育“一般用的就是鼓励和表扬的方式，很少批评她……我信奉一句话：‘一等妈妈用眼睛说话，二等妈妈用嘴巴说话，三等妈妈用手说话。’所以，从小到大，我从没动手打过孩子，也没大声地责备过她”。但是，妈妈的养育行为从一开始就给了孩子许多的“权威”暗示。暗示一：赞扬、表扬。这是妈妈常用的教育方式。不断地赞扬、表扬会让人产生虚荣心，成为让人不敢失去的“面皮”。暗示二：规劝。“比如：到超市她想买某一样东西，我觉得这种东西对她来说没用，就劝告她说买了这种东西也没用。”规劝其实是一种温柔的拒绝，父母的规劝对孩子来说其实是一种软压制，大多是容不得孩子反抗的。暗示三：妈妈权威。“她现在有些小脾气，会冲着她爸发，不敢冲我发。”妈妈在孩子心中是不可挑战的权威者，是令孩子感到惧怕的。这从孩子“听话”等行为中已经表现出来。

其次，“小时候，她也有不听大人话的时候。比如：我告诉她某个危险的地方去了会摔跤，她不听，我不劝阻，由她去。她去了，腿摔破了，知道妈妈说的话是对的。还有一次，她看见叔叔抽烟，以为是什么好吃的东西，非要学着抽。我告诉她很呛人，她不听，便让叔叔给她抽了一口，呛着了，知道妈妈的话是对的。这样的事很多，后来她便认为妈妈的话全是对的。”在孩子探索世界和与人交往的关键期，妈妈的处理方式让孩子形成了“不敢越雷池”的胆怯心态，给孩子种下了“妈妈说的话是对的”的概念，形成了“听妈妈的话”的思维模式。延伸下去就是“逆来顺受”，不敢独自作决定，只懂迎合——“别的小朋友把她的玩具抢走了，她不仅不去抢回来，还会跟在别人后面求着说：‘求求你，让我玩一会儿吧。’”而我们没有给孩子丝毫的帮助，没有教给孩子正确解决问题的方法，有的只是一种不尊重——“她爸说她‘傻’”，让孩子感受不到来自父母的支持。

妈妈在让孩子听话时，其实还有一种潜意识的东西，即满足自己。具体说来，妈妈呵护孩子，为孩子忙碌，是为了实现自己的价值，享受孩子对自己的依赖。在现实生活中，很多妈妈都不知道自己身上存在着这种心理现象，一般会很自豪地认为，自己能掌控孩子是一种能力和荣耀，并因此沾沾自喜。但是，孩子却因此失去了实现自己心愿、成就自己的机会。在挑战不了“权威”的情况下，孩子只有忍耐——“可她已经养成了过分听话的心理，什么事情都得经过我的同意，她才会去做。”这其实是一种典型的成人权威压制行为。

最后，今非昔比，小时候和如今，妈妈对她的态度发生了变化，令心理没有“断奶”的孩子更加没有安全感。小时候，“几乎每天晚上都要给她讲一个故事她才睡觉，我也经常陪她做游戏”；可是，“现在觉得她长大了，也很少陪着她了。她自己做完作业就玩自己的，有时候她也说‘妈妈你陪我玩’，但我就是提不起兴趣，一句话就把她打发了。她听话，所以从不强求”。——孩子才刚刚 9 岁，怎么就“长大”了呢？

我从一个高中女孩子的 QQ 聊天记录中看到了这样一段话：“我刚刚收拾桌子挖出了一堆便笺纸，恰巧被‘粑粑’看见，他说：‘都快 20 的人了，怎么还有这么多小零碎儿……’老朽当时就感觉心衰了，老朽明明年方二八啊！”这个女孩子都上高中了，对爸爸这样的话语都这么敏感，更何况是 9 岁的孩子呢？她内心需要妈妈的爱抚，需要父母的陪伴，需要在父母这里找到安全感。她需要在父母面前"撒撒娇"，这不仅能让她获得心理上的满足，还能带给她心灵的安慰，更是她消除不良情绪的一种好方法。孩子如果在父母这里得不到安慰，就容易出现反常举动——"她到现在还不愿意一个人单独睡觉"。请一定允许孩子偶尔"长不大的撒娇"，用具体行动来陪伴和关爱孩子。如果家长这时候"提不起兴趣"来的话，就请你回忆一下孩子小时候对她的言行和呵护吧！让自己重拾养育"初心"。请一定记得：不管孩子多大，都会有向父母撒娇的情怀，只是表达方式有所不同而已！

我和我孩子之间的这种互动，从他出生后一直持续了很久，因此他的内心深处依然保持着"一颗童心"。有时候他还会对我"撒娇"——当然撒娇的形式会有所不同——我会很开心地迎合他，有时给他搓搓背，拍拍肩，捏捏大耳朵，给他"婴儿般的呵护"，有时会故意问他"你几个月啦？"这样的问题。这个过程尽管时间很短暂，但是对孩子内心那个"长不大的小孩"的安慰功效非常之大。孩子内心不但感受到了浓浓的亲情，更获得了巨大的支撑力量，孩子会感到非常放松和幸福，这绝不是一般的亲子游戏所能达到的效果。孩子保持这样的"童心"，并没有妨碍他适应社会的综合能力的发展。在处理事务中，该生甚至比很多成人都考虑得周全、处理得得当。——老师语。

三、孩子目前最需要得到父母的理解、尊重和支持，需要一种宣泄不良情绪的方式

孩子现在 9 岁，在不久的将来，即将步入青春期，身心发展均将进入一个新的阶段。这时，她特别需要来自爸爸的强有力的支撑。在来信中，你没有提及孩子爸爸对孩子的关注。我不知道是孩子爸爸不关注还是插不上手。

你说自己工作比较忙，忽视了孩子咬指甲的问题。其实我觉得工作忙碌只是部分原因，根本原因是提不起精神来，对孩子失去了以往的热情和关注度。孩子才 9 岁，远远没有到不需要父母关注的时候，她需要父母关切的话语和关注的眼神。这足以让孩子感受到来自父母支持的力量，这力量足以支撑孩子应对在家以外遇到的问题。

"以前我还陪着她玩，现在觉得她长大了，也很少陪着她了。她自己做完作

业就玩自己的，有时候她也说‘妈妈你陪我玩’，但我就是提不起兴趣，一句话就把她打发了。她听话，所以从不强求。”“听话、从不强求”实质是孩子的无奈之举。很多时候，“听话”的孩子很容易受伤，不是他们不需要关爱，而是总被人为地“忽略和拒绝”。很多家长或者老师会在不经意间忽略这些孩子内心的需求，认为他们听话不闹事，不用多管就行。其实这是一种非常错误的做法，这样的孩子最容易产生内心的困惑。因为听话，他们从小在赞扬的环境里长大。然而随着年龄的增长，到了现阶段，孩子失去了以往被赞扬的那种氛围，也得不到妈妈的陪伴，极易产生失落、焦虑的情绪。孩子目前在小学阶段中期，正是做事认真负责的时期。孩子负责班级事务，会严格按照老师的指令去做，更何况孩子本身又是做事力争完美的人。所以她对班级的事情一定会认真对待，不允许出现不好的状况。这也许会“得罪”一些同学。86 人的班级，即使成人管理起来也会有些困难，更何况是孩子？她肯定会遇到一些自己解决不了的事情，需要老师与家长的支持、鼓励和帮助，而不是对她认真的看法、做法置之不理（成人的惰性使其很容易把办事积极认真的孩子定性为“真多事”）。当孩子遇到解决不了的事情时，如果得不到外界的支持和帮助，就无法排解心中的烦恼，造成心理上的困惑。当困惑积累到一定程度时，孩子就会出现令大人不能理解的各种怪异行为。

“咬手指甲的事儿应该是上学期开始的，到现在大概 4 个月的样子。也许是因为我的工作比以前忙了，忽视了这一点……我当时摸着她的头说：‘你怎么又啃手指甲了？’她双眼立刻噙满了泪水，用双手去拍打自己的头。我当时有点生气，就说了一句：‘要打就打手，打头会把自己打笨的。’她就又立刻去打自己的手！”你工作忙碌，对孩子的诉求“提不起精神”来，加上你一些负面的情绪和语言，都令孩子感受不到来自父母的关爱和支持。孩子在学校里遇到困难，受了委屈（老师没有采纳她的意见，她有点小郁闷），不知道向谁倾诉，心中有郁结。在成人看来，孩子们之间的矛盾都是小事，孩子没有什么烦恼。其实不然。对于孩子来说，所有的事情都是“大事、正事”，是不可忽略的。每个人都会有不良情绪，如果想保持好心情，需要有两方面的条件：一是减少不良情绪的产生；

二是找到宣泄不良情绪的渠道和方法。从目前的情况来看，你们应该没有关注孩子情绪方面的问题！孩子啃咬指甲就是她自己找到的一种宣泄情绪的方式。

另外，可能还有我们不知道的一些因素，需要妈妈细心观察，进行综合分析。

祝愿您的孩子能够早日改掉啃咬指甲的坏习惯，恢复阳光、快乐！

敏妈的反馈信息(2014年10月3日,2015年1月29日)

敏妈　2014/10/3　7:33:08

您好！最近回乡下老家了。由于没有信号，一直没有机会感谢您！您的分析很透彻，也让我认识到自己教育孩子过程中的错误！

阳光妈妈家庭教育会客厅　2015/1/29　11:07:30

敏妈好，不知道孩子近况如何？

敏妈　2015/1/29　12:14:18

谢谢您的关心，我很感动。孩子已经不啃了，真是谢谢您！

阳光妈妈家庭教育会客厅　2015/1/29　12:15:44

孩子不啃了，那太好了。真是个好消息！刚刚回来，赶紧给孩子做饭吧，不要影响孩子上学！

敏妈　2015/1/29　12:16:48

好的，不好意思，我做饭去了！

小　结(2015年1月30日)

2014年9月29日晚上，就在我给敏妈回完信后不久，我接到了一位业内同行传给我的一个信息：今天，一个四年级的小学生因为不堪妈妈"为你好"的重压，在繁忙的课业学习、严格的管教下，精神恍惚，被确诊为抑郁症。他没有办法再继续上学，离开了学校。听到这个消息，我心情很沉重，内心充满了无限感慨：又是一个被“爱”伤害的孩子！许多在孩子教育上“追求完美”的父母，总是要求孩子处处完美，事事超越他人，为孩子描绘家长自己心中想象的蓝图，全然不顾孩子自己生命的颜色。这给孩子造成了巨大的心理压力，带给孩子不可消除的心灵困惑。孩子无法释放压力，自然不堪重负，无法解脱！这令阳光痛心之至！

目前，作为家教工作者，我们很多时候不是在给新父母、准爸妈们传递科学的家教养育知识，好在孩子来到这个世界之前，让他们做好成为“人生导师”的准备。而是像一位老中医一样，在为“病人”把脉，配制药方，“治病救人”。绝大多数父母前来咨询都是因为自己的养育出现了困惑，孩子的成长出现了问题。而且相当一部分咨询者涉及的问题不是出在孩子身上，而是在父母身上，但他们并没有认识到。几乎所有家长第一次见到我的表现都是一刻不停、义愤填膺地数落孩子的不是，好像孩子是自己的仇敌一般。**这一刻，他们完全不知道自己是谁了，完全不知道自己诉说的主角又是谁，自己是来做什么的。这一刻，他们只知道宣泄自己的不满情绪！**

作为家教工作者，我非常心焦：焦急于为何家长要等到孩子“病入膏肓”的时候，才来“急救”，而不是提前“保健预防”。当孩子的生命出现“毒瘤”的时候，即使再用心，再慷慨大方，孩子也不会那么自然、完美、顺畅地成长了。更何况，在为孩子“动手术”的过程中，无论孩子还是父母，都要付出巨大的精力与金钱的代价，而最终结果还不一定是自己希冀的。

“防患于未然”，这才是最优秀的养育策略。当父母用微笑将阳光播撒到孩子心田的时候，那里一定会是一个鸟语花香的世界。期待着越来越多的家长参与到科学的家教知识的学习中来，获得科学的养育能力，真正担负起父母的职责！

大道至简非简单，
隔行隔业如隔山。
静心思索养育道，
虽是凡人亦成仙。

阳光雨露

父母今天的努力养育，成就孩子明天的辉煌人生。“谁言寸草心，报得三春晖。”父母对子女的爱无疑是无私的、伟大的，而只有掌握了科学的养育知识，才能获得最佳的养育效果。“一分耕耘，一分收获，要收获得好，必须耕耘得好。”中国革命家和教育家徐特立这样说！

养育·悟道

阳光二谈：有关“养育双子女”问题的思考

——父母如何养育双子女

记得有一句话：不是我不明白，是这世界变化太快！

是啊，世界变化太快，快得让人还没来得及反应过来，就又换新颜了。就像生养孩子的问题，人们昨天好似还在谈论“独生子女”的问题，今天突然就要面对一家双孩和大孩子拒绝接受弟弟、妹妹的尴尬局面了。这个问题已经非常迫切地摆在了我们的面前，这既是一个新课题，也是一个新难题。

记得在 2013 年的冬天，有几位上海的朋友来我这里，其中一位朋友的妻子刚刚怀上二胎。这位朋友问我，如何让大宝接纳、不排斥二宝，如何让他们和睦相处。我问他为何问这样的问题，他说他周围好几位朋友家的老大都在欺负老二，孩子们之间很难相处。他怕自己的孩子也会和那些孩子一样，让他更加担忧的是，现在他的妻子还没有显怀，大宝已经开始有反应了。这位爸爸的担心不无道理，也不是空穴来风。前不久，我在腾讯网上看到了一则新闻《生二胎夫妻为生二胎向女儿写保证书：永远第一喜欢你》，还配有保证书的照片。新闻内容是这样的：

> 据了解，“单独两孩”政策自颁布之日起，就“几家欢喜几家愁”。很多家庭在生与不生之间纠结，甚至因此患上了“二胎焦虑症”。“如何过老大这一关”便是焦虑的因素之一。
>
> 不久前，武汉 44 岁的肖女士和丈夫努力一年之后，终于如愿怀上二胎，但是 13 岁的女儿百般不愿意，相继以“逃学”“离家出走”“跳楼”相威

胁。在女儿尝试用刀片割手腕后，怀孕13周零5天的肖女士不得不含泪到汉口医院终止了妊娠。

2014年，山东烟台孙女士想再生个男孩，被6岁的女儿小茹听到，原本性格开朗、能歌善舞的她，突然开始闹情绪，经常无缘无故发火，甚至干脆拒绝吃饭，把自己锁进卧室。“我哪里不好？为什么还要生个弟弟？”

在长春也有类似的事例。31岁的杨女士说：“当时我们询问了很多人的意见，大家都挺支持我们的，可没想到8岁的女儿不仅不支持，而且还十分反对。从去年12月末开始，女儿就以不去辅导班和绝食向我们‘抗争’，面对孩子这么强烈的反应，我们夫妻俩是一点儿办法都没有。”

腾讯新闻综合齐鲁晚报网、大众网、中国吉林网报道

除了这些，我也曾看到过14岁的大宝因为嫉妒杀死1岁多的二宝的新闻、8岁的姐姐剪掉弟弟的“小鸟鸟”的新闻、6岁的姐姐每天偷偷掐弟弟的新闻……就此问题，我曾经调查过几个幼儿园，其中有相当一部分孩子很抗拒有弟弟、妹妹，原因很明确，不愿意与弟弟、妹妹分享大人的爱。

看过之后，我有些震惊和伤感，这些孩子的情绪究竟是哪里来的呢？“人之初，性本善。”可这些孩子为何如此自私、张扬、无情呢？

随着二胎政策的放开，许多适龄夫妇开始筹划着生二胎的问题，他们似乎并没有太关注家里大宝对此事的看法。当我们从“独生子女”时代快速转入“生二胎”的轨道上的时候，我们还没有适应当前的混沌状态，许多人无暇关注大宝的心境。这是一个新课题，而许多人还没有意识到这个问题的严重性，就匆匆成为了实践者。从现实情况来看，结果不容乐观。生二胎的家庭，大宝非常容易出现心理困惑，这究竟是为何？

一、心理学方面的解释

当父母育有二孩后，受“俄狄浦斯情结”(恋母情结)和“手足相争情结”的影响，大宝的心理极易出现波动。这是人类共性的东西，是一种自然的情绪反应。“恋母情结”源自于孩子对妈妈的依赖，即孩子从妈妈那里获得的自我身心需求的满足。当这种满足感因弟弟或妹妹的出生被削弱时，孩子就会出现本能的反抗

反应，更何况当今孩子的这种依赖普遍被溺爱放大了。而“手足相争情结”则是大宝被迫适应从“全部的爱”到“分享的爱”的转换过程，这一过程会令他们产生心理落差，心理产生极大的震动，形成不正当的心理状态。因为孩子还小，他们不会用语言来表达，所以只能借助行为来表现，如反抗、破坏、报复等。这既是一种情绪的宣泄，也是一种故意犯错的行为，目的是为了吸引父母的关注。对于在“4＋2”式家庭中长大的大宝来说，父母生二胎后带来的变化是非常残酷的。

二、父母注意力的转移，让大宝感觉到父母对自己的爱被剥夺

面对新出生的二宝，大人自然会多关照一些，并在不经意间忽视大宝，这在很多父母的言行中就能看出一二。比如：“不要闹，别伤着小宝。”“你长大了，要照看好小宝。”“你怎么这么调皮，还不如小宝呢！”……父母的这些言行尽管是无心的，却会让早期成长过程是被全家人包围着的大宝难以接受。孩子早期接受到的以自我为中心的养育，让他们缺少分享的习惯和能力，独享大家的爱是他内心的需求和习以为常的权利。当看到大家将关注的中心转移到二宝身上的时候，大宝会有被抛弃的感觉，就会把让自己失去父母爱的责任怪罪到二宝的身上，从而做出一些令家长烦恼的事情。比如：欺负二宝、故意捣乱、重返婴幼儿状态，等等。

三、孩子失去了受重视的感觉，产生委屈、不安和焦躁的情绪

孩子的占有欲是非常强的，他们的敏感度也很高。当感觉自己得到的爱和关注减少了的时候，就会产生不安全感，出现因为一点儿事情就哭闹的状况。

王女士从怀上二胎开始，感觉原来活泼开朗的大宝变了，变得沉默寡言，容易烦躁，爱哭，还不愿意和自己接触。直到有一天通过朋友才知道，孩子内心非常担忧失去妈妈的爱。“妈妈有了弟弟、妹妹，就不会喜欢我了。她整天对着肚子说话，不理我，也不再抱着我，妈妈只喜欢小宝了。”

很多时候，大宝反常的情绪行为是因为没有安全感，害怕自己的爱被剥夺。因此，平衡对两个孩子之间的关爱、引导大宝感受弟弟、妹妹为家庭带来的乐趣，对二胎妈妈而言，是非常重要的事情，需要妈妈从怀孕初期就开始进行引导和影响。

1. 大宝、二宝年龄差别不同，大宝表现也不同。研究表明，如果年龄差别小于18个月，大宝不会嫉妒小宝；相差达到2岁就会出现竞争现象；大宝年龄越大，面对父母生二胎的反应就越激烈。因此，两胎孩子的年龄差最好是在6岁之内。

2. 二胎妈妈可以让大宝一起参加到“备孕”的活动中来，让大宝感觉到自己被重视，是家庭活动中的一员。家长可以给大宝讲解爸爸、妈妈是如何呵护胎儿时候的他的情景，让孩子获得一种新感受；让大宝慢慢感受妈妈肚子的变化，用手感受胎儿胎动的神奇；邀请大宝一起参加为小宝准备物品的活动，憧憬小宝到来后一起玩耍的场景。父母要让大宝懂得，不管什么时候，爸爸、妈妈都会爱他，有了小宝，生活会更有乐趣。这样，大宝自然就会接受小宝的到来了。这种过程不仅仅是孩子感受新生命的过程，更是感受妈妈关怀的过程！

3. 父母要平等对待大宝、二宝，用心关爱，让大宝获得充足的安全体验。父母有二孩后，对大宝的爱不能改变，甚至要让大宝感觉到因为小宝的到来，自己更加被父母关注了。父母在言行上一定要注意，切忌对孩子说让他感觉自己不再被重视的话。要尽量平衡对两个孩子的关爱，平等对待每一个孩子。小一些的孩子是不懂得父母行为的内涵的，也不会体谅父母养育的辛苦，只能直观地凭着自己的感觉来判断事物的好坏。所以，父母一定要客观地满足大宝要求被关注的需求，不要因为大宝大，小宝小，就顾此失彼，说出让大宝照顾小宝的话来。他们都是小孩子，都需要父母的照顾和关爱。只要父母一如既往地关爱大宝，不要让他失望和担忧，大宝会从大人的言行中学会如何去照顾小宝的。

4. 父母要妥善处理两个孩子之间的矛盾。当两个孩子发生矛盾的时候，父母不要偏袒小宝。尤其对有些强势的小宝，父母如果一味护着，对大宝相当不公平，且会增加小宝的嚣张气焰，也会使大宝产生不良情绪，增加两个孩子间的矛盾，甚至会令大宝产生报复性行为，不计后果地欺负小宝。对大宝出现的异常行为，如故意调皮、搞破坏、欺负小宝等，父母应当“以德报怨”，用耐心和温暖的关爱去化解孩子心中的焦躁。父母可以单独和大宝在一起，不要先责怪他，要用拥抱来平复他的情绪，告诉大宝父母没有照顾到他的原因，强调父母并不是不爱他。

在处理两个孩子之间的矛盾时，父母一定要谨记以下三点：一是当两个孩子都哭闹的时候，妈妈要尽量先关注大宝，这非常重要。而大多数人的做法却是照顾小宝，斥责大宝。二是千万不要因为小宝而把大宝送进全托幼儿园或学校、亲戚那里，这样会极大地伤害大宝的心灵。三是夫妻俩或家人千万不要分化对两个孩子的爱。许多夫妻由于两人的感情问题会跟孩子“拉帮结派”，我曾遇到过这种现象特别明显的一对夫妻。两人用对两个孩子不同的宠爱行为来发泄对对方的不满和愤恨，你对大宝不好，烦他，我偏偏对他好；你对小宝好，我偏偏对他不好。这种情况令我非常难过，两个孩子在父母的这种影响下，会彼此“仇视”。还有一对夫妻，有小宝后，在为小宝做任何事情之前，一定要先让大宝尝试。这也是一种非常不妥的做法，会助长大宝的嚣张气焰，不利于两个孩子的情感培养。

四、相敬如宾，和睦亲情

其实，孩子的性情本来就是纯美的，他们彼此之间没有什么深仇大恨。但是，如果父母处理不当的话，就会影响两人之间的感情。要想大小宝和睦相处，除了注意上面所说的问题以外，大家还可试试以下的办法：

1.从母亲怀二胎开始，父母就要跟孩子一起憧憬未来的四人生活，给孩子一个美好的期待。父母要用自己关爱的言行，给大宝种上“每个人都是家庭中的一员，都有关爱别人和被关爱的权利，大家要相互尊重”的意识。

2.小宝出生前后（尤其是前一个月和后三个月），爸爸要对大宝投入更多关注，要多带孩子外出游玩，让妻子有机会休息和照顾小宝，这也可以给孩子一个缓冲适应期，避免让大宝过多看到妈妈悉心照顾小宝的情景，以免对大宝产生不良影响。当大宝、小宝都在妈妈身边的时候，妈妈也不要过度关注小宝，要尽量多地与大宝聊天或拥抱抚慰。

3.妈妈或爸爸最好每天抽出一定的时间，分别单独陪伴大宝或小宝，而且是轮流着来。父母要尽量延续以前对大宝的关爱行为，不要让大宝觉得父母有二宝后对自己疏离了。

4.在保证安全的前提下，尽量创造两个孩子单独相处的机会。引导他们团结一致，相互关心，相互配合。一定注意不要太明显地提醒大宝要照顾小宝，他们都是孩子，需要彼此照顾、支持和关爱。否则会造成大宝过度付出、强势，而小宝则惯于接受、跋扈。

小陶红曾演过一部电视剧，她饰演一对双胞胎，姐姐比妹妹早出生1分钟。爸妈经常告诉姐姐："你是姐姐，要照顾好妹妹。"在日常行为上爸妈也是经常不顾姐姐而去照顾妹妹，还让姐姐干许多事情。因此，姐姐养成了忍耐贤淑、操心能干的性格，而妹妹则养成了娇气享受、没有责任心、爱惹是生非的秉性。后来父母都去世了，姐姐仍然事事为妹妹操心。在帮妹妹处理完一件事情后，姐姐伤心地说："我只是比你早出生1分钟，如果你是姐姐，我是妹妹，你会怎样做？"

这些镜头和话语真是记忆深刻啊！这也告诉我们一个道理：父母怎样影响，孩子就怎样成长。不管孩子行为表现如何，只是一种暂时的状态，需要父母去引导和影响孩子，让他学会分辨是非、对错。当孩子得到正确的引导，并感觉到自己被尊重、被理解和被关爱的时候，他们会做得比我们想象的还要好！

而做到这一切的基础就是父母要科学育子！

阳光雨露

变化是永恒的，父母的养育思维和行为也要不断地变化调整，不要当孩子已经出现"状况"的时候，再去寻找对策。这种"滞后养育"的观点不能有。若父母面临养育双生子女的问题，一定要及早妥善地处理。新一代有知识的父母们，再莫将更多的养育遗憾留给孩子，莫将那伤感留给我们！

理念·创新

阳光三解：家庭教育文化传播事业

——阳光系列活动解读

当今中国的家庭教育带有强迫性和紧迫性。为使孩子长大后有好的发展，“有意识的家庭教育”成为家长唯一的选择。阳光就是要与有意识地进行家庭教育的家长成为朋友，一起传播科学的家庭教育知识，让更多父母成为“有养育能力的父母”。经过大家的努力，给孩子提供一个和乐、顺畅的成长环境，让孩子获得身心的健康发展。同时，我们也获得和乐顺畅的未来好时光。到那一刻，我们就真的幸福啦！

不过，这绝不是一个人或几个人就能做到的事情，需要大家携起手来，需要集体的热情与力量！

想当初，我初为人母，行走在养育道路上，多么期待有知心好友的陪伴，有懂养育知识的人的指导，给我支持、鼓励和帮助。我很幸运，当年我有一本让我受益匪浅的书和一位善解人意的爱人！

回首当年，我将那份心情写在我的文字中。我期待着成为新时代养育人的益友，一起陪伴着孩子从活泼小婴儿到懵懂少年，再陪他们走过火热的青年时光，那该是多么幸福的事情！

愿我们用温柔的坚持，从容地陪着孩子慢慢走。愿我们借助文字，用心灵感受彼此，交流思想。愿我们用今天的阅读、思考换取明天的美好。我会用心灵感知您养育的心情，用微笑传递我大爱的情怀！

谁都爱孩子，谁都是慈父良母，只要我们负责地走进“真正的家教殿堂”，一切的一切，都将会不一样！这里会有灿烂的微笑，融化你心中的烦恼与焦躁；这里会有温暖的话语，支撑你理想的憧憬和美好。

在“阳光妈妈家庭教育会客厅”里，让阳光一起陪伴着你慢慢前行……

让我们跨越时空的阻隔，通过网络连接在一起！

让我们通过会员交流互学、自学，达到自省、自创、自说、自著、自教的境界！

让我们成为“阳光妈妈”交流学习会员，为了孩子成长自己，成就自己！

让我们一起参与到“读万卷书悟成长之理，行万里路传养育之道——阳光传播·调研家庭教育百城万园乡村行”活动中来，成为传播科学家庭教育知识的“阳光信使”。

阳光雨露

谁都不是圣人，谁也不是全才，不懂得、不知道是最正常不过的事情。谁都不是傻瓜，谁也不是呆子，不明白、不会做只因没有接触过、没有学习过。谁都是睿智的，谁都是聪明的，只要静心、思考，一定会有新发现。

阅读·体会

阳光四论：家庭教育指导概论

——家庭教育指导师之路

我知道，自从决定走上家庭教育指导这条路开始，我就与责任有了不解之缘。责任是什么？是一种担当和义务，是一种发自内心的大爱！

家庭教育指导这条路是一条艰辛的未知之路，可我的内心却一直充满着冬日阳光暖暖的味道，我看到的雪是唯美的，感受的寒风是清爽的，就连那灰蒙蒙的雾霾也似乎有一种朦胧的浪漫，是那样美妙。也许，这就是积极心态的作用吧！记得几年前从北京学习回来，归零的状态让我内心真正落了地，开始脚踏实地地思考未来的走向。

新时期的特殊政策，给家庭生活和环境带来了新的特点，也给家庭教育带来了新的课题。年轻父母们拥有了更多新颖的思维和对生活的憧憬，拥有更好的养育子女的条件。如何在知识更新飞速的时代，在父母对子女的期待越来越高的时代，始终保持着家庭教育引导者的地位，是我不断思考的问题。

任何行业都有属于自己的“道”，这种“道”就是规律和方法。如果违背了行业规律，就会受到惩罚。作为家教指导者，也有应该遵循的行业规律。

家庭教育指导是一种新兴职业，许多人不了解，都在猜测这项工作究竟是做什么的。经常会遇到家长说：“我把孩子交给你，你帮我教育吧，只要成绩上去就行！”而我总是回答：“不，绝不是，指导孩子课业学习那是学校老师的事情。

而我的身份，就像《家庭教育指导师培训教材》中定义的那样，是运用科学的理论和方法，从事家庭教育知识传授、问题咨询、信息服务、活动组织等专业指导的人员。简要地说，家庭教育指导师是能以科学的方法帮助父母做好家庭教育的专业工作者。”一个是教育孩子，一个是影响家长，这是完全不同的性质。一个是孩子学习，一个是家长学习，这有本质的区别。

家庭教育指导是一个充满新奇的职业，是随着社会的发展而产生的一个新鲜事物。是一种绿色的职业、高尚的职业、给诸多家庭带去福祉的职业。当我们通过学习成为一名优秀家长的时候，我们心中会不自觉地产生一种与以往截然不同的感受，那就是要去帮助更多的父母拥有优秀的养育能力，帮助更多的孩子健康快乐地成就自己，这也许就是人们常说的使命感吧，是一种很神圣的感觉！

家庭教育指导是一个充满责任的职业，影响的不仅仅是家长，更有孩子，甚至是子子孙孙，是一件关乎民族大业的事情。为此，国家教育部在 2015 年 10 月 11 日颁布了《加强家庭教育工作指导意见》。在意见中明确地为加快形成家庭教育社会支持网络提出了 3 点意见，包括推动建立街道、社区（村）家庭教育指导机构，单位利用各类社会资源开展家庭教育指导和实践活动，指导、支持、监督家庭切实履行家庭教育职责等。这是为深入贯彻党的十八大和十八届三中、四中全会精神以及习近平总书记系列重要讲话精神，落实教育规划纲要，积极发挥家庭教育在少年儿童成长过程中的重要作用，促进学生健康成长和全面发展而研究颁布的积极有力的措施。这些措施的颁布也给家庭教育工作带来了新的契机和良好的发展环境，更传递给我们一个信息——**社会需要优秀的家庭教育工作者。**

家庭教育指导是一个充满挑战的职业，要想成为一名优秀的家庭教育指导师，必须拥有优秀的综合能力、亲和力、高尚的道德水准，具有非凡的使命感和责任感，同时还要是一位合格的家长。

经历过就会有感受，当我们自己成为合格的家长、培养出优秀的孩子的时候，我们自身的实践经验和思维境界都会是与众不同的，这也就自然地成为一种能力，一种可以供他人借鉴、能给予他人帮助和支持的能力！这是只有专业理论知识、没有实践经验的人不能企及的。就像孙云晓老师说的那样："家庭教育指导师需要掌握科学的理论，没有科学的理论就没有科学的方法。但是，家庭教育的本质特点是实践，再伟大的理论也需要化为可操作的具体方法才会行之有效。因此，必须具有将科学的理论提炼为科学的方法的本领，才能胜任家庭教育指导师的职业要求。"家庭教育指导事业任重而道远，欢迎有志之士加入我们，一起学习，一起改变，为了孩子的美好明天共同努力！

阳光雨露

我曾经说过："假如我们当师傅（父母）的都不知道怎么做，做什么，我们如何去教徒弟（孩子）？徒弟跟着师傅学什么？"作为家庭教育工作者也是如此，自己养育孩子是一回事，指导家长养育孩子又是另一回事，这需要专业的知识、熟练的操作技巧，还要有博爱和使命感！只要心中有爱，天下的孩子都是你的孩子，你是他们需要的爱的使者——阳光妈妈！

事业·发展

爱的乐章

博爱

——爱心人士的真情告白

这是一群有能力的人,他们在自己的领域里都是佼佼者!

这是一群有大爱的人,他们在自己的岗位上默默地为孩子们奉献着!

这是一群有使命的人,他们一如既往地为家庭教育事业奉献自己的一切!

正如赵忠心老师说的那样:“许身家教,孜孜耕耘!”

感谢他们的奉献!感恩他们的付出!

谢谢大家！我给大家敬个礼！

“根深”方能“叶茂”

北京师范大学教授　赵忠心

一些年轻父母们见到我，常常询问这样一些问题：“小孩子什么时候识字、学算术、学外语好呢？”“什么时候上兴趣班合适呢？”等等。而其他的问题，却很少涉及。

好像早期教育的主要内容和任务就是学习知识和发展特长。给我的感觉是，许多家长对早期教育内容和任务的理解，似乎太片面、太狭窄、太肤浅了。

根基牢固才会蓬勃发展

我们知道，早期教育是孩子一生发展的奠基工程，属于基础教育。何谓“基础”？“基础者，事物发展的根本或起点也。”人们常说“根深叶茂”或“根深枝茂”。意思是树木的根扎得深，树才能生机勃勃，枝繁叶茂。比喻根基牢固，就会蓬勃发展。

这就像是建筑物的“跟脚”，要是盖平房，跟脚可以挖得浅一些、窄一些；而要是盖高楼大厦，跟脚就要挖得很深、很宽。这样，跟脚就很坚实，高楼大厦才更加稳固。如果盖高楼大厦挖的跟脚也跟盖平房一样浅、一样窄，“头重脚轻根底浅”，高楼大厦肯定盖不起来；即便强行盖起来了，也会成为“危楼”。

早期教育的基础打得是否坚实、牢固，影响甚至决定以后能不能充分发展、发展到多高的水平。孩子发展“跟脚”太浅，不坚实，不牢固，就会缺乏发展、提高的后劲，发展水平就要受到很大的限制，不可能有长足的发展。发展的跟脚打得深，坚实且牢固，就会具有足够的发展后劲，就会获得长足的发展。

一个人一生中的发展过程中，要受到许多不可预测的因素的影响和制约，究竟最后朝哪个方向发展，是很难预知的。如果基础打得过于狭窄，不仅将来的发展水平会受到很大的制约，就是发展方向的选择也要受到很大的限制。把基础打得尽量宽泛一些，孩子将来的发展前途就会更加广泛，可以有更多选择，成功的机会自然也就更多一些。

像汉字、外语、古诗等基础知识的学习和特长的发展，固然是重要的，但不是早期教育唯一的任务，也不是早期教育最重要的内容。除此以外，还有更为重要的打基础的教育内容。

诺贝尔奖获得者说“人生最重要的东西是在幼儿园获得的”

1978年，75位诺贝尔奖获得者在法国首都巴黎聚会。人们对于诺贝尔奖获得者非常崇敬，很想知道他们是如何取得这样高的成就的。有个记者问其中一位：

“先生，请问在您的一生里，您认为最重要的东西是在哪所大学、哪所实验室里学到的？”

很显然，记者说的“最重要的东西”是跟“获得诺贝尔奖”这件事有直接关系的。这位白发苍苍的诺贝尔奖获得者平静地回答：

“是在幼儿园。”

记者感到非常惊奇，又问道：“为什么是在幼儿园呢？”

那位诺贝尔奖获得者微笑着回答：

“在幼儿园里，我学会了很多很多。比如：把自己的东西分一半给小伙伴们；不是自己的东西不要拿；东西要放整齐；饭前要洗手；午饭后要休息；做错了事要表示歉意；学习要多思考，要仔细观察大自然。我认为，我学到的全部东西就是这些。”

所有在场的人对这位诺贝尔奖获得者的回答，报以热烈的掌声。为什么会报以“热烈的掌声”？这充分表明他的回答，得到了在场的所有诺贝尔奖获得者的认同。

在常人看来，一个人在科学研究中取得令世人瞩目的成就，必定是在某一所著名的大学、著名的实验室，有幸遇到了有关专业的知名老师，从而学到了别人没有学到的专业知识和技能。然而，那位诺贝尔奖获得者却“答非所问”。他认为，“最重要的东西”不是在大学或实验室里学到的，而是在幼儿园里学到的；终生所学到的“最重要的东西”，并不是读书、识字之类，而是幼儿园老师教给他们的多方面的良好品德和行为习惯。

这位诺贝尔奖获得者的回答，很令人回味。

在我的印象中，科学家是最讲究实事求是的，不会用假话“忽悠”人。我深信这位白发苍苍的科学家的话，是经过深思熟虑的。他虽然是不假思索地脱口而出，但绝不是轻率的，这是大多数科学家的切身体会。

从这位科学家的回答中，我们可以得到这样两个启示：一是早期教育是奠基工程，对一生的发展都会有影响。基础打得好，会终生受益。二是早期教育不只是学习知识，重要的是养成多方面的良好思想品德和行为习惯。这些东西，表面看来，似乎跟掌握知识、做学问没有什么直接的关系；其实，关系十分密切。

3岁以前儿童主要是通过自身经验学习

近些年来，“0～3岁之间是婴幼儿智能开发的最关键时期”的说法流传很广，为许多年轻父母深信不疑。其实，儿童智力开发并非越早越好，对于他们的指导教育一定要顺从他们身心发育的规律。

美国教育学教授约翰·布鲁埃尔及智利儿童神经学家阿曼达·塞斯佩德斯对此问题持有相同的观点，他们认为这种说法是片面的，对3岁以下孩子智力所进行的不恰当的开发不利于他们的成长，养育者应在掌握了认知心理学和教育心理学基础的情况下，采用适合孩子年龄的施教方式来进行训练和教育。

布鲁埃尔说，尽管神经科学已经证实，人的脑神经细胞在生命的前三年是发展的关键时期，是人类智能决定因素的树突连接网络形成的重要时期，但这并不能保证此阶段的学习更有效果。有些现象告诉我们，年龄稍大且有些经验的孩子学得更快。布鲁埃尔还说，家长不要为了"不让孩子输在起跑线上"而盲目地选择所谓的益智产品，不科学地、过度地开发孩子的智力。对3岁以下的孩子来说，最好的养育就是在家庭中、在日常环境里接受的启蒙影响。

而阿曼达·塞斯佩德斯指出，3岁之前的儿童应通过参与日常活动所获得的自身经验进行学习，以便达到发展基本能力的目的。这些活动包括玩水、玩沙、跑跳、爬山、和小朋友玩游戏，等等。

早期教育之谈

首都师范大学教育学院心理学系副教授　李文道

早期教育无疑具有极其重要的价值。

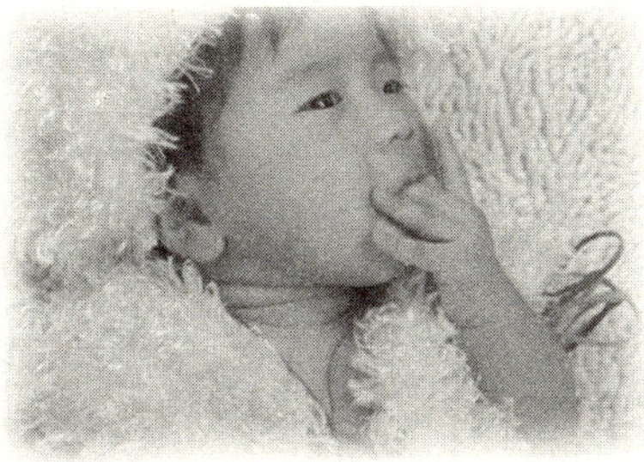

诺贝尔经济学奖获得者詹姆士·海克曼教授研究表明：早期教育特别重要，尤其是1～5岁的教育尤为重要。早期对处境不利的儿童，每天提供半天的公共早教服务，将来一年的收益是48000美元。从投资收益的视角来看，早期教育每1美元的（教育）投入将来可以获得7美元的（能力）回报，投资回报率可谓极其之高。

幼儿教育的关键是什么呢？是知识的学习？还是人格的养成？还是……

詹姆士·海克曼教授的答案是认知技能和品格，品格包括注意力、动机、自我控制和社会适应能力。

在幼儿阶段，基本的认知技能的获得是重要的，幼儿阶段是个体感知觉及言语发展的关键期，丰富的各种刺激对幼儿的认知发展至关重要。

在幼儿阶段，人格养成同样重要。北京师范大学心理学教授陈会昌对北京200名孩子进行了近20年的追踪研究后提出了人格培养的“两颗种子”理论：既要关注孩子主动性的培养，又要关注孩子自制力的培养。

在幼儿阶段，不管是家庭教育还是幼儿园教育，要把握好的教育关键点有两个：一是认知技能的培养；二是人格的养成。这正如鸟有双翼、车有双轮，两者缺一不可，不可偏废。在这个过度重视幼儿识字算术这些认知技能的培养的今天，人格的养成尤为重要。教育的最终目标不是培养学习机器，而是培养一个又一个具体而微的人。

我经常在演讲中给家长讲一个概念——培养健全人格是家庭教育的根本，是家庭教育的核心内容，它体现在家长对孩子爱心、信心、责任感、自制力、抗挫折能力等诸多方面的培养。如果一个人没有“做人”这个根本理念和能力，一切都是浮云。这是在我成长过程中，父母通过自身言行给予我的最深厚的爱和教育。他们都是普通人，却用自己最朴实的言行，用这份优秀的“爱的力量”，一直陪伴着我人生前进的道路！

来自学校的声音

做教练型爸爸，培育阳光儿童

红黄蓝儿童教育机构亲子教研部总监　王晶

随着真人秀节目《爸爸去哪儿》的热播，人们也逐渐开始探讨现代家庭中、家庭教育中爸爸的作用。如何做一个好爸爸？好爸爸有标准吗？自己的做法是对是错？怎样做才对孩子未来的发展最有益？为了孩子，爸爸们需要找到差距，全力以赴，调整自我，提升成长。

一个家庭好比一支球队，对照一下现实生活，爸爸们来看看自己在这支球队中扮演了一个什么样的角色？

案例一：我的孩子1岁多了，我老婆和我妈嫌我笨手笨脚、常帮倒忙，什么都不让我干。尤其上次，我看孩子的时候不小心让孩子从床上掉了下来，结果我彻底被罚下场了。有时候看着她们忙前忙后，我一个人一边看电视一边想，做爸爸的到底该干什么啊？

板凳队员型爸爸——这种爸爸由于初出茅庐、笨手笨脚，不被家人信任，在家庭中被不经意地边缘化，常常游离在孩子的视野之外。只有在其他人忙不过来时，才偶尔搭把手。看着日益长大、问题越来越多的宝宝，自己想“发力”但也感觉力不从心、无从下手，逐渐淡出教养团队的圈子，甘当一个旁观者，最多就是当个司机、搬搬童车、别人抱不动孩子时出出力气。长久下去，父子就好像最熟悉的陌生人，缺少共同的话题。

案例二：在家里，只有我能镇得住孩子，我一板起脸来，孩子立马变得规规矩矩。“子不教，父之过。”他妈根本搞不定孩子，长辈都太娇惯孩子，家里总得有一个人唱白脸，那就我来吧。

裁判型爸爸——这种爸爸在家里很有权威感，对孩子比较严厉，经常严格控制和管教孩子，甚至惩罚孩子。孩子会感到害怕、焦虑，在爸爸面前谨小慎微、唯唯诺诺；或者学会看脸色，在爸爸面前装乖，在爸爸不在家时继续我行我素；也有的孩子个性强，会反抗爸爸。这样的父子要么像猫和老鼠，要么像两只总在顶撞的公牛，没有和平共处的时候。

案例三：我的父母很严厉，对我有各种各样的限制，所以我立志做一个开明的爸爸。我对孩子比老婆还有耐心，从来不对孩子发脾气。我每天都和孩子聊天，如果出差就给孩子打电话，让孩子听到我的声音，我还经常给孩子买各种玩具和礼物。当有人问他“你喜欢爸爸还是妈妈?”他回答说“喜欢爸爸”时，我还真有点小得意。

随队保健医型爸爸——这种爸爸矫枉过正，比妈妈还慈爱，舍不得让孩子受一点儿委屈。由于爸爸是家庭收入的主要贡献者，对金钱的支配权更大，所以对孩子有求必应，甚至超前、超量地给予满足。这样的父子一般关系融洽，但因为爸爸很少对孩子提出规矩和要求，所以孩子对爸爸很随意，缺少服从。

案例四：我工作非常忙，回到家时，孩子一般已经睡了。外出时也会给孩子打电话，但孩子太小，也说不上什么。现在孩子 1 岁多了，会叫“妈妈”“奶奶”，却不会叫“爸爸”，看见我就像看见陌生人一样，也不愿意让我抱。

伪球迷型爸爸——这种爸爸工作繁忙，行踪飘忽不定，很少陪伴在孩子身边，喜欢的时候对孩子又搂又抱，忙起来时对孩子无暇顾及，忽冷忽热，让孩子无法捉摸和预测。孩子会感到陌生、害怕，和爸爸保持距离，甚至回避爸爸。这种爸爸好像对孩子充满兴趣，但一点儿都不懂孩子，就像伪球迷一样，不懂得球赛的规则，只是跟着瞎叫好。这样的父子就像两条平行线，生活基本没有相交点。

教练型爸爸才是好爸爸

虽然爸爸不如妈妈细腻、周到，照顾孩子的时间不如妈妈那么多，但是由于父母在性格、体力、能力方面都存在差异，因此爸爸相比妈妈具有不可替代的优势。爸爸们更大胆、强壮，喜欢寻求新鲜刺激、探究新事物，运动水平、动手操作能力、创造力更强，会花更多的时间和孩子玩。父子进行的游戏活动要比母子进行的游戏活动更有趣、刺激、新鲜，运动量更大。

对孩子来说，好爸爸就是教练型的爸爸。像教练员对待球员那样，教练型爸爸会花很多时间和孩子在一起，充分了解孩子的性格、兴趣、优势和不足，尊重孩子的独特性，为孩子提供个性化的教养方案，不断发掘孩子的潜能，引领孩子不断超越自己，达到更高水平，并欣然接受孩子已经或终将超越自己的事实。当发现具体问题时，教练型爸爸不是简单地批评、训斥、惩罚，而是给予孩子支持、鼓励和具体的方法指导。

爸爸对儿童发展的重要影响

真正的好爸爸未必挣钱多、官很大，而是能花时间陪伴孩子，能和孩子共同成长，与孩子形成亲密的关系，能让孩子了解到男性独特的、优秀的特质。这样的爸爸才能为孩子的身心发展带来积极影响。

一、提高智商

和爸爸交往多的孩子智商高，这一点在男孩身上表现得更加明显。而早年失去父亲的孩子，其数学成绩和数学能力都不如正常儿童，父亲离开得越早，这种影响越大。

二、发展情商

能从父亲那里获得安全感的儿童在童年期和青春期有更好的情绪自我调控能力和与同伴交往的社会能力，更少出现问题行为和犯罪行为。而早年失去父亲的孩子，成年以后较难和他人保持良好的关系，自我评价较低，对自己和周围的环境感到不满意，对自己未来学习和事业上的成功缺乏信心。

三、促进性别意识发展

曾有位妈妈向我咨询，说儿子 5 岁了还不会站着小便。我问她，您的儿子见过他爸爸站着小便吗？这位妈妈的眼泪立刻落了下来，说："我和他爸爸早就离婚了，儿子是我和他姥姥一手带大的。"父亲为男孩提供了可供模仿和学习的男性角色。失去父亲，尤其是 5 岁前失去父亲的男孩常表现出过于女性化的行为。这些男孩在少年后期又会表现出过度男性化的倾向，如争强好斗、攻击性强，好像是为了抵御自身"缺乏男子气"的感觉一样。

四、影响孩子未来的婚恋

在 5 岁前失去父亲的女孩，到了青春期更容易感觉与异性交往困难，她们在异性面前更容易表现出焦虑、羞怯和无所适从。在成年后，更容易拒绝做妻子或母亲，在夫妻关系方面也容易出现问题。

教你如何做教练型爸爸

一、给板凳队员型爸爸的建议

爱孩子就从与孩子建立亲密关系开始。1 岁以前是孩子与父母及其他抚养人形成亲密关系的重要时期，1 岁半左右，孩子能和多个人形成亲密关系。爸爸们要把握好这个时间段，积极加入到与孩子交往的过程中。

如果新手爸爸不知道该做些什么，那就从玩入手吧。亲吻孩子、抱着孩子四处看、和孩子一起爬、逗孩子发笑、玩"举高高"、玩"荡悠悠"……孩子玩得越开心，与爸爸的心灵挨得就越近。

二、给裁判型爸爸的建议

严父角色符合传统文化中“严父慈母”的固有模式，管教孩子、让孩子成才固然重要，但管教不应该以破坏亲密关系为代价。没有亲密的亲子关系，管教对于孩子来说就是冰冷的指责、威胁和惩罚。不要妄想孩子长大了会理解您的苦心，药家鑫、少年暴力犯罪的例子一再提醒父母们：冷酷的管教要么让孩子懦弱、畏缩、害怕犯错、掩饰错误，要么让孩子奋起反抗、逃离家庭。

管教孩子要注意方式方法。提出的要求要明确、具体，爸爸自己也能做到；符合孩子的实际水平，力所能及；对孩子的行为表现有明确回应，符合要求就表扬，不符合要求就严肃提醒，而不是凭自己的心情，高兴时怎样都行，不高兴时怎样都不行；给孩子一定的时间去适应，允许他偶尔出现反复。

三、给随队保健医型爸爸的建议

爱孩子不等于骄纵孩子。真正的爱和骄纵的区别在于：后者为孩子编织了一个脱离现实的“理想国”，在这个“理想国”里，没有规则和界限，孩子可以随心所欲、心想事成。在骄纵中长大的孩子表面上自信、有主意，其实不然，因为当他们走出家门、走进社会时，会因为自己的没有规矩、以自我为中心而四处碰壁，无法获得他人的尊重与接纳。这是在害孩子。

爱孩子和管孩子不矛盾，因为爱的是孩子这个人，管的是孩子表现出的不当行为，好爸爸不会因为孩子犯错了就收回自己的爱。孩子被管时也许会暂时不快，但请相信孩子，他们有一颗善良的心，也想成为一个受欢迎的人，只是暂时不知道该怎样做，因此他们需要父母的耐心引导。

四、给伪球迷型爸爸的建议

热爱工作，负责进取，并从中获得成就感，这没有错，这样的爸爸也为孩子树立了积极正向的职业人生榜样。但是，一旦错过孩子不可逆的生长期，您和孩子的记忆中将缺失一大块父子温馨共处的时光，父子之间感情淡漠而疏离，并且无法挽回。有句话很有道理：“当老去时回想当年，曾经的辉煌固然让我们高兴，但子女体贴的关心更让我们安心。”

伪球迷型爸爸需要多了解早教知识，深入了解自己孩子的特点和发展水平，事半功倍、有的放矢地实施个性化教育。教育孩子仅凭一时的热度是远远不够的，需要细致深入、持之以恒地影响孩子。请把孩子纳入日程表，像维护一个重要客户那样去维系父子关系，关心孩子的近况，熟悉孩子的变化，培养共同的兴趣，从兴趣点入手开展交往。如果相伴的时间不多，那就利用现代科技手段和孩子远程交流吧；如果陪伴的次数有限，那就想办法提高陪伴的质量吧！

上小学，你准备好了吗？

山东大学第二附属小学书记　汪静

“不让孩子输在起跑线上”早已作为一个伪命题，被批得体无完肤。不去争论分析这句话，它自有它的偏颇，但也不是一无借鉴。就像体育运动前需要做准备活动、开动汽车前要预热发动机一样，上学需要准备，这是毋庸置疑的。经常可以听到或看到，为备战上小学，有的家长给学龄前的孩子报名参加各种班，学拼音、识汉字、练书写、做口算……幼小衔接班异常火爆，家长付出昂贵的学费，换来内心的“踏实”，认为孩子已做好充分准备，以迎接小学生活的到来。可是当孩子上了学，突然又感到困惑不已：为什么孩子已经具备了很大的识字量，数学心算水平已经很高，但是成绩却不理想呢？在学校为什么状况不断呢？看别人家的孩子轻轻松松，自己的孩子却手忙脚乱，为什么别人家的孩子那么让人省心呢？其实，没有省心的孩子，别人家的孩子省的都是你的心！关键的问题是，我们操心操得对不对，到底该操哪些心，该做哪些准备。

一、引导孩子做好角色的转换

从幼儿园到小学，5 岁到 6 岁，对孩子而言不仅仅是一个上学地点的转换、年龄数值的增加那么简单。孩子的角色发生了变换，学习形式发生了变化，关键的是社会对他们的要求也发生了变化。在入学前，应该提前做好引导。引导得当，孩子适应得就快，但是有的家长却把引导变成了“恐吓”。比如：我们经常听到家长聚在一起议论——“某某小学怎样怎样，这个小学好，作业少；那个小学不行，作业多，老师凶……”“上学前带孩子到哪儿旅游去？赶紧带孩子玩玩吧，上了学就上了套，可就没这么自由了。”“别闹了，你再捣蛋我告诉你老师。”“你这孩子太不听话了，等着让老师治你吧。”

这些话语，给孩子们传达的是一种怎样的信息呢？上学是一件痛苦的事儿，老师是可怕的，都是大灰狼。上学有人管，得写作业，不自由……满满都是负能量。这些言语无疑就是对孩子的恐吓！进入一个全新的、陌生的环境，孩子本能地就会紧张；听了这样的话语，孩子对上学就又多了一份恐惧。

也有的家长做得特别好，和孩子一起憧憬小学的生活，和孩子一起兴致勃勃地准备各种学习用品，和孩子一起熟悉校园周边的环境，使孩子对即将开启的小学生活充满向往与期待。有一个特别好的例子：子正的妈妈在孩子即将到学校报到的前一天，邀请孩子的伯父一家一起到奶奶家开了一次家庭会议，妈妈主持会议。开始，妈妈认真地说：“今天我们家召开一次家庭会议，因为我们家有一件大喜事儿，子正要上小学了！这对我们的家庭来说，是一件大事儿。对子正来说，是他真正走向社会，成为男子汉的开始。为了能让子正有一个好的开端，也为了记录我们家庭的神圣时刻，我们召开了这次家庭会议。爸爸要负责做好会议记录，我们每个人都给子正讲几句话好吗?”接着，爷爷、奶奶、伯父、伯母、堂哥、堂姐、爸爸、妈妈都发了言。爷爷说：“我们老周家的儿孙，都得是好样的，子正也不例外，一定会是一个优秀的学生!”奶奶说：“上学要多喝水，注意安全，遇到困难找老师帮助。”……隆重的仪式、家人的话语让孩子觉得神圣而又庄严，激发了孩子对成为一名小学生的向往，让子正信心十足。事实证明，这个孩子对小学生活特别适应。

二、帮助孩子喜欢上老师，喜欢上学校

孩子一生是否会热爱学习并由此成为一个什么样的人，可能和他最初是否热爱学校、是否喜欢老师密切相关。入学前家长不妨和孩子一起探讨一些话题，了解学校的基本情况，比如：小学怎样上课、怎样活动、和幼儿园有什么不同，等等。有条件的话，最好能和孩子一起到小学去“实习”一下，看看教室，认认厕所，熟悉一下操场，用充满期待的语言描述快乐的课堂，憧憬即将到来的校园生活。

学校里有一个非常重要的人物，那就是老师。学校就是孩子的社会，除了家人，另外与孩子朝夕相处的人就是“老师”，老师是孩子生命中很重要的人。在上学前，父母可以跟孩子围绕“老师”探讨一系列的话题，比如老师是干什么的？老师是引导学生成长的，是教学生学习知识的，老师会讲故事，会做游戏，是学生学校里的妈妈……在孩子的心目中初步树立起老师的权威形象。要知道，低年级的孩子，学习的最大动力是获得“老师”“家长”等权威人士的好评。那老师喜欢什么样的孩子呢？在继续和孩子探讨的过程中就暗示了上学后应遵守的规范。

三、培养几个能力

每个家长都期待孩子走进学校后会成为一个会学习的学生。要实现这一目标，有几个能力是必须要培养好的。

1.听、说的能力

孩子只要生理健康，听、说不就是基本能力吗？还需要培养？当然需要，因为这里的“听”指听明白，听清楚；“说”指说具体，说完整。

上学了，有的家长发现，老师怎么说我的孩子不会听讲呢？殊不知，不听讲的习惯其实早已养成。在家庭中，一家面对的是一个孩子，他自然成为家庭生活的中心。在家里，经常有这样的现象：孩子玩着玩具、做着游戏，家长追在屁股后面跟孩子说话，孩子心不在焉地回应，这就是孩子养成不听讲习惯的一个重要原因。与孩子交流，要教给他们基本的交流礼仪，比如：看着对方的眼睛、听对方把话说完。养成了习惯，在课堂上自然就知道听讲眼睛盯着老师了。

关于说话，有两种现象特别突出：一是说话不完整；二是争夺话语权。低年级的课堂上，这种现象特别普遍。为什么会说话不完整呢？因为家长太“聪明”。在家庭中，我们太了解、太熟悉我们的孩子了，孩子说一个“水”就知道他渴了，甚至一个眼神家长就明白他想干啥了。他没必要把句子说完，就能得到自己想要的东西，就能完成交流。所谓争夺话语权，就是“我”有话想说就说，不管是不是老师在讲课，同学在回答，想说的话是不是与课堂的内容相关。比如：老师在讲课，有的孩子高高地举着小手，上下摆动左右摇晃，老师你不叫我，我就不放下，甚至干脆直接打断，站起来就讲。而说的内容呢？与课堂毫不相干。因为在家庭中，他可能已经养成了“我想说话就得说，我说话的时候你们都得听着，至于你们说什么不重要”的习惯。

现在的学生，大多数善于说不善于听的习惯就是这样养成的。在家庭中，一言一行都是教育，好习惯都是在点滴的小事儿中养成的，当然坏习惯亦然。

2.会正确表达情感的能力

每个孩子都是家庭的宝贝。上了学一个班四五十人，小朋友们在一起学习，一起玩耍，难免有个磕磕碰碰。老师最不愿当的角色就是“法官”，一到下课告状的孩子一堆。

“老师，他打我。”

“没有，我只是跟他玩。”

这是最常见的，还有的会牵扯到家长。有的调皮男生，家长天天来给人家道歉，即便如此，也难以平息其他家长的怒气。这样的孩子在每个班里都不少见。是孩子们没教养、没规矩、品行恶劣吗？其实不是。在家庭中，孩子其实是很孤独的，他渴望和同伴的玩耍交流，但是他表达情感的方式出现了问题。有的孩子天天盼着和某某玩，可是一见面总是打在一起不欢而散。原本是出于兴奋的拥抱、出于激动的奔跑，由于动作夸张，对方接收到的信息是你过猛的力气、不友好的举止。一个是想表达友好，一个接收到的是欺负。还有的孩子想和别人一起玩，没有商量，没有请求，跑过去就捣乱，捣乱的目的其实是想和大家一起玩。在生活中，可以随时指导孩子，怎样传递友好，怎样表达请求，怎样表示拒绝，怎样照顾女同学，怎样理解男同学……

3.基本的物品整理能力

有的孩子上学后，早上背着整齐的小书包来，不消一会儿，课桌周围“方圆几里”全都成了他的地盘，书、本子、文具盒丢得到处都是。上语文课找不到书，上数学课找不到本，因为每天晚上都是家长在帮助他整理书包。不要做这么勤快的家长，我们应该鼓励孩子做力所能及的事。他们的动作或许很慢，很不协调，花费的时间很多，但是却不可包办代替，这是他必须要学会完成的。培养这个能力，可以从分类整理自己的玩具做起，然后整理自己的图书，整理自己的小床，孩子会越来越熟练，越来越有条理。

四、树立几个意识

1.责任意识

上学是谁的责任？肯定是孩子的。但是生活中家长包办代替的太多：帮着看课程表整理书包，帮着削铅笔，帮着记作业，帮着检查作业，帮着写名字……家长的这种勤快其实是严重的“越俎代庖”。入学前就应该让孩子知道，这是他的责任，是他长大的标志。有的家长担心孩子做不好或者做不了，比如：孩子记不下老师布置的作业怎么办？不会记又该怎么办？其实老师会考虑得很周全，用一些简单的符号、图形让孩子画下来。比如：D3 代表读三遍，○、△也都会有老师和孩子们约定好的意义。另外，老师也会通过班级的 QQ、微信、飞信等与家长沟通，告知注意事项。有的家长处理得很好，知道老师的通知是辅助，是督促。但是有的家长就替代了孩子，认为孩子辛苦 10 分钟记作业根本没意义，看看通知问问同学就都能搞定。结果出现了这样的现象：有的孩子到四五年级了，自己还从不记作业；有的孩子妈妈不下班不写作业，因为妈妈负责传达作业嘛。

生活中有很多办法可以用来培养孩子的责任意识。比如：父母告诉孩子，爸爸、妈妈工作太忙，请求孩子帮忙照顾家里的小猫，中午负责把小猫的午餐放到指定地点；把家中“对外交流”的大事交给他，让他做“外交部长”，平时负责与邻居沟通；桶装水没有了负责打电话要水；邀请亲朋好友聚会；等等。在这些活动中，既锻炼了孩子的表达能力，又树立了孩子的责任意识，还有成就感，一举多得。孩子上学后，明确了学习是自己的事儿、自己的责任，就不会出现忘带书说妈妈忘了给他拿的现象了，也不会出现妈妈不回家就不写作业的现象。

2.规则意识

没有规则一事无成，哪怕是简单的游戏。但是在现实生活中，家庭的规则基本都是以孩子为中心的，所以从孩子懂事以后，耳濡目染的就是以他为中心，他爱吃的随便吃，他爱玩的没人抢，他想说话大家听，他要哭闹全家哄，他当然就形成了以自我为中心的思维意识。可是在集体中,以自我为中心是不可能成立的,所以就有了不遵守集体规则的现象。有的孩子会通过夸张的动作引起老师的注意,有的孩子会大喊大叫发泄自己的不满,有的孩子干脆就用拳头说话。

要培养孩子的规则意识,游戏是最好的办法。与别的孩子一起玩他喜欢的游戏,引导孩子一起商量着建立规则,然后大家一起遵守规则。切不可为了讨孩子开心,一味地让,让孩子赢。久而久之,他会觉得大家让着他是应该的,在玩的过程中他就该占便宜。有了规则意识,再给孩子们讲学校课堂的纪律,他就能比较顺利地适应课堂要求了。

3.自我保护意识

安全是家长最关注的问题。虽然在学校有严格的管理,但并不是没有安全隐患,因此需要让孩子树立安全意识。大多数孩子会记住爸爸、妈妈的电话,但是有的到了三年级也不知道父母的工作单位,说不清楚自己住的小区,知道门牌号的就更少了,其实这些都是孩子应该知道的常识。

校园是人口密集的地方,一下课同学们从各个教室涌出,你会发现一个问题:现在的孩子不会走,抬脚就是“三档”,要是两个碰在一起,轻则摔个跟头,重则摔掉门牙、摔折胳膊,这都是时有发生的。所以下课怎样出教室,怎样观察路况,遇到拥挤的人群怎么办等细节,都应该提前跟孩子嘱咐好。

放学的时候,老师都会把放学队伍送出学校,然后孩子解散找家长。最好在开学初,就和孩子一块儿侦察地形,找一个“接头地点”,约好解散后就去那个地方找家长。这样既神秘好玩又便捷安全,免得家长到处找孩子,孩子到处找家长。至于不跟陌生人走、不吃陌生人的食品等一般家长都会想到、教育到。

五、知识准备

上学就是要学知识的,有的人建议孩子一张白纸上小学,有的人建议提前上衔接班,其实现在根本就没有一张白纸上小学的孩子,衔接班也根本代替不了家长的作用。只要我们生活中用心,就足以做好基本的知识储备了:上下楼梯和孩子一起数数,在马路上看到汽车练习快速读出车牌号,分配零食知道多少与平均的概念,出门活动看时间学习认识钟表,购买东西认识人民币,课外阅读无意识认字……这些都是很好的教育。孩子在玩的过程中不知不觉地完成了知识的储备，这种无痕的教育比衔接班高明得多。

有的家长会感到疑惑：孩子两位数的加减法都不在话下，上学前已经认识几百甚至上千的汉字了，学习怎么就不领先呢？成绩怎么就不理想呢？其实现在的考试，不是过去简单地给出一个题干，直接计算就好了，更多的是给出一个情景，在情景中分析提炼有效信息，然后再做题。可以这么说，过去更重视考查知识，而现在更重视考察能力。所以衔接班替代不了家庭教育，亲子的活动、读书、游戏才是孩子储备知识的最有效途径。

有一种观点认为：我们都上过小学，那时也没人管我们，我们依然长大，过得也不错。但是今天的孩子已不是当年的我们，彼时的经验解决不了今天的问题。“家长”是我们每一个人的职业，而且是终身职业，做一个好家长是我们每一个人的责任。只要我们和孩子积极准备，以科学的方法、积极的态度培养孩子上学的愿望和兴趣，让孩子向往学校的生活，具有积极的情感体验，初步了解小学的学习活动特点和课堂教学规范，对各类学习活动形成好奇心和求知欲，初步养成良好的学习、生活习惯，孩子就一定能够轻松愉快地开启小学生活。

小学期待这样的孩子

南京一中实验学校副校长　刘燕芳

各位学龄前家长，你们一定想了解小学期待招收到怎样的孩子吧！下面我就和大家聊聊这个话题。学校不一样，对学生的要求也不一样；孩子不一样，孩子身上的特点也一定会有不同。不过作为一名小学生，还是需要具备以下基本能力的，无论是哪所小学，都会期待招收到这样的孩子。

一、一个会表达自己和倾听别人的孩子

在0～6岁的发育过程当中，孩子会经历一个飞速的语言发展期。进入小学时，有些孩子的语言能力已经发展得非常好，在课堂上的表达、和同学之间的交往都很顺利。但也有一些孩子在语言能力方面存在问题。

问题之一是表达不清。比如：口齿不清，或者说出来的和想表达的意思不一样。这是什么原因造成的呢？可能是因为家长在平时太迁就孩子，用宝宝语和他说话，或者孩子刚说了半句就自己揣摩出了孩子的意思。时间久了，就形成了爸爸、妈妈和孩子特有的语言，或者爷爷、奶奶和孩子特有的语言，但是在学校里别人却听不懂。

问题之二是不会倾听，或者不停插话。现在很多父母期望自己的孩子能有许多表现的机会，于是对孩子不能认真倾听别人的不良习惯关注不够。日本著名学者佐藤学在他的《静悄悄的革命》一书中说："善于学习的学生通常都是善于倾听的儿童，只爱自己说话不爱倾听别人说话的儿童是不可能学得好的。"其实，孩子的坏习惯往往是在家里养成的，家长在和孩子交往时就要注意，要让孩子学会听别人讲话不插嘴，自己讲话要讲完整。

二、一个有基本自我管理能力的孩子

自我管理能力，也就是自我服务能力，这是一个人最基本的生活技能。培养孩子的生活习惯是养成良好的学习习惯的重要基础。一个孩子学习习惯好不好是和生活习惯密切相关的。我们有些家长不重视生活习惯的培养，把生活习惯和学习习惯剥离开来，其实两者是相通的。比如：如果一个孩子从小养成了整理玩具的好习惯，那么他到了学校里就很容易养成整理书包的好习惯；如果一个孩子在家里生活很有规律，那么这个孩子在学校里就会适应得比较快。家长可以着重培养孩子以下五个生活习惯：①养成正常的生活作息时间；②学会自己穿衣、洗漱；③会用筷子吃饭，并训练孩子进餐的速度和不挑食的习惯；④上厕所的习惯：学会正确的洗手方式，学会使用各式马桶，便后冲水等；⑤节制看电视及游戏的时间。

三、一个有基本交往能力的孩子

对刚上小学的孩子来说，我们所说的人际交往能力包括：你能不能主动去结识新的朋友，愿不愿意去帮助别人等。我们发现90%的孩子是做得到的，但是有10%的孩子会出现交往问题，表现在孩子很孤单，缺少朋友。这种孩子通常都很乖、很听老师的话，但也很被动，从来不主动去交朋友，缺乏必要的交往能力，不利于今后的发展。我们发现这种孩子的家长往往比较强势，喜欢包办代替。我们的建议是：让孩子每天花半小时到小区里去找其他小朋友玩，家长千万不要怕孩子在交往中吃亏，应鼓励孩子慢慢学会和小朋友交往。

做好孩子的第一任老师

山东省实验中学高二级部副主任、班主任　梁光胜

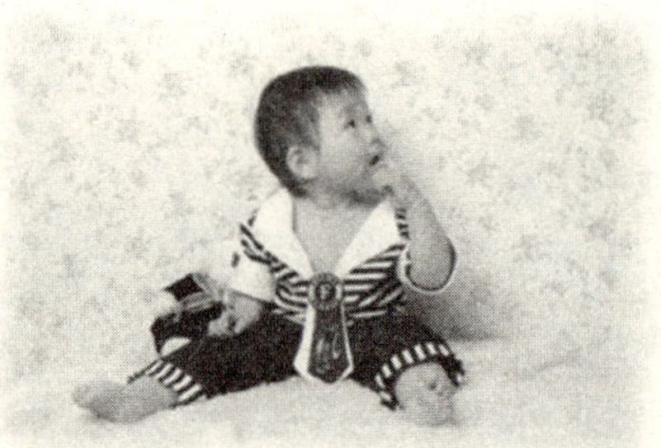

孔子曰："大学之道，在明明德，在亲民，在止于至善。"德育是教育中最古老的话题之一，从《左传》"德，国家之基也"到《论语》"以政为德"，再到新中国成立以来的"德育为先"的教育原则，无不反映着我国对学生道德教育的一贯重视。

父母是孩子的第一任老师和终身榜样，家庭教育是儿童健康成长的基础，是为孩子成长"打底色"的教育，必须高度重视。

我们常常听到有的家长这样跟老师说："孩子全交给您了，您怎么管都行。""孩子交给您我们就彻底放心了。"等等。这些话既表达了家长对教师的信任，同时也暴露了家长没有正确认识自己的角色与职责。家长的教育责任是无法推卸的。从事了多年教育工作的我们都有一个共识：在孩子身上，不论是缺点还是优点，都无一例外地会从父母的身上找到痕迹。就孩子的成长来讲，来自家庭和父母的影响，不仅重要，而且学校无法替代。

人如同瓷器一样，小的时候就形成了他一生的雏形。幼儿时期就好比制造瓷器的黏土，给予什么样的教育就会形成什么样的雏形，所以对孩子的教育必须尽早开始。许多家长由于缺乏良好的教育方法的指导，对孩子的教育感到无助和迷茫，其实大可不必，只要用心，每一个家长都能培养出优秀的孩子。

一、父母要成为孩子的榜样

父母在孩子面前做一个真诚、真实、表里如一的人是最重要的家庭教育原则。父母希望孩子成为什么样的人，自己首先就要成为这样的人。如果发现孩子身上有什么不当行为的话，那么家长首先要检点自身。作为家长，当我们意识到自己是教育者的时候，就要努力发现和挖掘隐藏于每一个生活细节中的教育因素，善于把生活中的小事变成引导和教育孩子学会做人的契机。

案例一：教育的尴尬

一个清洁工人在扫马路，路上走来一个年轻的妈妈。她用手牵着自己的孩子，一边走，一边对孩子说："你长大了可要好好学习，要不就得像她一样整天扫马路。"

[案例分析]

《论语·子路》中有："其身正，不令而行；其身不正，虽令不从。"家庭教育是一切教育的基础，父母是孩子的第一任老师。可想而知，在这种家教环境下，再谈"劳动光荣"就显得苍白无力，学生"高山仰止，景行行止；虽不能至，然心向往之"的崇高心境及老师课堂上的"传道、授业、解惑"瞬间崩塌。莫言用现实和梦幻的融合在其作品中创造了一个令人浮想联翩的感观世界，获得了2012年的诺贝尔文学奖。而我们"梦幻"与现实的教育又使学生获得了什么呢？父母在教育孩子的过程中，往往以"社会人"的角色、"市侩"的心理阐释自己对问题的看法，往往使家庭教育出现偏差，使越来越多的独生子女养成了以自我为中心、蛮横不讲理、缺乏爱心和责任心的不良品质，容易使学生产生心理素质差、看问题偏激化、过分依赖他人、缺乏竞争意识、意志薄弱等问题。爱因斯坦曾对"单纯智育"深以为忧，他说："在我们的教育中，往往只是为着实用和实际的目的，过分强调单纯智育的态度已经直接导致对伦理教育的损害。我想的比较多的还不是技术进步使人类所直接面临的危险，而是'务实'的思想习惯所造成的人类相互体谅的窒息，这些思想习惯好像致命的严霜一样压在人类的关系之上。"爱因斯坦的担忧不正是对我国家庭教育现状的拷问吗？家长会上，我把"教育的尴尬"这一案例以匿名的形式对家长进行了调查问卷，结果显示，有过半数的家长承认在这一问题上曾"不经意"地向自己的孩子传输了负能量。更可怕的是，在和学生交流的时候，学生直言不讳地承认在社会问题的一系列看法上曾出现家长观点和老师观点不一致的两难选择，但最终还是倾向于对父母看法的认同。可见，家庭教育一旦出现偏差，会严重影响到学生思想品德和综合素质的提高。新的社会环境下，家长对学生家庭教育的引导尤为重要，可直接影响学生正确的世界观、人生观、价值观的形成。

二、父母跟在孩子的身后走

> 道德准则，只有当它们被学生自己去追求、获得和亲自体验的时候，只有当它们变成学生独立的个人信念的时候，才能真正成为学生的精神财富。
>
> ——[苏联]苏霍姆林斯基

我们提出“跟在孩子的身后走”，是提醒家长们思考自己的位置：是把孩子紧抱在怀里不放手，还是紧拉着孩子的小手不松开？是在前面给孩子披荆斩棘，趟平障碍，还是让孩子自己去体验，相伴他左右？甘地夫人法则告诉我们：让孩子勇敢面对挫折。我们希望家长站在孩子的背后，让他走自己的路，关键时刻提醒他克服困难，不能包办代替，让孩子从小形成独立的意识。

案例二：由漫画《儿子，快来尝尝山泉水》引发的思考

[案例分析]

陶行知在《行是知之始》一文中曾提到:“行是知之始,知是行之成。”生活即教育,社会即学校。不少家长发现,现在的很多学生心灵深处都具有双重人格,他们知行不一,表里不一,言行不一。他们的言行因人、因地、因时而不同,在校的表现与在家里以及在社会上的表现不同,甚至截然相反;在熟人面前和在陌生人面前的表现不一样;在有人的时候和没有人的时候表现两个样。2013级家长会上,我作为班主任问及学生入校以来的变化情况,家长反映学生在学习上变化较大,而对学生生活中的抱怨较多,诸如惰性、懒散,连自己的事情都不想做,有的孩子到了衣来伸手饭来张口、目无尊长、顶撞父母的地步。这不禁令人感慨:现在很多孩子在学校里是听话的孩子,做事有规有矩,待人热情有礼貌,通情达理,学习积极主动,对事是非分明;但一回到家里就“原形毕露”。就是这样的学生,在校仍然被评为“三好学生”“优秀学生干部”“全面发展标兵”,想来学生也只有偷着乐了。因此,教育的知行脱节是目前学生道德方面存在的最主要问题之一,它极大地限制了学生良好品德的形成与发展,是学生形成虚伪、自私、霸道和懒散等不良品德的主要动因。要解决这一问题,需要家庭与学校及时沟通,需要家长跟在孩子的身后走,对孩子放手。只有孩子自己经历风雨,才会知道生活的不易,才会学会感恩。

三、家庭成员要摆正位置

我们的美德和缺点是一对亲密夫妻,生下的孩子既像父亲也像母亲。

——[英]哈利法克斯

一个家庭,在正常的情况下,一定不要把孩子摆在家庭的中心或最重要的位置上。对母亲来讲,最重要的人是丈夫;对父亲来讲,最重要的人是妻子。夫妻间的感情会直接影响孩子看问题的角度。

案例三:成长的烦恼

陈女士和杨先生曾是被人们称道的典型的“郎才女貌”的一对。然而斗转星移,物是人非。十多年来,杨先生一直是某报社名不见经传的普通编辑,而原来是售货员的陈女士已是某大型商场的经理。这时,他们上初二的女儿青青也长成了一个亭亭玉立的大姑娘。一天，华灯初上时，陈女士走出单位大门，却看见女儿青青与一个个子高高的男孩并肩走着，两个人不时还亲昵地相互搂抱……回家后，陈女士便开始了一场“早恋审判”。随后，杨先生在夫人的指使下向学校告状。青青对学校说起了父母之间的关系：“我妈妈提升快，成了女强人，她在家里脾气越来越大，一点儿也不温柔，我都看不惯她，她比我爸挣钱多，财大气粗啊！我爸在家唯唯诺诺、窝窝囊囊，他把家务活全包了，可还是很少看见我妈的笑脸。是不是我妈看不起我爸？我都有点可怜他。过不到一起就离婚，何必这么凑合？可我夹在他们中间多倒霉，看我爸那么狠地管我，他充当了我妈的‘打手’，就为了讨我妈欢心，我是不是成了他们的牺牲品？”

［案例分析］

夫妻恩爱、关系牢固、充满温情的家庭，才是孩子最好的成长环境。相反，孩子在家庭生活中的错位很可能导致孩子在社交生活中的错位——以自我为中心、目无他人、缺乏互助意识、不会换位思考、缺乏合作精神，等等，这可能导致孩子变得孤僻、自私、少友、缺乏幸福感等，因为愉快的交往是人幸福感的重要来源。而孩子的异样又常是家长产生焦虑的根源，这种焦虑又会成为破坏家庭气氛的祸因。当一个家庭以孩子为中心的时候，夫妻关系就被降到了次要的地位，家庭纽带的牢固性受到威胁，家庭的基础就可能会遭到破坏，而这则是产生悲剧的更直接、更重要的原因。

四、家庭内部教育要保持一致

如果夫妻教子观点不一，会让孩子分不清正误，不利于他美好品德的培养。

——赵秀朵

案例四：钟表理论——不要在教育上让孩子左右摇摆

曾经有一位学生家长说，她的父母惯孩子，使她无法对孩子施教。姥爷对外孙子说：“你每星期天必须上我这儿来汇报你妈妈的表现！”结果孩子有了依仗，妈妈刚一管他，他就说：“甭管我那么厉害，星期天我还给姥爷汇报哪，看有人管你没人管你！”有时孩子犯了错误，她刚要管，他姥爷就护着，说：“你要打孩子，先把我打死算了！”弄得孩子的父母无所适从。

［案例分析］

家庭教育不一致，不但不利于教育孩子，而且还会造成家长的烦恼。现在的孩子很机灵，很会看人眼色行事：大人之间有矛盾，他就钻空子，谁对他有利就听谁的。个别孩子还会来这手：成心制造点家庭矛盾让家长吵架，然后他从中间钻空子。钻来钻去就成了双重人格，到那时再教育就更难了。因此，家庭内部教育一定要一致。

现在的孩子集各种爱于一身，爷爷、奶奶、爸爸、妈妈，都把爱给了孩子，但在教育孩子这一方面步调却不一致：父母的教育方式老人往往不能认同，老人的教育方式做父母的认为太过陈旧。父母之间有时在对孩子的教育方式方面也达不成一致，这样对孩子的成长非常不利。因此，家长之间要统一思想，主动配合，出现矛盾时要背着孩子协调，争取达到统一的教育思想。家庭教育还要连贯，前后要求要一致，不能朝令夕改。要克服这些教育的大敌，必须持之以恒，不能半途而废。

孩子的成长和教育是双轨道的，既要让孩子自由快乐，又要让孩子养成良好的习惯，这才是平稳的发展。给孩子自由快乐的童年很重要，但这不等于放纵孩子。最爱孩子的莫过于父母，最温馨的教育环境莫过于家庭。愿所有的家长都能担当起父母应尽的责任，陪伴孩子一起成长。

社会爱的呼唤

家庭教育"重"与"轻"

齐鲁电视台副台长　孙珊

3月的一个午后，我收到阳光老师的一封邮件："咱们谈谈家庭教育吧。"

手中的茶杯停在空中，愕然想起一句网络流行语："一开始我是拒绝的。"

别误会，我并不是不领情，而是想说：家庭教育太"重"了。重得我每每对照自己，每每都因为汗颜而迟迟没有下笔。

这个"重"，首先是重要。无疑，自古以来"家教"二字就未曾见轻，不过今时今日家教到底重要到啥程度呢？来听听习大大在2015年2月17日羊年春节前的团拜会上是怎么说的——"不论时代发生多大变化，不论生活格局发生多大变化，我们都要重视家庭建设，注重家庭、注重家教、注重家风……使千千万万个家庭成为国家发展、民族进步、社会和谐的重要基点。"

此语，让著名家庭教育专家赵忠心教授感慨"把家庭教育提到了一个前所未有的高度"。为何？因为习总书记的话不但一语点出了家庭教育的三个层次责任，还首次把家庭教育跟国家、民族、社会的前途紧紧地结合在了一起。这同时表明：家庭建设不只与小家有关，也与全社会息息相关：政府、企业、社区……没有人可以置身事外。

这又涉及另外一层“重”。那是一种偶尔会压得人窒息、刺得像我这样的一个母亲心痛的、不可承受之“重”。因为，作为一名媒体工作者，我亲眼见过、也一直关注着诸多该领域的案例：无论是嚣张跋扈的“我爸是李刚”、震惊世人的药家鑫案，还是明星后代李某某的强奸案、房祖名张默等的吸毒案，乃至前一阵发生在山东诸城的“12 岁女孩大街裸站”，等等，无疑都跟错位、缺位、失位的家庭教育脱不了干系。孩子犯错，有人施以重罚；孩子缺爱，有人补以金钱，却独独将茶余饭后的温馨陪伴轻易忽略，独独将几千年来传承的家庭美德抛之脑后。这些虽都不是主流，却提醒我们：教育不仅仅是教育机构的事，家庭对于孩子的成长来说，是所有必备条件中最为坚实、也最为温暖的依靠。

那么，接下来我说说“轻”——这也是我读完本书书稿后的第一个直观感受。轻松的语言，简单的句式，愉快的氛围，其实只是想告诉我们：做好家庭教育，我们有一个“举重若轻”的秘密，那就是让家庭教育回归简单的陪伴与关爱。湖南卫视有一个节目叫《变形计》，其中有个“富二代”庄前，以“我讨厌装，我喜欢钱”的开场语引人关注，暴烈、虚荣的他，有一个“生意繁忙只会塞钱”的“老板爸爸”。

对，这就是症结所在。孩子，只有在爱的环境中成长，长大后才会对其他人抱有爱。家庭教育并没有那么复杂，只是“父母用爱教孩子学会去爱人”的过程。

著名作家罗兰曾说过：“生命不是一个可以孤立成长的个体。它一面成长，一面收集沿途的繁花茂叶。它又似一架灵敏的摄像机，沿途摄入所闻所见。每一分每一寸的日常小事，都是织造人格的纤维。环境中每一个人的言行品格，都是融入成长过程的建材，使这个人的思想感情与行为受到感染，左右着这个人的生活态度。环境给一个人的影响，除有形的模仿以外，更重要的是无形的塑造。”

我们强调家教，不是为了让孩子考上名牌大学、练出一手好字、弹得一手好琴……而是要让孩子们具备常识，学会尊重、谦让、明辨是非。所以，在家教方面，我们应该以“真”正其心，以“善”诚其意，以“美”修其行。

不久前在微信看了一篇名为《不可思议的胎内记忆》的文章，其中有一个离奇的观点：“不少孩子保留着诞生前的记忆，有孩子说，他们出生前跟天使们生活在天上，直到找到最爱的那个当妈妈，才会离开，飞到妈妈肚子里。”

我倒宁可相信这个美丽的童话：我们该怎样去做才能让这些孩子不后悔“当初”的选择呢？——给他们一个用爱堆砌的良好家教吧！

一个现在不该想的话题

——从孩子成家立业说到幼儿教育

退休军队教官　裴教

孩子总是要长大的。从十月怀胎到大学毕业，近四分之一个世纪过去了，父母操了多少心，花了多少钱，近25年的养育啊！父母有多么不容易。反哺的时期到了，孩子大学毕业该工作了。他们25年的成长结果究竟如何呢？他们的生存、就业状况如何呢？这可是父母最期盼也最担忧的事情！

让我们来看一组数据：从1999年高校扩招开始后，我国的高等教育事业就进入了一个全新的发展阶段。毕业生人数从2002年的145万，到2006年的413万，再到2014年的720多万，每年以六七十万的数量不断增加。从20世纪80年代至今，全国累计有4000多万高等教育人才毕业。这个数字说明整个社会需要高等教育的工作岗位已被占去4000多万个，而且这些岗位大多在城市，在国有单位和较大、较好的民营企业。这个数字还说明高等教育毕业生的就业形势非常严峻，年年百万人挤独木桥。为此，国家人力资源和社会保障部很重视高等教育毕业生的就业问题，已采取多项措施来解决这个问题，并表示下一步仍然会按照党中央、国务院的要求，把高校毕业生的就业工作放在整个就业工作的首位。

当今中国已开始逐步强大，但仍然需要大量的有真才实学的高等教育毕业生成为栋梁之材。新时代的形势对大学生的要求提高了，不论政府公务员、国有企业，还是民营企业，乃至私营单位，对大学生的招聘条件都更高了，选拔措施也更严了。例如：企业普遍认为新就业大学生的职场忠诚度不高（跳槽频繁),所以试用期延长,工资降低,设立了考验的门槛。一句话,当今大学生的就业竞争激烈,挣钱难了。往深里说,现在的孩子越来越不容易,压力越来越大。可是,从用人单位来看,每年都难以招到有真才实学的大学毕业生,用企事业单位招聘人员的话来说就是:“真是千军易得,一将难求。”所以用人单位虽然采取了种种招聘措施,其目的仍旧是选取需要的人才。

大学毕业生在大城市找工作比较难,生活成本也比较高;到中小城市或者基层,工作比较好找,但是相应的薪酬待遇比较低。北京大学市场与媒介研究中心的一份调查显示,2014 年大学毕业生的人数达 720 多万,而新就业大学生的平均月薪只有 2400 元左右,呈逐年下降趋势,其中,四成大学毕业生还在“啃老”。一位家长告诉调查人员,自己的孩子在北京刚就业,为了节省租金,在市郊区和同学合租了一套房,尽管这样,每月的工资除去房租、水电费、交通费、电话费、饭费之后,已经所剩无几。如果再碰到与朋友礼尚往来等事情,就不得不再向父母求援,又变回“啃老族”了。生活负担给孩子造成了极大的压力——孩子曾对她说:“花了父母这么多钱上了十几年学,本以为现在可以工作赚钱养活自己、孝敬父母了,可是如今依然需要父母的资助,自己心里很内疚。”这样的事例很多,许多人不得不因为经济压力的原因而离开大中城市。

社会就业的严峻形势反映了大学生就业的激烈竞争和沉重压力。客观分析调查的结果显示,就高校毕业生的就业而言,确实存在着一些结构性的矛盾,也就是说部分高校毕业生的知识结构、专业背景和就业岗位不相匹配:一方面是没参加工作前,不了解各行业间的差距,参加工作了才知道择业有多重要;另一方面,就业期望过高往往会带来更大的压力,合理的期望反而会降低压力。不同行业之间的薪酬福利差距在一定程度上影响着大学生的就业观,孩子的就业压力不但使他们自己背上了包袱,也会给家庭继续带来负担。

社会现实不得不让父母结合实际认真考虑对孩子的培养问题。对于普通人来说,认真思考对孩子的教育初衷是否正确、从小培养孩子的养育理念是否科学、施教的内容和方式方法是否恰当、养育过程是否符合孩子成长的发展规律,等等,都显得非常重要。科学的养育观,要求父母一定要从孩子小时候就开始对其进行正确的影响引导，早早地在品行和习惯方面使孩子奠定优良的综合素质基础，让孩子经风雨见世面，克服独生子女的养育误区，抓住孩子成长过程中的各个“敏感关键期”，施加正确的影响引导，连续不断地输入正能量，培养孩子成为有道德、有抱负、有真才实学的专业人才。能透过现状看问题是睿智之举、早悟之举，大德也。

面对现实，家长必须高瞻远瞩地思考“今天的就业形势”给我们带来的启示，运筹帷幄，决胜于千里之外。不要以为孩子还小，考虑二十几年后的事情还太早。光阴似箭，时光瞬逝，转眼就是百年。孩子的基础要从小奠定，父母养育要从小做起，所以必须要早有方向、有目标。否则等到了那天，即使再下狠功夫恐怕也来不及，留给我们的只能是后悔。“教育面向未来，从小抓起”不能光是家长的口号，要成为扎扎实实的行动。为了孩子明天的生活，我们家长给予孩子的最大的幸福，莫过于给其健康之体、智慧之心、高尚之德、善义之举、忠厚之魂、勤俭之性、刚强之力……父母家长若想做好孩子的第一导师，当好孩子的“参谋长”，应该早早学习，天天成长，在自己身上不断积累沉淀正能量，再将其转化为优秀的行为来影响孩子，一步步协助孩子打好成长需要的基础，最终使孩子具备优秀的综合素质能力和多项专业能力，以平和的心态去面对择业、面对人生。

要教育孩子以老一代科学家、知识分子为榜样。无论是从国外回来的，还是新中国早期培养的高校毕业生，他们都是从基层、从最艰苦的环境里一步步地奋斗起来的。靠的是什么力量？支撑他们的是什么精神？是他们怀着的一颗报效国家的心、一腔振兴中华民族的热血、一个让中国强大的灵魂。拥有这些，他们才能为国家、为民族创造辉煌。

阳光妈妈爱心语

爱孩子，我成长

阳光金牌会员　雨露

2014年初，我很荣幸地成为了“阳光妈妈”大家庭中的一员。回忆这一年多来自己的收获，丝毫不亚于孩子的成长！我也深深地感受到了一句话的内涵——和孩子一起成长！

孩子的发展令我欣喜，我的变化使我骄傲。我更为“阳光”的精神感动，她身上散发出来的那种亲和力、她的博爱、她的使命感、她所传递的正能量，让我义不容辞地向往、追逐，我也愿付出自己微薄的力量，来帮助需要帮助的孩子和家长们。

优雅、温柔、善良，带着一份纯真，这就是我眼里真实的阳光。我们成了密不可分的朋友、知己、亲人和事业伙伴。我很庆幸能在我最失落、低沉、压抑的时候得到她的指点和帮助，她如真正的阳光一样为我驱散心灵的雾霾，让我能够坚定地走下去，从此我的生活也充满了阳光：孩子纯真可爱，家庭温馨和睦，更让我的内心充满了爱！正是这股力量，让我重新审视着这个世界——原来这个世界是如此美好！这是我以前从来没有感受到的！

我是一个3岁孩子的母亲，在跟随阳光学习的时间里，在她的细心引导和关怀下，我从一个看到孩子会害怕、看到孩子不敢碰的妈妈走到了今天，我有了翻天覆地的变化。回忆以前的养育，有段时间看到孩子活泼好动我会心烦，孩子不听话我会打她的屁股，跟孩子没有丝毫的交流，对孩子的一些抚触按摩也都是应付公事。那时候的想法就是“小孩子懂什么”，现在想想那个时候的我是多么愚蠢。孩子再小也是有思想的，跟她交流、互动她都会有回应。要懂孩子，用孩子的眼光看世界。这是在阳光的细心引导下我的改变、我的感悟！

就像阳光说的：“父母好好学习，孩子才能天天向上！”起初我也不明白这句话的深意。我曾经这样想：“我经历得多，吃的盐比孩子吃的米还多，我还要学习吗？”但在学习中我很快就发现自己大错特错，就像阳光在书中写的那样：“我拥有‘母亲’这个称谓，是从孩子出生的那一刻才拥有的……”“只有了解孩子的生长特点，才能更好地养育孩子。”于是孩子的一些行为，如好奇、拆东西、扔东西，我们认为的所谓不听话、顽皮、调皮，孩子嘴里的话语“我不、我就不”“这是我的东西，你不能用”等等，我都找到了答案——不是孩子不听话，不是孩子调皮、搞破坏，不是孩子自私，而是她在每个成长期所必须表现的一种心智行为，其实质就是孩子的成长。我们要做的是陪伴并引导孩子去实现她的探索欲望，给她提供成长发展所需的优秀环境。现实中，由于父母缺少科学的养育知识，大多数孩子因此被冠上了“调皮捣蛋”甚至是“坏孩子”的“光荣称号”，久而久之，孩子真的就变成了名副其实的坏孩子。每当看到这些不懂、不明白的父母这样对孩子，我的心里就会非常伤感，为孩子心疼，也为家长难过。

我目前所有所有的这一切，都是在我跟阳光学习并与她不断交流的情况下获得的。我改变了——尊重、孝敬公婆，孩子看到了，也跟着父母学习，懂得疼爱爷爷、奶奶了，懂得与人和善了。我也赢得了别人的尊敬，最明显之处就是婆婆在春节时当着众人夸奖我这个儿媳，而且有很多人都认为我们是母女俩。没想到，我自己为了教育孩子而学习的家庭教育知识，会让我个人的思维和行为得到整体的提升，而且不仅仅是自我的改变，我周围的亲人、朋友，几乎整个生活、工作环境都随之改变了。也许是我的改变，让我对周围的人和事物都有了不同的看法。这是我绝没有想到的。当然我也有不开心、也有转不过弯的时候，这时阳光就是我最好的倾听者。她会给我疏导，给我勇气和力量，每次谈话都会有新的、不一样的体会，她的那种从容、坚定、智慧与大度，那种对孩子的奉献精神着实让我感动！“爱”这个简单的字，要想做到很难，要想做好就更是难上加难，而她却在不断地为此努力，将自己的爱心传递下去。

我也愿在阳光的影响下，去影响更多的父母，成就更多的阳光宝贝。我想对所有的孩子说：

如果爱你——我会放慢脚步，跟随着你；

如果爱你——我会蹲下来，静静地陪伴你；

如果爱你——我会静下心来，细细地聆听你；

如果爱你——我会去发现你，用心静待花开；

如果爱你——我会重新认识我自己；

如果爱你——我会用今天努力的学习来成长自己！

前文中有这样一段话：“有个朋友对我说：‘我有一摞书，可我没有获得它们的润泽……’”我和周围的朋友都有让书籍蒙尘的经历！这一切在阳光这里结束！就像海伦·凯勒说的那样：“一本书像一艘船，带领我们从狭隘的地方，驶向生活的无限广阔的海洋！”正是阳光的“父母学习，孩子成长”的思想，让我和孩子一起成长，一起远航！也正是阳光创立的独特的“会员交流学习模式”，让我从内里深层，系统地懂得了养育孩子的真谛。阳光细微的指导，让我对孩子的养育充满了信心；阳光睿智的养育理念和爱孩子的心引我走进了家庭教育的殿堂，快乐走上了家庭教育这一神圣事业之路——我荣幸地成为了“阳光妈妈潍坊分部”的领航者！

最后，我用阳光的话作为我这篇文章的结束语：

母亲的爱是孩子成长最好的教育手段。我们许多人都像老母鸡一样，在用本能的爱做着自然的母亲。但是一个合格的母亲，必须要经过不断学习才能成长起来，只有学习、历练才能提高自身综合的养育能力，懂得如何协助孩子成长，我们学习的过程就是母亲对孩子爱的积累和沉淀，妈妈养育水平的优劣决定了孩子起点的高度。

后　记

我们如何做父母

养育一个孩子很简单，简单到只给他一点儿饭食吃、给他几件衣服穿就可以了；养育一个孩子也很难，难在需要为人父母者去重拾书本，好好学习，天天向上。把与孩子成长有关的知识全部学到家，才能成为真正拥有了“养育能力”的人，才是“养育孩子”这个神圣岗位上的佼佼者。尽管这个岗位极其重要，但现实告诉我们，作为被自然推崇、无可替代的上岗者“父母”，大多却是不太合格的——这真让人觉得不可思议。

养育一个孩子，家长走入两种误区最容易让人担忧：第一种是只养不育，只注重物质生活的满足，忽略道德品行、情志心智、习惯能力的培养；第二种是照本宣科，盲目随从。许多人知道科学家庭教育的重要性，懂得去努力学习，积极地阅读，热情地听讲座，热衷于向优秀家长讨教，等等，最终却没有得到自己希冀的结果，却是为何？于是，父母们茫然了！

回头审视，我们学习知识真的学好了吗？

“我有一摞书，可我没有获得它们的润泽……”有个朋友困惑地对我说。

目前家长学习家庭教育的主要方式一般是买书阅读。我们去买书，买一大摞——却不知这些书能不能给予自己实用、连贯、系统的养育知识；我们去读书，而且都“看过了”——却不知道我们有没有“学而有思”“思而转化”“化而有用”“用而有效”！从盲目从众的决定中，我们也许会看出一些“猫腻儿”；从很容易对号入座的行为中，我们就会知道什么是“照本宣科”：没有转化的知识就好比没有消化的食物，对身体非但毫无用处，反而会消耗人体原有的能量！

沉心自省，我们学到的知识巧用了吗？

有个词叫“学以致用”，即将学到的知识转化成自己的思维，作为指导自己行为的准绳，这种符合规律的做法，可谓“巧用”。然而，这其中存在一个很容易让人忽略但实际上不能忽略的问题，即获得一种理念、一个招数后，不经过深度思考转化，不等待恰当的时机，就直接用到孩子身上。这也是许多人在使用“妙招儿”后不管用的原因之一。就像一位高中孩子的家长，在听完家庭教育演讲后，对着刚回来的儿子举起大拇指说：“儿子儿子，你真棒！”儿子冷眼看了一下，说：“有病啊！”妈妈的热情瞬间消失了……照本宣科最容易造成直接盲目地随从，一会儿东一会儿西，不切合实际，没有自己的主见，很难形成有针对性的、专一的、系统的养育思维模式，极不符合“因人、因材施教”的规律。想一想，我们养育者在左摇右摆的时候，紧跟在身后的孩子该怎样走？他们的成长是不能回头重来的。

为什么我们就不能通过斟酌思考、升华境界，越过“本本”的雷池呢？为什么孩子就不能快乐与优秀同在、玩乐和学习共享？为什么孩子就不能在学龄前学广深的文化，6 岁不能看大部头的书籍？为什么 5 岁的孩子就不能做超越年龄的事情？为什么……

为什么我们看过那么多书，孩子依然出现那么多问题？为什么我们在不断地学习，面对孩子出现的问题时却毫无办法？

孔子说：“学而不思则罔，思而不学则殆。”只要家长“学而时习之”，就能“不亦说乎”！只要父母“温故而知新”，就“可以为师矣”！只要我们“禅谈悟道”，就能“修行得道”！只要我们“因材施教”，孩子就会“幸福一生”！这些是真理！

养育孩子，父母就是专家——只要你遵循真理！

感恩·感谢

《让我牵着你的手——为生命奠基》的书稿今天终于修改完成了。还是那句话——感慨万千:一是感慨自己辛苦忙碌并快乐着;二是感谢在我写作书籍期间那些帮助我的尊师好友;三是感慨那些参与会员交流的父母们的蝶变……

在书籍即将刊印之际,我感恩于书中所引用的名家伟人的哲理箴言,感谢对读者和孩子们奉献爱心的名位老师们,他们包括:

家庭教育专家:赵忠心老师、李文道老师

学校教育专家:王晶老师、汪静老师、刘燕芳老师、梁光胜老师

社会爱心人士:孙珊老师、裴教老师

阳光妈妈会员:雨露老师

出版社友人:诸位编辑老师

大恩不言谢意深,
谨记教诲慎做人。
笃学不倦勤努力,
播散光芒报师恩!

最后,特别感谢我最亲爱的家人。

阳　光

2015年11月25日写于会客厅

孩子的家庭成长环境就像是一个装满各种颜色的“大染缸”，这里的颜色就是孩子成长所需的各种要素，孩子在这个环境里尽情地渲染着自己。多数时候，他们分不清这个环境里的颜色是不是自己需要的，也不清楚是否适合自己。他们之所以能这样放松地接受这个环境，是因为他们对父母的绝对信任与尊重。这也就是父母伟大之所在——我们必须要洁身自好，要有德有才，才能让我们这个“染缸”的颜色明亮美丽，孩子才会成长为充满魅力的“七彩虹”！

——阳　光

他只知道乐！

那家长该知道什么？

我的读书心得：